BMA 2000

Positionen neuer Kunst aus Berlin

Verlag Doppelfaus

Herausgeber: Markus Wirthmar
und der Neue Kunstverein Aschaffenbur

Diese Publikation erscheint anläßlich der Ausstellung BMA 2000 im Neuen Kunstverein Aschaffenburg, 23. Juli bis 3. September 2000. Herausgeber: Markus Wirthmann und der Neue Kunstverein Aschaffenburg. Ausstellungskonzeption und graphische Gestaltung: Markus Wirthmann. Graphische Gestaltung der Beiträge: die Künstler und Autoren. Verlag Doppelfaust www.bma2000.de. Herstellung: Libri Books on Demand www.bod.de.
ISBN 3 - 8311 - 0649 - 5

Inhalt

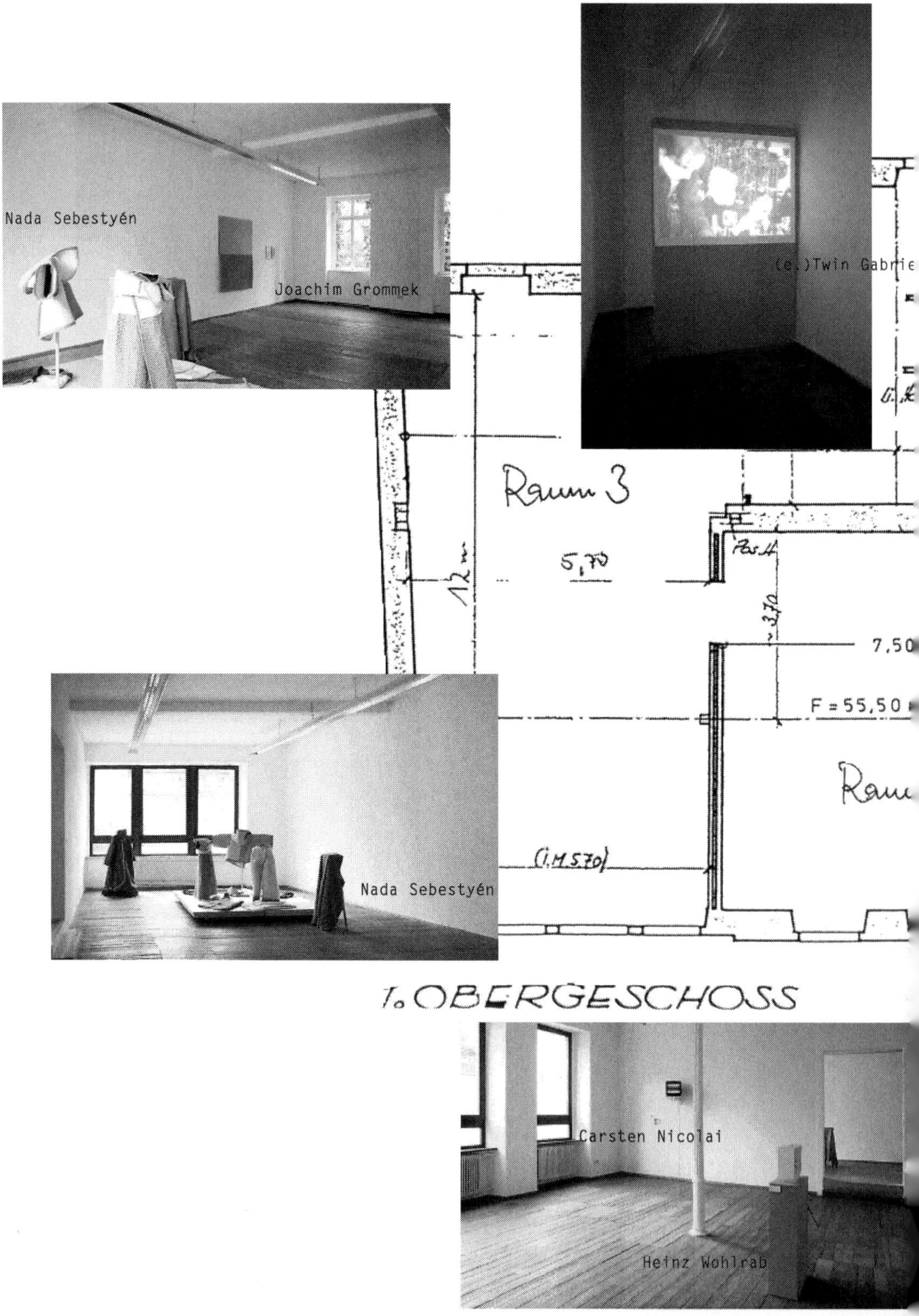

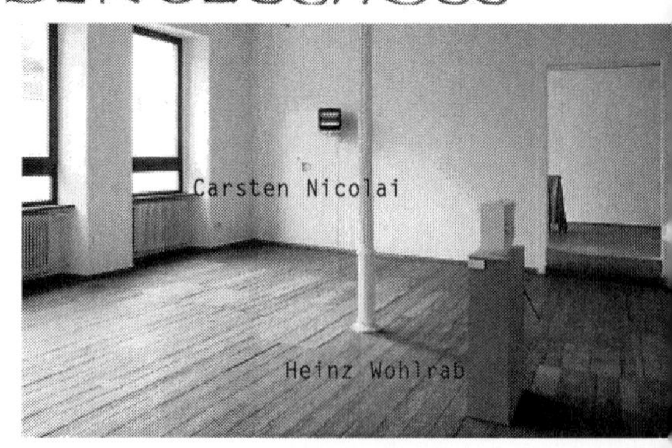

Nada Sebestyén
Joachim Grommek
(e.)Twin Gabriel
Raum 3
5,70
7,50
F = 55,50
Nada Sebestyén
(i.M.5,70)
1. OBERGESCHOSS
Carsten Nicolai
Heinz Wohlrab

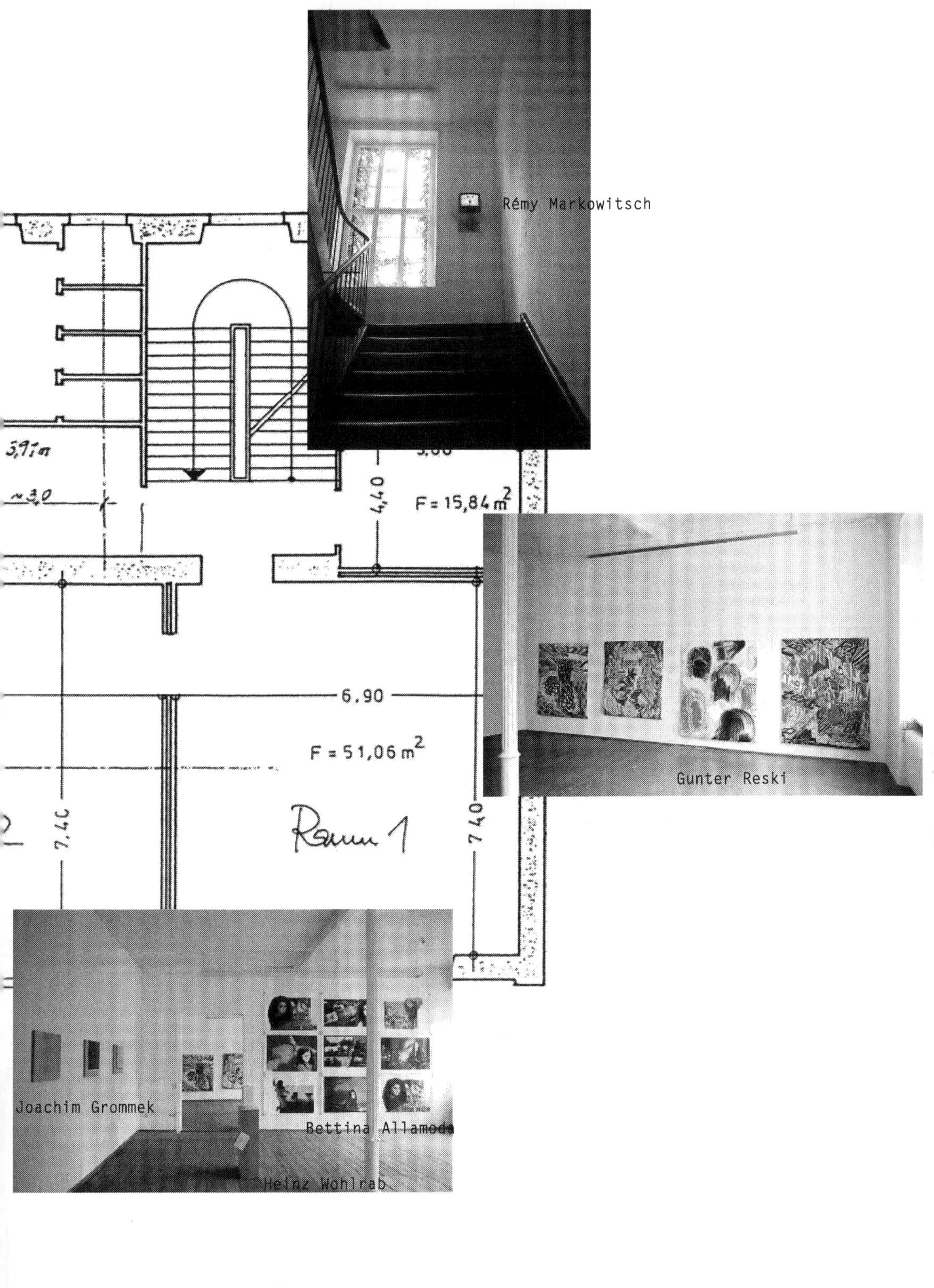
Rémy Markowitsch
Gunter Reski
Joachim Grommek
Bettina Allamoda
Heinz Wohlrab
Raum 1
F = 15,84 m²
F = 51,06 m²
6,90
4,40
7,40
7,40

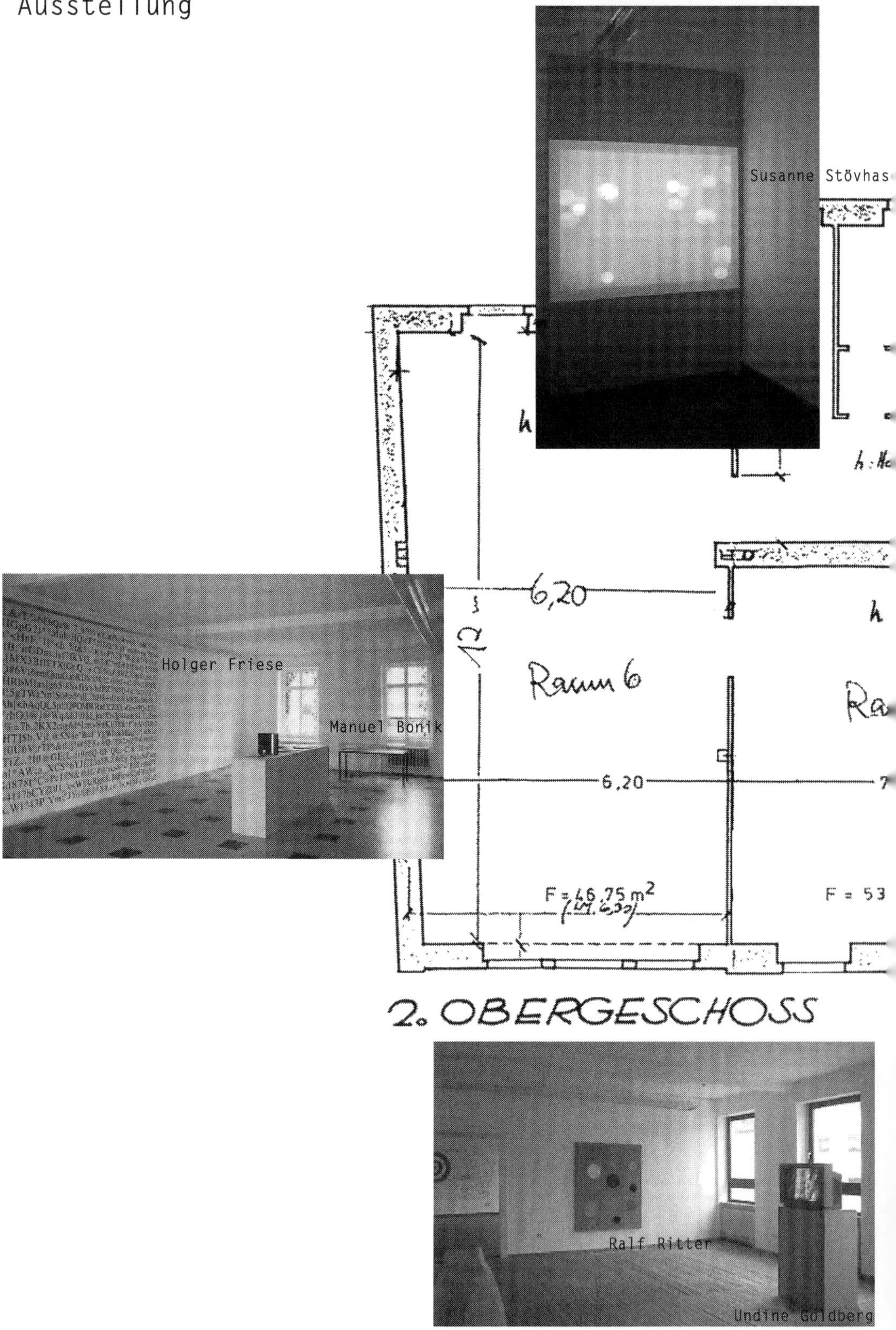

Susanne Stövhas

Holger Friese

Manuel Bonik

6,20

Raum 6

6,20

$F = 66,75 m^2$

$F = 53$

2. OBERGESCHOSS

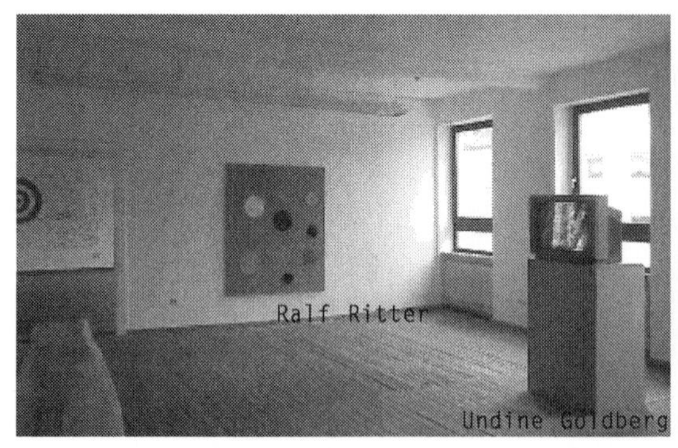

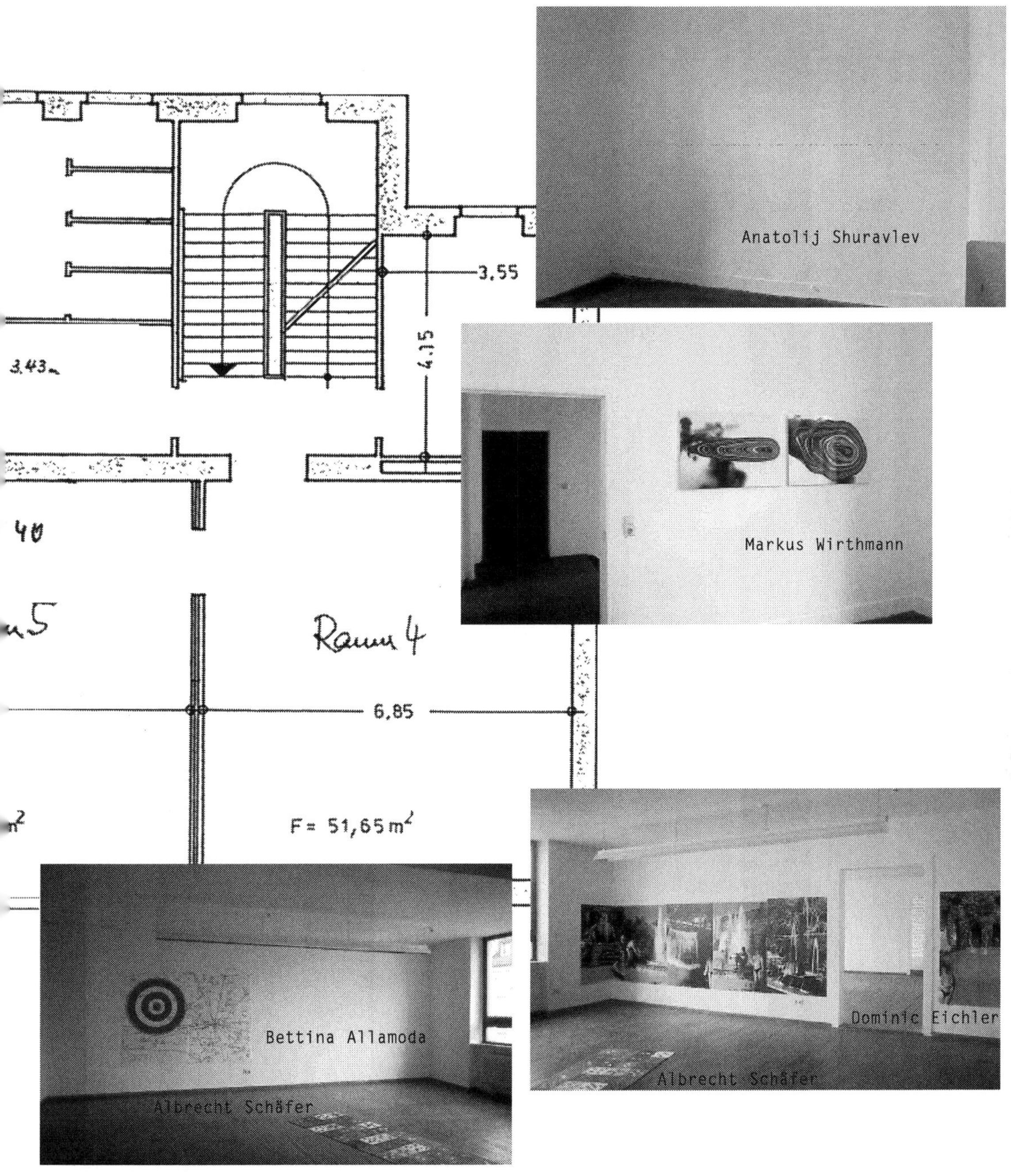

3.55
4.15
3.43m
40
5
Raum 4
6.85
F = 51,65 m²
Anatolij Shuravlev
Markus Wirthmann
Bettina Allamoda
Albrecht Schäfer
Dominic Eichler
Albrecht Schäfer

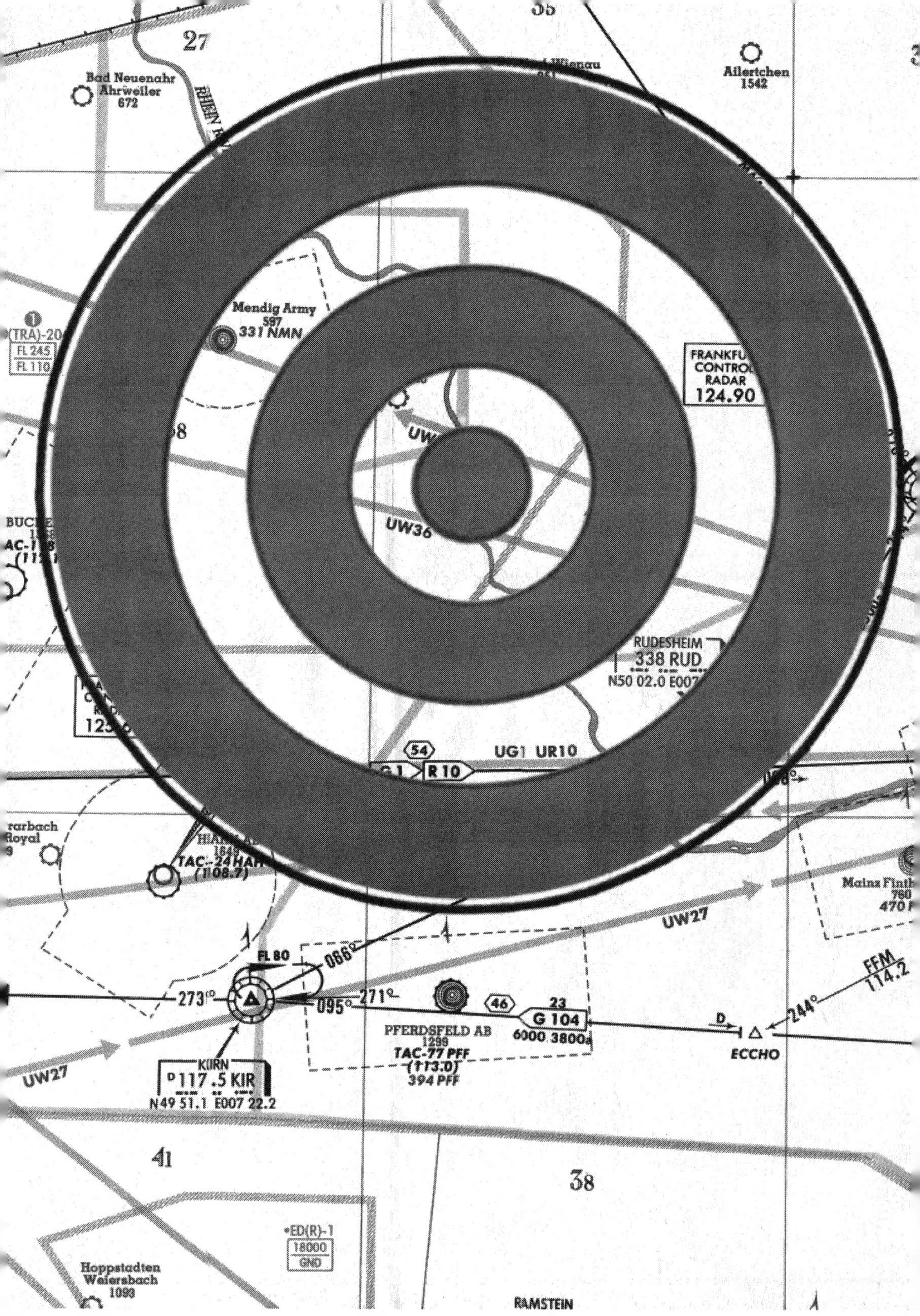
27
35
Bad Neuenahr
Ahrweiler
672
Ailertchen
1542
Wienau
RHEIN R
Mendig Army
597
331 NMN
(TRA)-20
FL 245
FL 110
FRANKFU
CONTROL
RADAR
124.90
BUCH
AC-1
(112
8
UW
UW36
RUDESHEIM
338 RUD
N50 02.0 E007
12
54
UG1 UR10
G 1
R 10
rarbach
Royal
HIAH
164
TAC-24 HAH
(108.7)
Mainz Finth
760
470
UW27
FL 80
066°
273°
095°
271°
PFERDSFELD AB
1299
TAC-77 PFF
(113.0)
394 PFF
46
23
G 104
6000 3800a
FFM
114.2
244°
D
ECCHO
UW27
KIRN
D 117.5 KIR
N49 51.1 E007 22.2
41
38
*ED(R)-1
18000
GND
Hoppstadten
Weiersbach
1093
RAMSTEIN

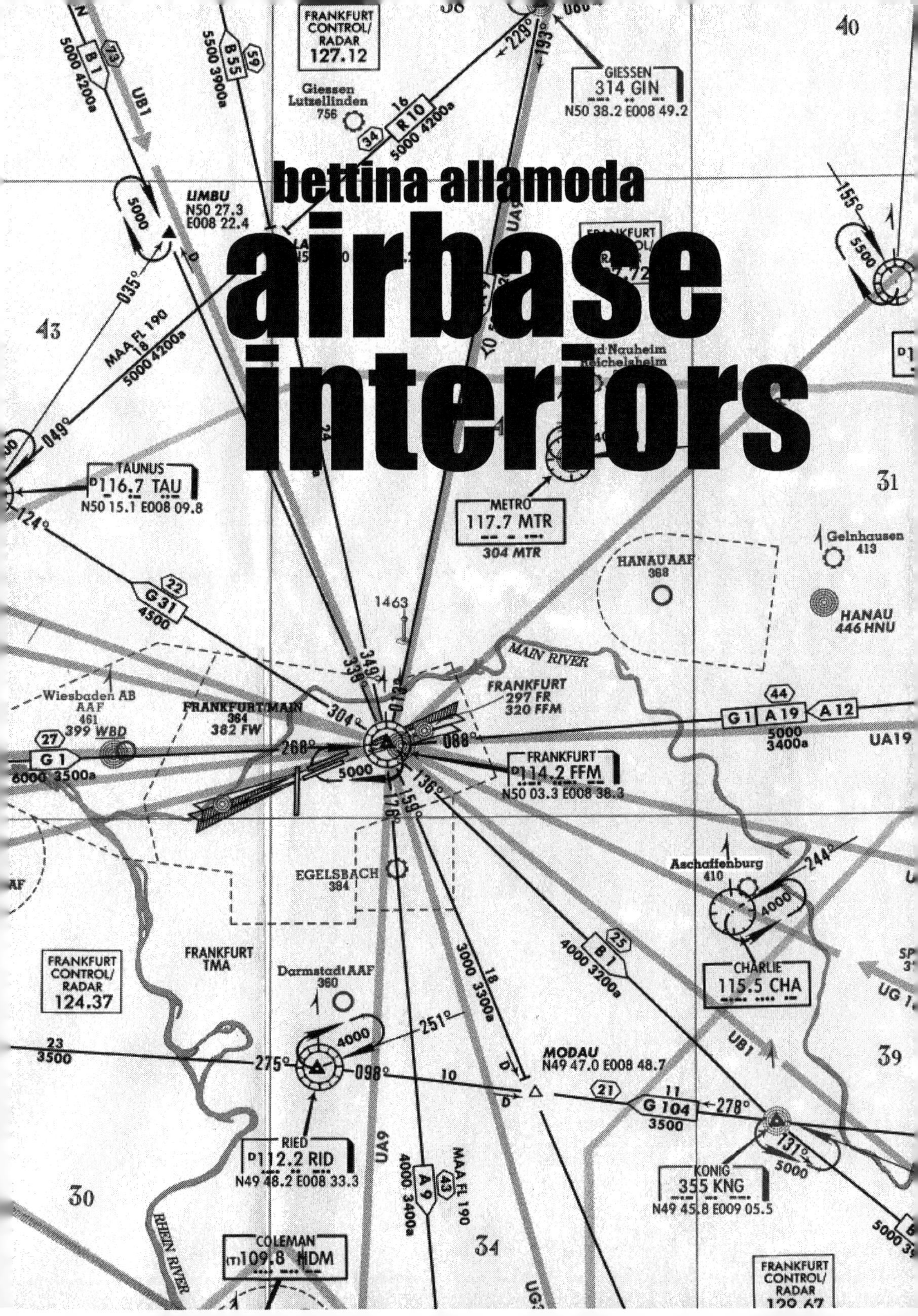

bettina allamoda
airbase
interiors
FRANKFURT CONTROL/RADAR 127.12
Giessen Lutzellinden 756
GIESSEN 314 GIN N50 38.2 E008 49.2
UMBU N50 27.3 E008 22.4
METRO 117.7 MTR 304 MTR
TAUNUS 116.7 TAU N50 15.1 E008 09.8
HANAU AAF 368
HANAU 446 HNU
Gelnhausen 413
MAIN RIVER
Wiesbaden AB AAF 461 399 WBD
FRANKFURT MAIN 364 382 FW
FRANKFURT 297 FR 320 FFM
FRANKFURT 114.2 FFM N50 03.3 E008 38.3
FRANKFURT CONTROL/RADAR 124.37
FRANKFURT TMA
EGELSBACH 384
Darmstadt AAF 360
Aschaffenburg 410
CHARLIE 115.5 CHA
MODAU N49 47.0 E008 48.7
RIED 112.2 RID N49 48.2 E008 33.3
KONIG 355 KNG N49 45.8 E009 05.5
COLEMAN 109.8 NDM
FRANKFURT CONTROL/RADAR

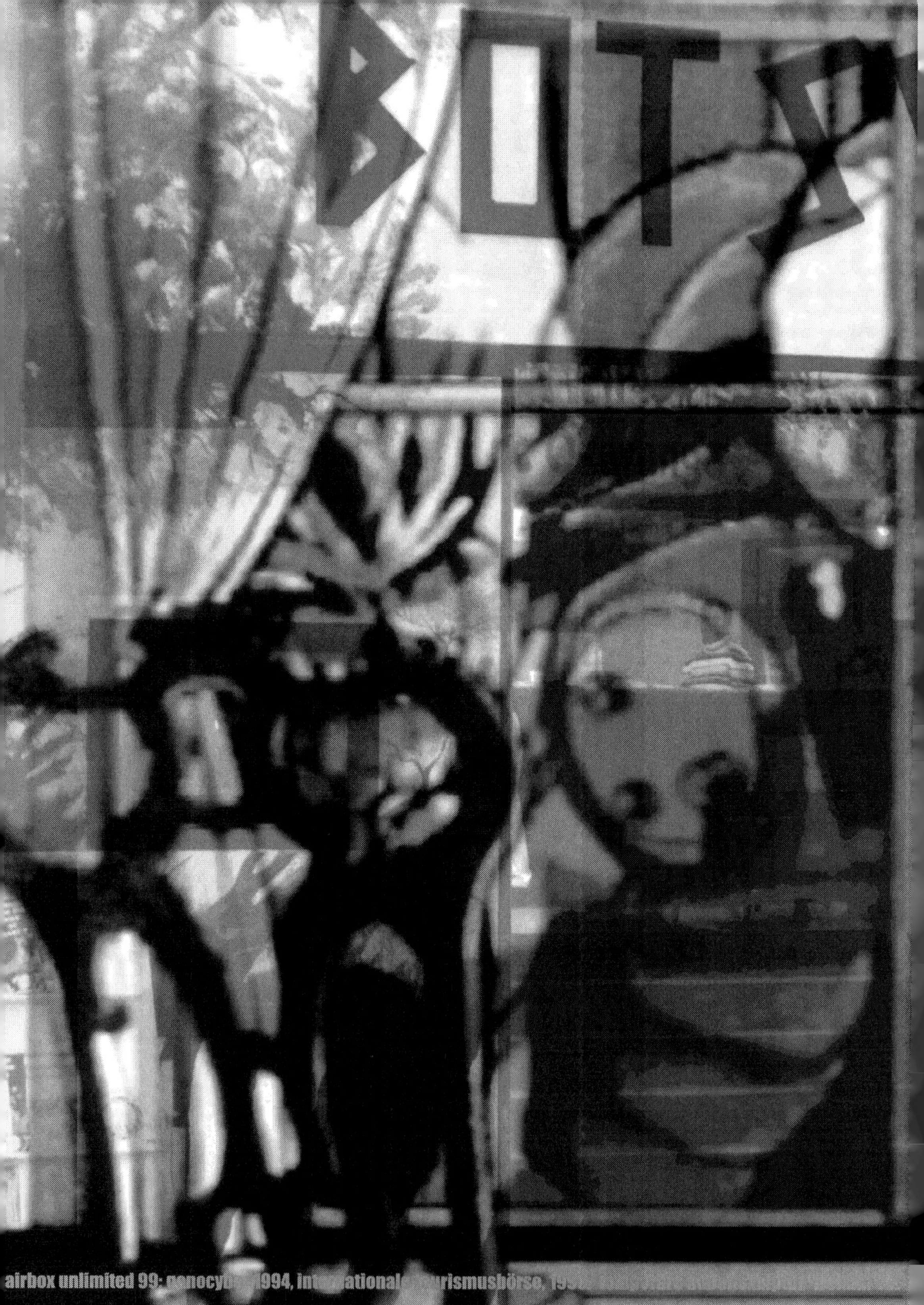

airbox unlimited 99: genocyb... 1994, internationale Tourismusbörse, 19...

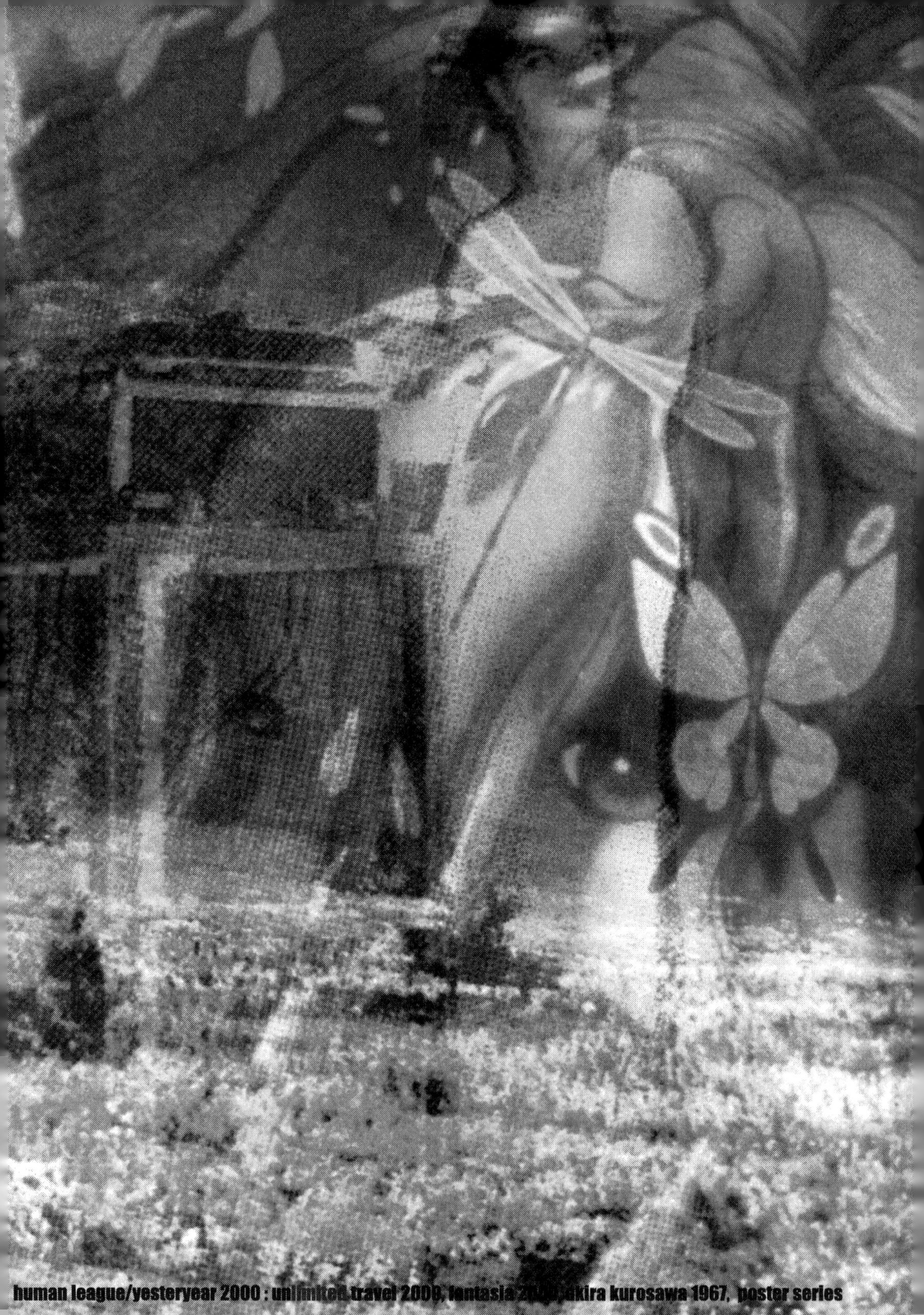
human league/yesteryear 2000 : unlimited travel 2000, fantasia 2000, akira kurosawa 1967, poster series

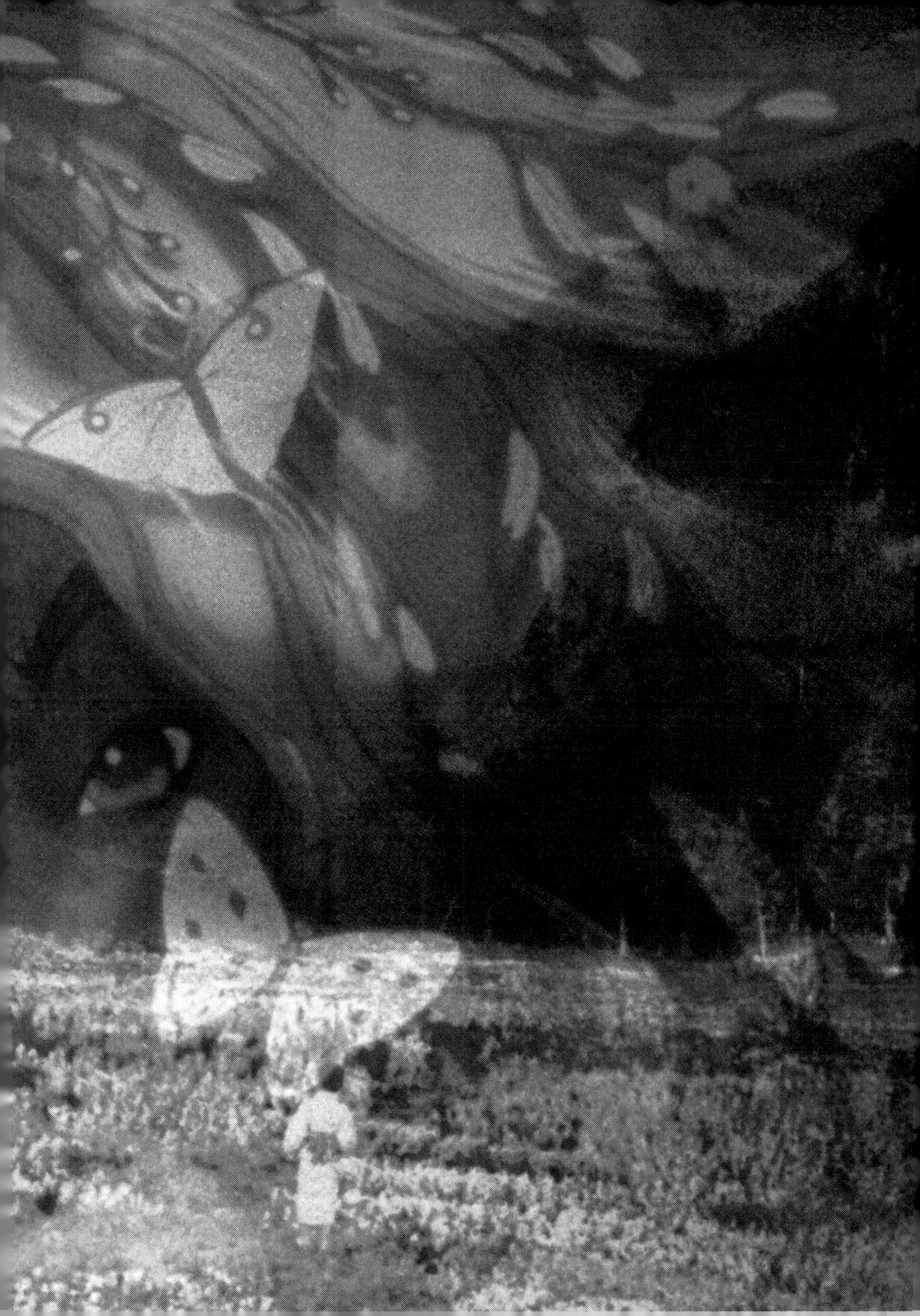

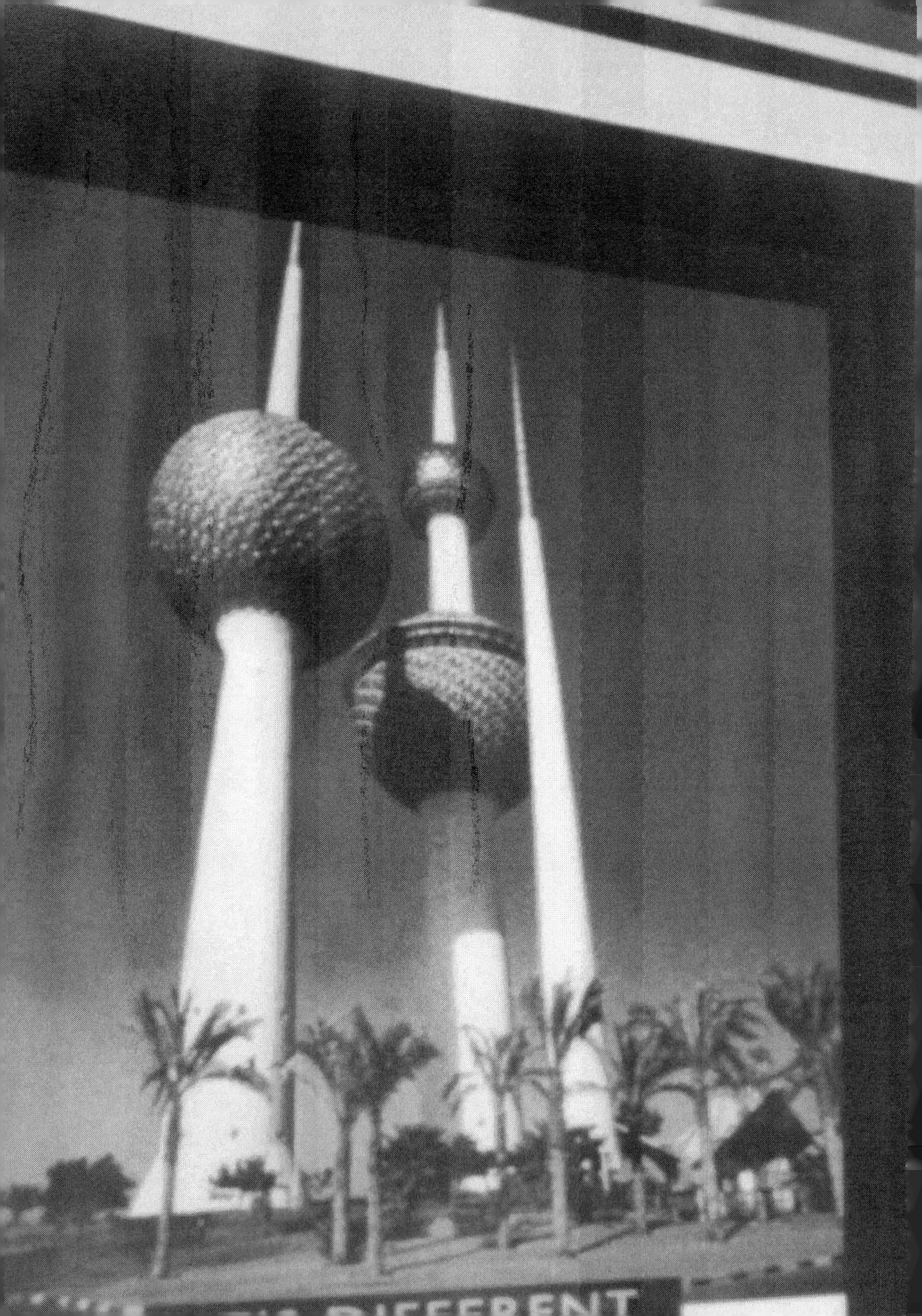
DIFFERENT

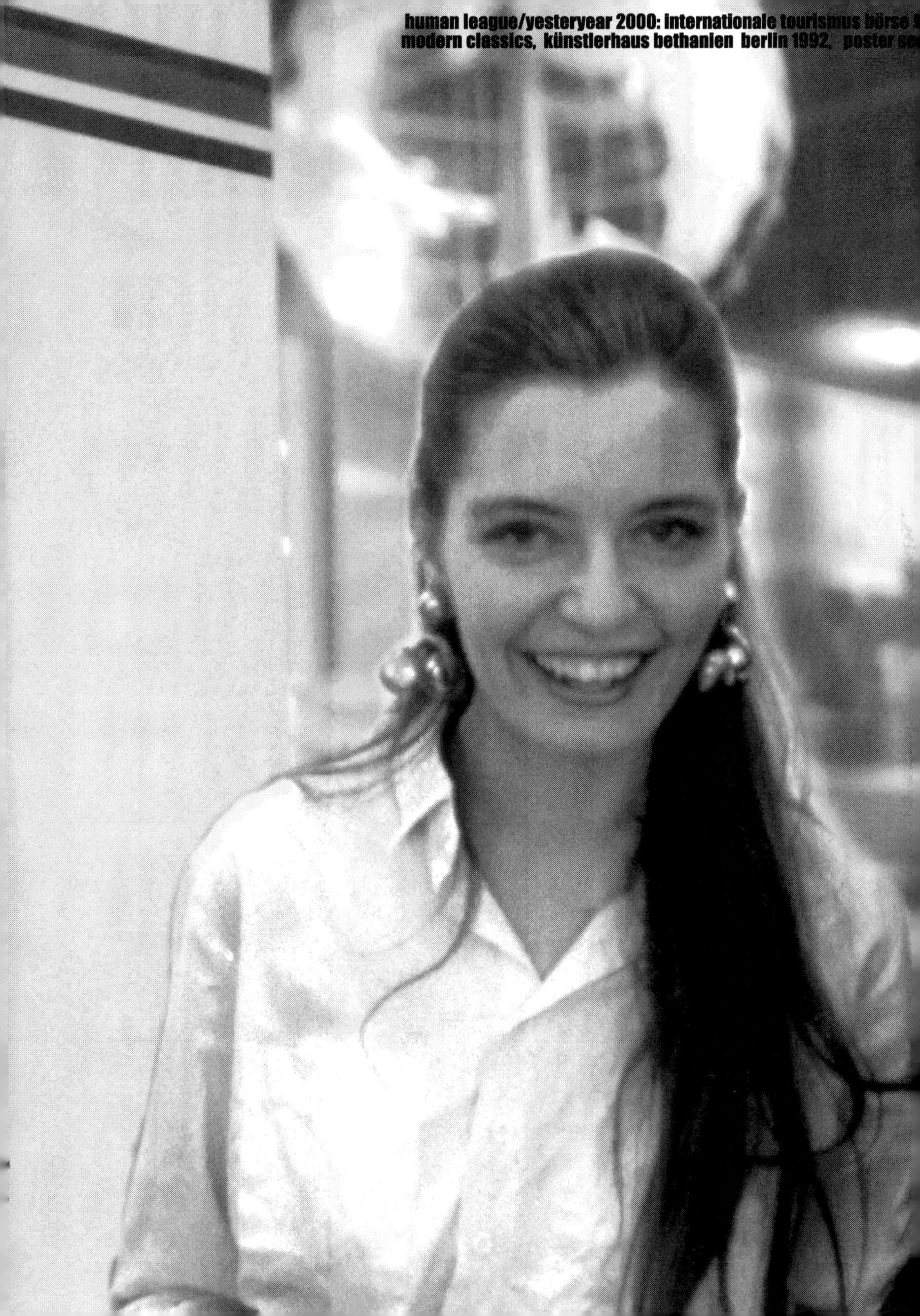
human league/yesteryear 2000: internationale tourismus börse
modern classics, künstlerhaus bethanien berlin 1992, poster se

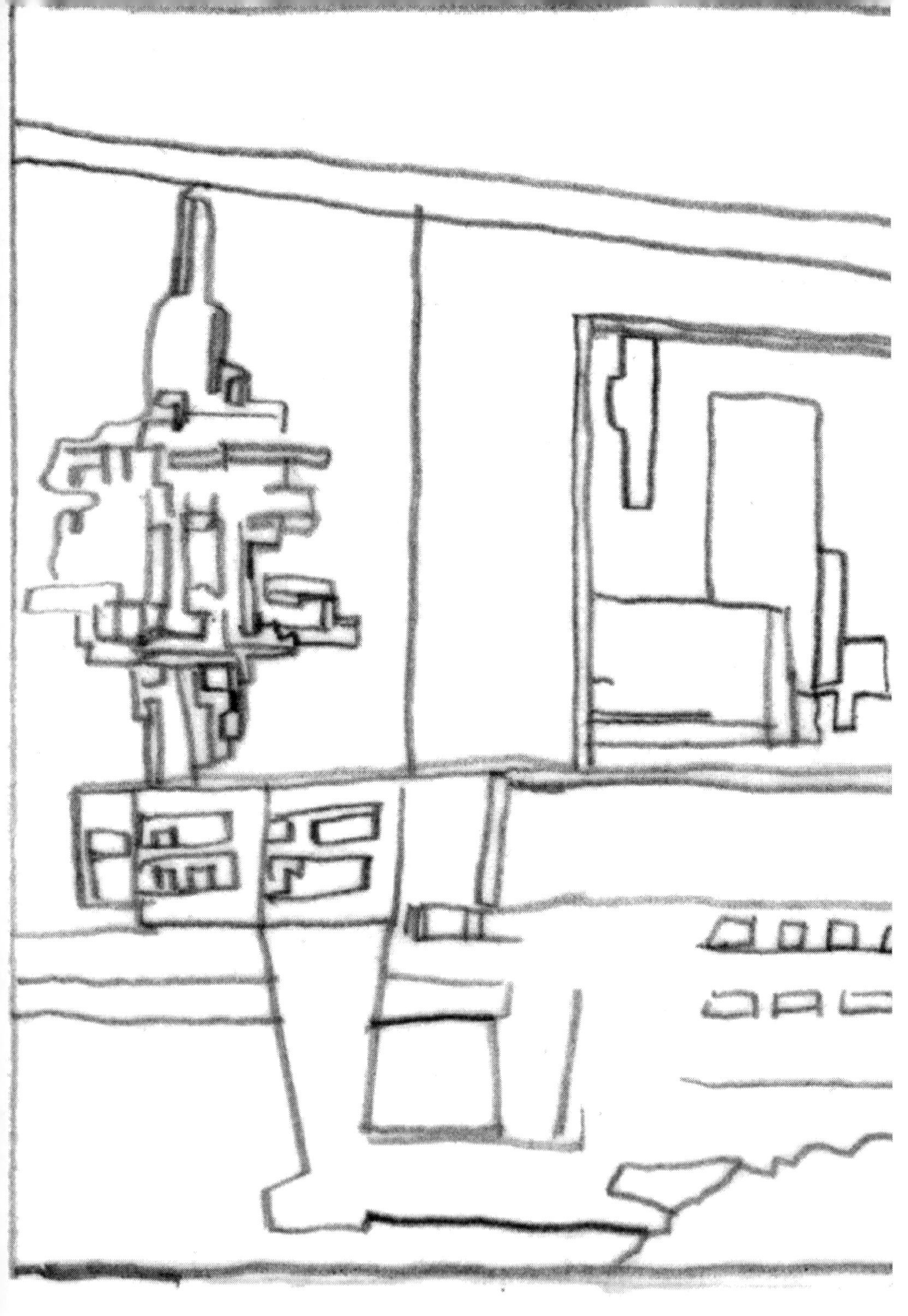

b. allamoda: home-movie interior decoration poster series /the party (details)
1997/2000

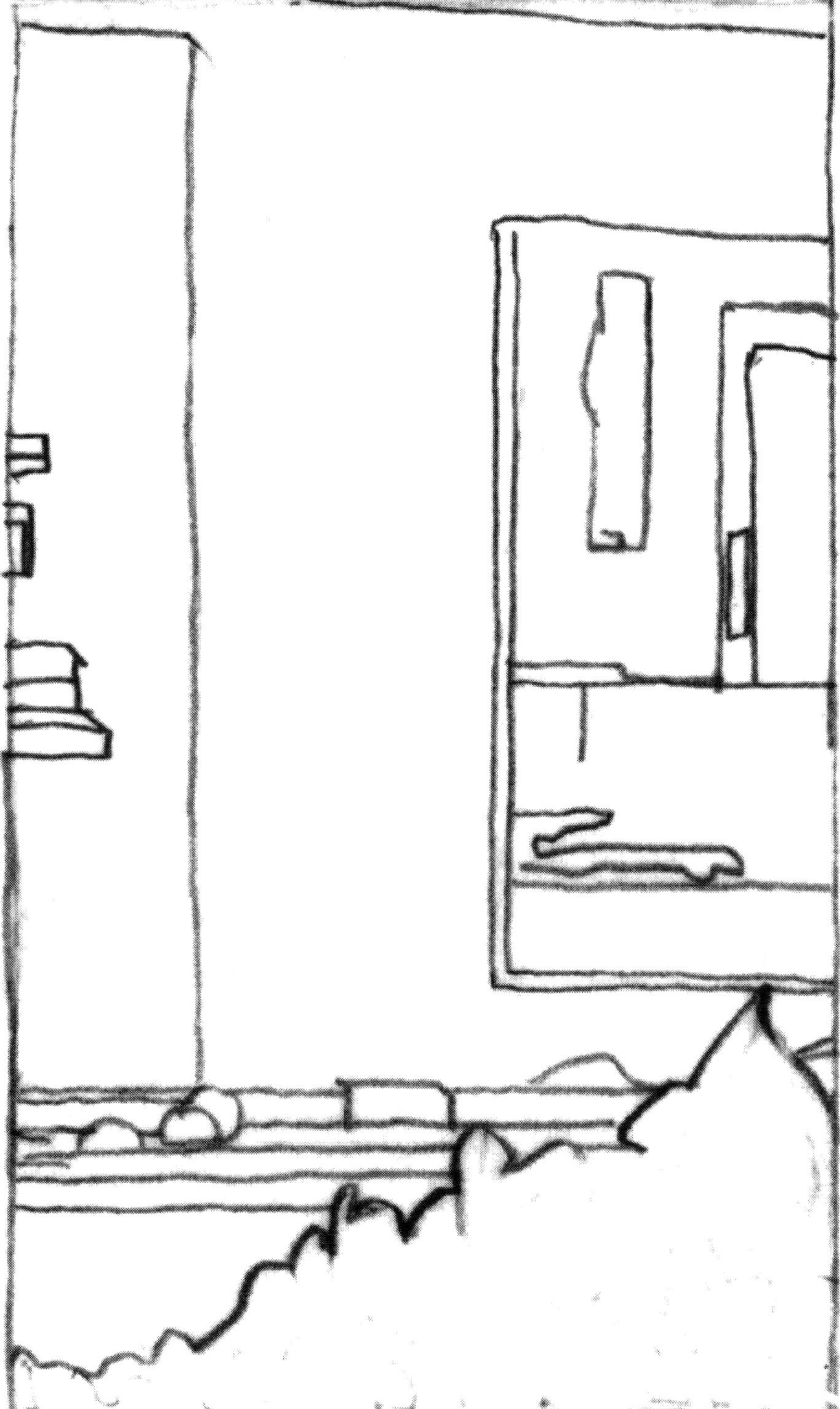

Michael Aulbach

Hallo Markus,

schöne Frage: Wie blickt man von Dakar nach Berlin? Über's Fernsehen bestimmt nicht, da schaut man nur nach Paris oder Marseille. Selbst London und New York sind da Mangelware. Also hier ist kein Berlin zu erwarten! Und in der Zeitung vielleicht? Da gibt es manchmal München, wenn die Bayern gewonnen haben. Die Senegalesen sind ja die heißesten Fans des deutschen Fußballs außerhalb der Landesgrenzen. Auch der hiesige Nationaltrainer ist Deutscher, aber nicht aus Berlin. Bei der WM in Frankreich konnte man manchmal günstig einkaufen, weil man ja dem Verkäufer in ein Gespräch verwickeln und ihm die Möglichkeit bieten konnte, die 1972er und 90er Weltmeistermannschaften runterzudeklinieren! Auch gibt es viele Sport-Trikots im Straßenbild zu bestaunen: Del Pierro, Ronaldo, Matthäus oder Sammer. Aber Berlin ....? Fehlanzeige!

Also versuche ich's mit den Diplomaten von der Botschaft. Manche schauen nach vorn in ein noch Unbekanntes und raunen, es muß schon toll sein, dort oben. Andere vertrauen mir ihr grundsätzliches Einverständnis mit der Hauptstadt Berlin an, aber daß nun ausgerechnet sie es erleben müssen ... Am Rhein war's doch so schön! Andere schauen dann zurück in ihren letzten Heimaturlaub, wo sie natürlich irgendwann in der Zentrale 'antanzen' mußten oder wollten. Dann waren sie in Berlin und sie blicken für mich zurück und erzählen mir farbenprächtig, wie toll es dort ist und wie wild! Andere kommen von Wohnungsbesichtigungsreisen zurück, weil sie eine Runde Inland antreten wollen, und nennen mir erwartungsvoll ihre neue Adresse. Aber alles was mir da erzählt wird, findet in Gegenden statt, die vor drei Jahren wohl noch märkischer Sand waren, und ich verstehe nichts mehr von diesem Berlin, das da so schillernd in der Ferne liegt. Auch nur wenig von den Bildern im Spiegel. Ich blicke nicht zurück, sondern irgendwohin.

Eine einzige unserer Studentinnen traute sich bisher nach Berlin. Sie war begeistert, toll an der FU aufgenommen, kam gut voran und wollte bald zurückkehren, möglichst mit Doktorandenstipendium. Leider war sie in den letzten Tagen ihres Aufenthalts Opfer eines eigentlich, meiner Ansicht nach, eher harmlosen verbalen Frontalangriffs einer alleinerziehenden Mutter, die es nicht akzeptieren wollte, daß das ins Straucheln geratene Kind ausgerechnet von einer Schwarzen aufgefangen wurde. Ein Wort gab das andere, dann wohl auch noch fliegende Hände und keiner wollte sich einmischen. Also au revoir Stipendium, die Dame kam zurück, noch immer außer sich vor Wut und wollte sich ein Jahr Zeit nehmen zu entscheiden, ob sie je wieder in dieses Land fahren möchte oder lieber nicht.

Also auch auf diese Weise schaut man nicht gerne zurück. Auf einer Ausstellung von Berliner Künstlerinnen sah ich endlich nach Berlin: Die eine hatte stückchenweise Himmel durch die entblätterten Äste Berliner Bäume fotografiert. Ich weiß nicht ob ihr in Senegal auf ihrer Reise jemand den Photoapparat geklaut hat, aber jetzt malte sie plötzlich den Himmel über dem Südsenegal, also der Casamence, wo ab und zu der jahrzehntealte Bürgerkrieg wieder aufflammt. Auch hier standen wohl genügend Bäume herum, um den gemalten Himmel damit in kleinen Fetzen einzuzwängen. Eine andere, oder war's dieselbe bei einem anderen Anlaß?, stellte Fotos aus, wo man auf einer Wasserpfütze auf Berliner Pflaster Teile von Plattenbauten erkennen konnte. Einmal ohne und einmal mit Wind, also verzerrt. Dazu noch die Speichen ihres Fahrrades erkennbar, und natürlich etwas Himmel. Ich weiß noch genau, wie ich nach zehn Monaten non-stop senegalesischen Sandes vor der Pupille in der Schweiz zwischenlandete und das erste Auto, das ich richtig sehen konnte, ein Campingmobil war! Fast standen mir die Tränen in den Augen vor Rührung und der Gewißheit, daß es das alles noch gibt. Nun verstehe ich gottlob nichts von Kunst, aber durch diese Bilder konnte ich auch nicht gern zurückschauen nach Berlin. In welches Berlin denn auch? Das hier abgepauste war mir so fremd und ich wollte es auch gar nicht kennen!

Ein schlechter Ort also für Sentimentalitäten und Regionalpatriotismus, sofern ich Aschaffenburger Wahlberliner überhaupt ein Recht auf sowas habe. Aber mein kleines Fenster nach Berlin habe ich mir dann doch gebastelt. Es geschah ganz am Anfang unseres Aufenthalts in Dakar, also so etwa Winter 1997. Dazu muß ich aber etwas ausholen:

Es gibt in Senegal ein Sprichwort, das heißt, daß ein schwieriger Anfang eine lange und intensive Freundschaft verspricht. Getrost auf dieses Wort bauend, machen dann die Behörden, und eigentlich nicht nur die, sondern gut flankiert von ihren Mitbürgern, dem Neuankömmling das Leben zur Hölle. Ich möchte das nicht weiter ausführen, denn wie gesagt, zuerst fällt der Himmel über einem zusammen, dann schafft man sich ein kleines Tunnelchen für Atemluft und ganz allmählich schaufelt man sich wieder frei. Jetzt stehe ich erneut mit beiden Beinen auf diesem, leider nicht märkischen, sondern eben subsaharatischen Sand, in dem auch leider kein Spargel gedeiht, und blicke altklug lächelnd zurück auf diese Tage. Damals aber waren die Nerven gespannt und am zerreißen. Ich mußte immer an Ransmayr denken und die Morbus Kitahara, die allmähliche Verfinsterung des Blicks. Mein Blick war auch verfinstert, oder er verfinsterte sich mehr und mehr. Aber auch das wissen ja dank Ransmayr: es vergeht wieder!

Es trug sich also folgendes zu. An einem Tag wie jedem anderen saß ich in einem herrlich heruntergekommenen Taxi. Die Düfte aus Tausendundeiner Fahrt umquirlten meine Nüstern, die Federn am Allerwertesten drückten ungleichmäßig und die Frontscheibe war zersplittert. Kein Tacho, kein Kunststoff mehr im Inneren und draußen gewiß auch kaum mehr Lampen. Da es Tag war, war dies aber nicht so wichtig. Weit wichtiger war die allmählich schmerzhaft werdende Hüftverrenkung, die mir der Sitz aufnötigte, und die Unsicherheit, ob ich dessen Aroma jetzt für ein paar Stunden durch den Tag tragen werde. Der Motor qualmte ein wenig durch die Karosserie und ich wußte nicht, ob meine Schlaffheit von der fortschreitenden kulturellen Kitahara-Krankheit, den Abgasen, der Hitze oder einfach von meiner nervlichen Überreizung herrührte. Hundert Gedanken im Kopf, was noch zu tun sei, worauf ich aufpassen müsse um nicht allzusehr geschröpft zu werden, noch halb verbittert über die vergangenen Stunden des Wartens auf einen Herren, der mich zwar herbeigebeten hat, sich dann aber verleugnen ließ und schließlich durch die Hintertür entkommen ist, was ich nur bemerkte, weil ein unvorsichtiger Wächter mir sagte, da fahre doch das Auto des Betreffenden ... Unter solchen Bedingung lebte ich also diese Stunde und fühlte mich wie „Im Westen nichts Neues". Es ging stadteinwärts auf der eigentlich recht schönen Küstenstraße, die auf französisch wie ein bißchen überall auf der Welt Corniche heißt, und die durch eine Art Freiluft-Möbelfabrik und Kunstgewerbemarkt führt, den Soumbédioune. Dort stellt man viel Möbel feierlichen Gepräges her; ich denke vor allem für die wohlhabenden Libanesen, die hier als ausländische Zwischenschicht den Handel kontrollieren, aber natürlich auch für die vielen vielen internationalen Spezialisten und Diplomaten, die Dakar ein mondänes Gepräge geben. Zuvor passiert man den Ausfluß des Kanal IV, einer offenen Kloake, deren Ausdünstungen sich mit den Beschriebenen vermischte. Mein Blick verfinsterte sich noch mehr. Nur flüchtig gewahrte ich die pompösen Betten und die orientalisch-Louis-Quinze-Kommoden, die wuchtig dort am Wegesrand standen und die jeden Tag per Muskelkraft - unter starker Beeinträchtigung des Berufsverkehrs - auf die andere Seite und von dort in eine beliebige Seitenstraße ins Lager getragen werden. Plötzlich durchzuckte es mich wie ein Blitz: War das da eben nicht ein Kissen mit dem Abbild des geliebten Sandmann! Ich meine natürlich den wandlungsvollen und nie langweiligen Sandmann aus der DDR, den ohne Mund und mit Ziegenbärtchen! Er hatte sein rotes Wämslein an und seinen spitzen Hut auf und er winkte! Da war ich aber echt von den Socken. Wir wissen ja, daß der Sandmann wie der Papst eifrig die Welt bereist. Aber daß er nun auch hier gelandet ist! Und wenn ich Dir's sage: als ich zurückfuhr, ein paar Stunden später, voller Kaufgelüste, da war er schon wieder weg! Nun weiß ich nicht, ob ORB oder MDR am Abend dieses Tages den Kindern der Neuen Bundesländer gezeigt hat, wie der Sandmann eine verlorene Seele im frankophonen Westafrika den Abendgruß erbietet, aber bisher konnte mir auch keiner genauere Auskunft darüber geben. Seither aber grüßt er mich nun jeden Tag von der Mitte meines Computer-Bildschirms aus. Und ob Du's glaubst oder nicht, meine Wahrnehmungsstörung begann sich allmählich zu lichten.

Mein Blick nach Berlin ist also der alltägliche Blick in den Computer, wo der Sandmann mich erwartet wie damals in der Berliner Wohnung, als ich eine vierstündige Videokassette damit aufnahm. Und inzwischen sehe ich wieder klar und scharf - und zunehmend vertrauensvoll in die Zukunft.

Der Lack muss drauf

Eine Geschichte zu der Serie "Rezensionen" von Manuel Bonik ausgetüftelt von Christoph Blase

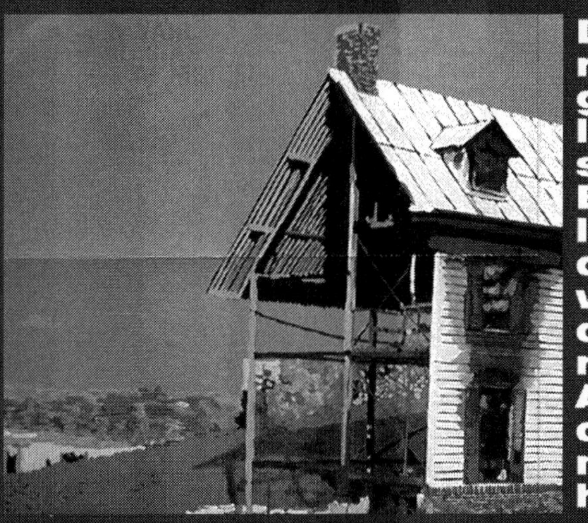

Die Geschichte des über malenden Kritikers begann in dieser Hütte. Er liebte und hasste sie, seine Einladungskarten. Es waren einfach zu viele, die alle geliebt werden wollten. Manchmal, wenn er eine sofort in den Papierkorb schmiss, meinte er einen kleinen Aufschrei zu hören. "Halt die Schnauze", rief er ihr dann hinterher.

Nun existiert ja die Theorie der Telefonkritzelei, die besagt, dass Zeit und Raum aus dem Drängen nach dem Sinnvollen besetzt werden. Momente der langweiligen Entspannung werden mit vordergründiger Spannung belegt, um Routine mit 1 Quentchen Kreativität aufzuladen. Wer kritzelt, kann nicht völlig blöd sein.

Seinen ersten Lackmalstift probierte er auf einem Tischtuch aus, als er einen frischen Saucenfleck mit einem blauen Kringel versah.

"Das können Sie nicht machen", meinte die Kellnerin. "Aber ich habe es schon gemacht", entgeg-

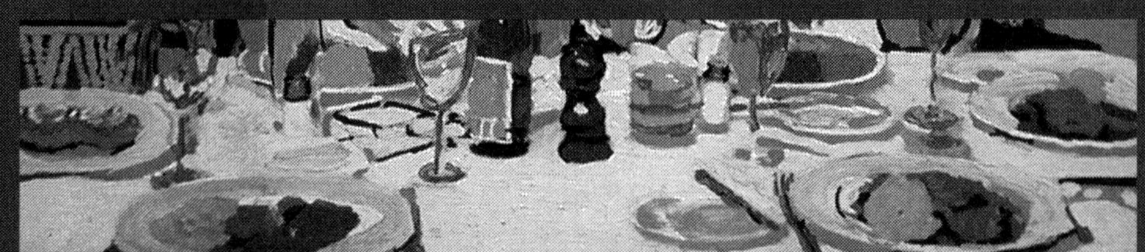

nete er. Der Chef kam:
"Sind Sie Künstler?" "Ja,
auch." "Was noch, außer
Künstler?" Der Kritiker zö-
gerte, "naja, Kunstkritiker
bin ich auch."

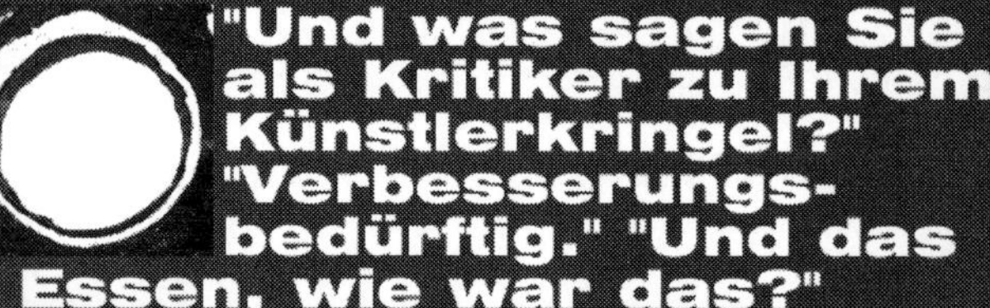

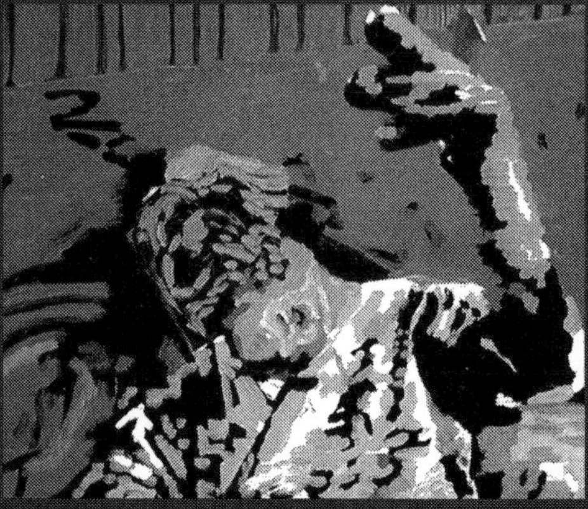

"Und was sagen Sie
als Kritiker zu Ihrem
Künstlerkringel?"
"Verbesserungs-
bedürftig." "Und das
Essen, wie war das?"

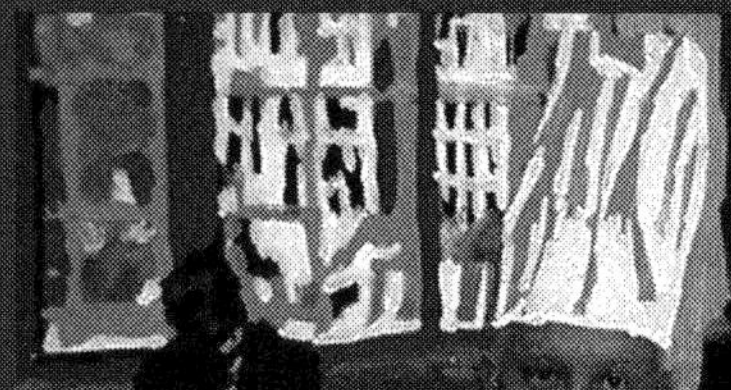

"Ganz prima!" Die Kellnerin
grinste schon länger. "Okay,
Sie malen mir was und ich
schmeiße das Tischtuch
weg." So fing der ganze
Kram an.

Die Kellnerin war natürlich Künstlerin, der Lackmalstift, der so zufällig herumlag, gehörte ihr, und
sie hatte in ihrer Hütte noch ganz
viele davon. So saß er nun in allen
Fallen. Die Nacht war schön gewesen, die Stifte gefielen ihm auch,
und er begann, damit seine Tisch-
tuchschuld abzumalen.

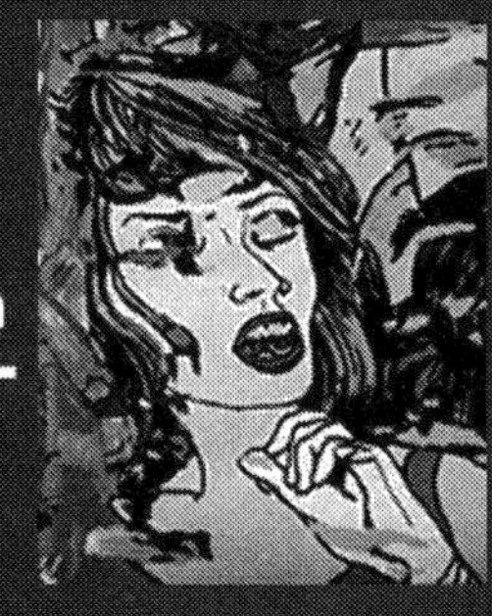

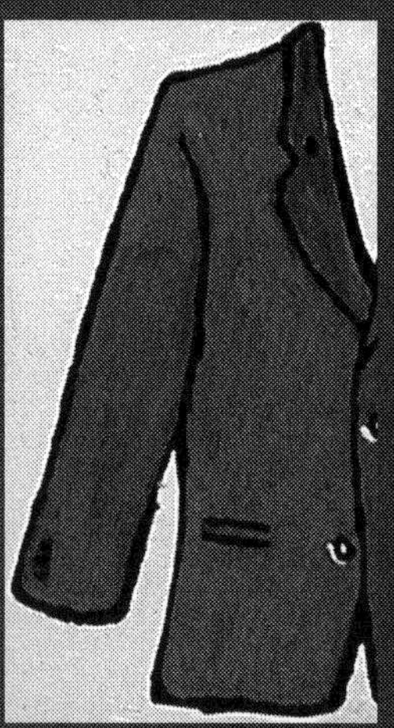

In seiner Jacke fand er noch
einige Einladungskarten, die ihm
im Laufe der letzten Abende zu-
gesteckt worden waren. Er ent-
schied sich für jene mit den
Quadraten und übermalte die
Quadrate mit den glänzenden
Farben aus den Lackmalstiften.
"Kleiner schlechter Mondrian",
befand er, "aber
doch besser als
die Karte zuvor,
viel besser so-
gar, wenn auch
immer noch schlecht." Eine
übermalte Karte ist nix, das
wusste er. Das ist konzept-
und -text-los. Will keiner.

"Oh, sieht gut aus", bemerkte sie, "die Idee klaue ich dir, sind ja eh meine Stifte." "Heh, so geht das aber nicht", warf er ein und baute sich vor ihr auf. "Doch genau so geht das, ich hab die Stifte, du die Karten. Komm, zisch ab und hol die Karten." Er bockte, "nö, ich kauf mir auch solche Lackistifte." "Kannste ja mal versuchen", lachte sie, "gibt's nur in Belgien und sind echt sauteuer. Gute Reise!"

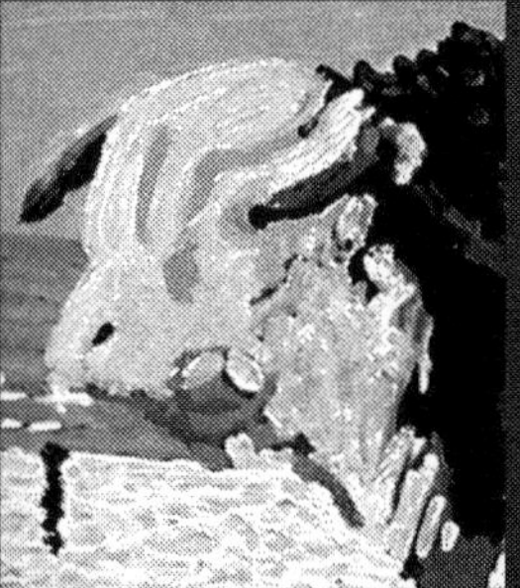

Er dachte sich was, was er eigentlich auch gerne gesagt hätte, er tat es nicht, wäre eh nur falsch verstanden worden. Stattdessen schlug er ihr vor: "Komm, wir malen gemeinsam über die Dinger!" "Sag ich doch, und so neu ist das ja nun auch nicht mehr, aber es glänzt halt so gut."

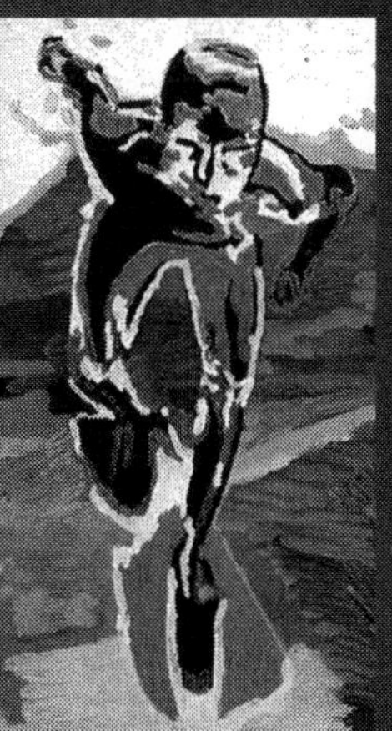

Er sauste nach Hause. Endlich bekamen die Karten einen neuen Zweck. Der alte war gewesen, ihn erst zu informieren, aber danach ihn zu ärgern. Ständig lagen sie falsch, die Karten. Jetzt konnte er sie bewältigen. Fast schon idiotisch, dachte er sich, aber ganz so dumm nun auch wieder nicht. Kritiker malt sich mit Künstlerin Einladungskarten vom Leib. Reproduzierte Alltagsinformation wird zum Original und kokettiert mit malerischem Gestus. Zwei Plastiktüten brauchte er und sein Schreibtisch war plötzlich so leer. Die Idee der Lackmalerei auf Postkarte

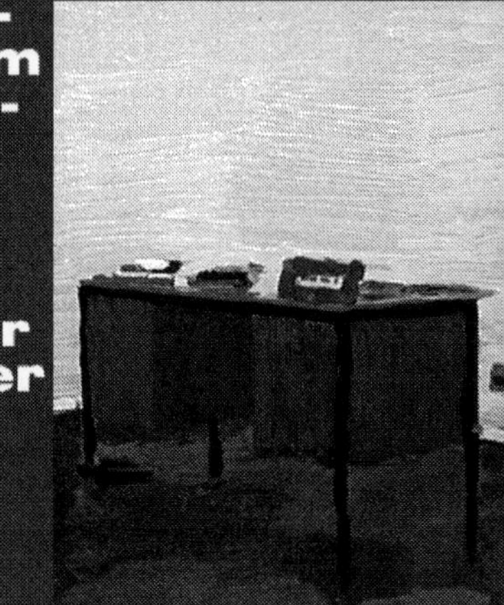

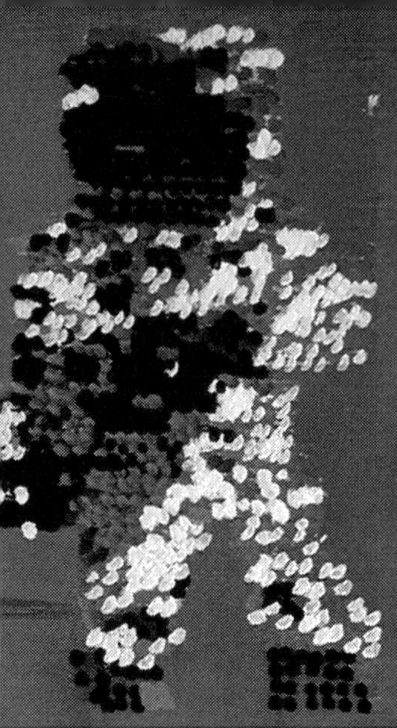

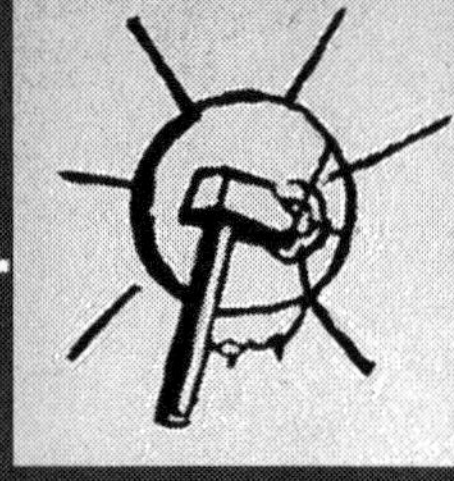

berauschte ihn regel-
recht. Zuweilen sind
es ja wirklich die ein-
fachen, dem Triebe
nachgegebenen Einge-
bungen, die einen so
richtig schön schwim-
men lassen. Das Was-
ser liefern schon die anderen.
Sie lassen es allerdings auch
wieder ab.

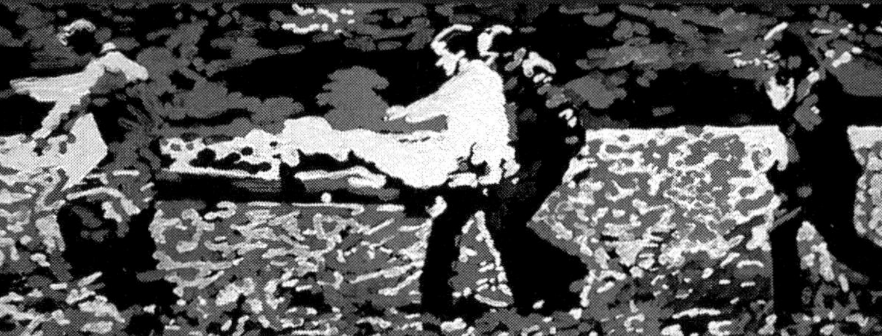

Macht er ja
auch nicht an-
ders. Er ist sogar regelrechter Spezialist im
Einschätzen der Haltbarkeits-
dauer. Die Lacknummer läßt
sich vielleicht drei Jahre lang
durchziehen. Aber sie hat
einen interessanten Aspekt,
denn man kann sie ungefähr alle zehn Jahre wieder stolz präsentieren.
So wie bei Domela,
Raysse oder Mal-
colm Morley. Jah-
relang nichts, aber
dann immer wieder
doch noch mal eine
elegante Museums-
ausstellung. Der al-
lergrößte dabei ist
Picabia.

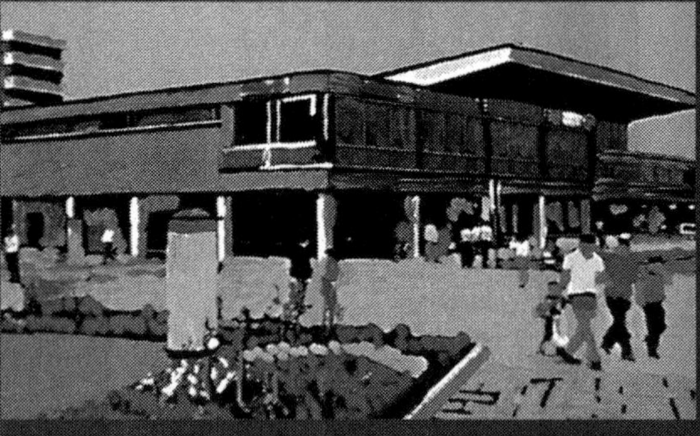

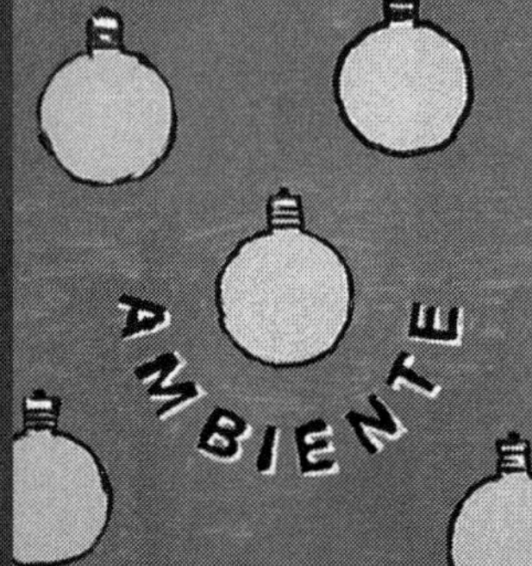

"Eigentlich kommt es
doch schon ganz schön
darauf an, wo was ge-
zeigt wird", sagte er, als
er ihr seine ganzen Kar-
ten auf den Tisch knall-
te. "Und da bist du über-

all gewesen?", fragte sie. "Nie und nimmer", sagte er, "aber gewusst habe ich von allen, man wird jedoch sehr wählerisch. Und zuweilen gibt es Gründe, die haben gar nichts mit der Ausstellung zu tun, warum man nun dieses oder jenes Feld betritt."

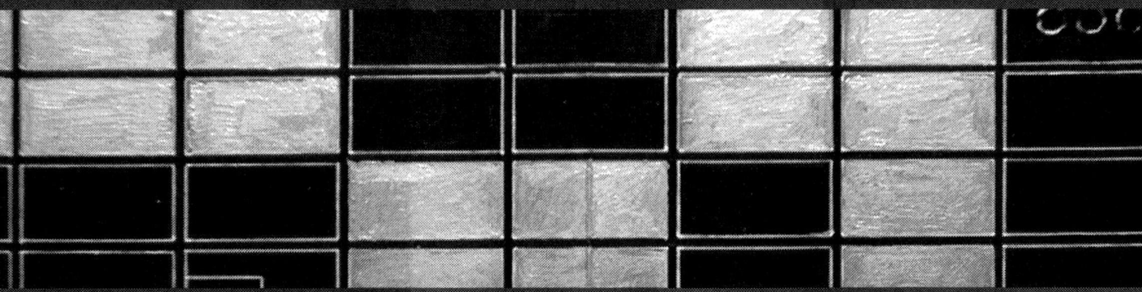

"Also sind Kunstkritiker gar nicht objektiv?" "Kommt drauf an, mancher schafft es eben, aus einem Buchstaben einen Sessel zu machen. Andere sehen weder Buchstaben noch Sessel, hat oft etwas mit mangelnder Augenführung zu tun."
Jetzt hatten sie schon gut zwanzig Karten übermalt. Jene Ausstellungen, die sie gesehen hatten, teilten sie in zwei Gruppen ein: entweder "es lag was dahinter" oder "es lag nix dahinter". Im Moment stand es 8:4 zu Ungunsten von "lag nix dahinter". Die meisten "was dahinter" hatten natürlich irgendwie mit Video zu tun, zumindest aber mit Fotografie im weitesten Sinne. Meist Auflage 4 bis 6.

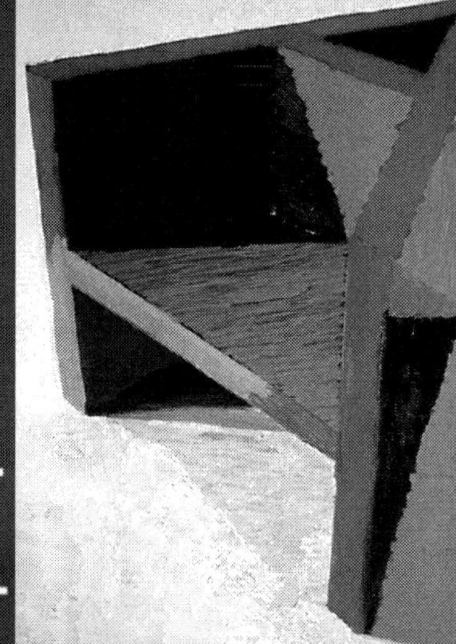

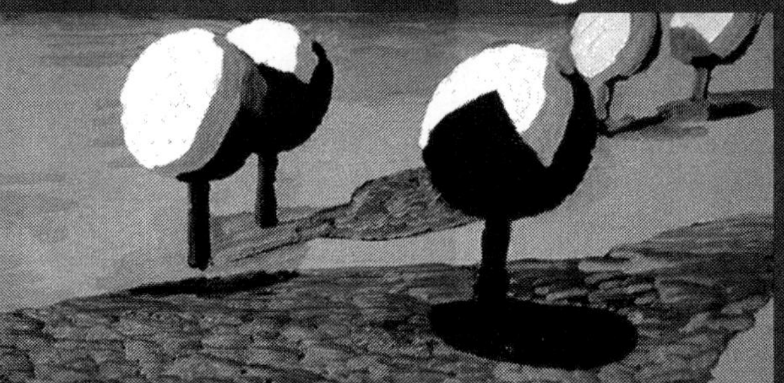

Manchmal gingen sie auch spazieren, wenn sie der Geruch der Lackmalstifte all zu sehr nervte.

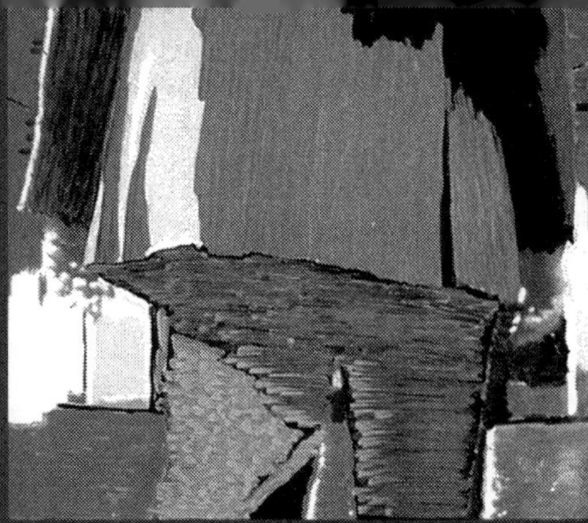

Auf einen dieser Wege fragte sie ihn plötzlich: "Was ist eigentlich, wenn einer kommt und zu unseren übermalten Karten nur ruft: Ha, Levine, Sturtevant, Linke, Zimmerman, alles viel besser gefakt!"
"Habe ich schon dran gedacht", antwortete er und griff in seine Hosentasche. "Wir geben ihm Recht und überreichen ihm eines dieser kleinen Schokoladentäfelchen hier."
Sie schaute kurz darauf, las die Zeile

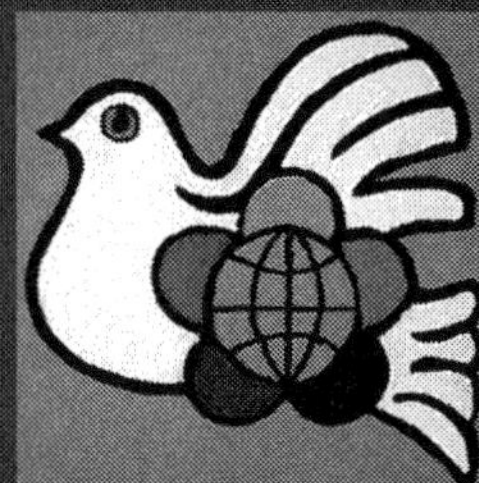

und begann zu lachen. Damit war tatsächlich alles klar. Jeder würde wissen, dass sie genau wissen, was sie tun. Keine Chance, dagegen zu argumentieren.

"Und übrigens", flochte sie schnell ein, "von wegen Probleme, das mit dem Tischtuch ist erledigt. Er hat sich sehr über den Vogel gefreut und würde ihn gerne auf seine Speisekarte setzen." "Soll er lassen, ist weder mein noch sein Vogel".

Nach rund 50 Karten haute er schon mal den Text zu der Reihe in die Tasten. Es war schnell getan, da er sich an den

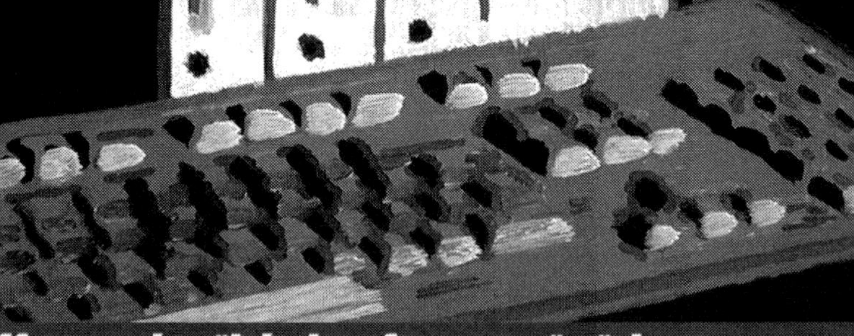

üblichen Begriffen wie "hinterfragen", "decouvrieren" oder "irritieren" entlang hangelte, gepaart mit ein paar Wortspielen wie "aufdecken durch zudecken" oder "wird hier

auf kleiner Fläche die große Frage nach der Malerei
heute gestellt".

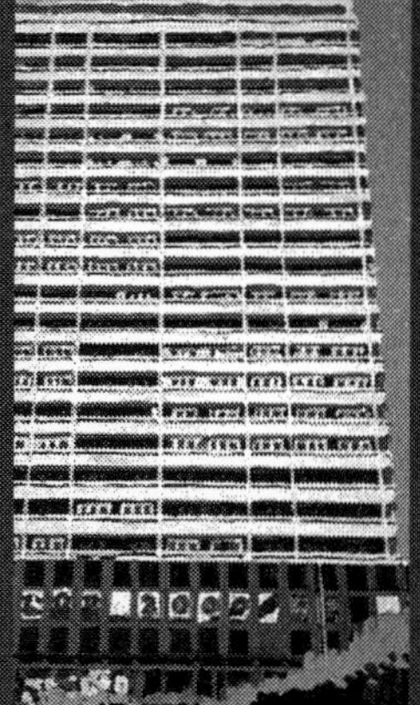

Sie hatte unter-
dessen eine pri-
ma Ausstellungs-
möglichkeit im 9.
Stock eines leer-
stehenden Hoch-
hauses gefunden.

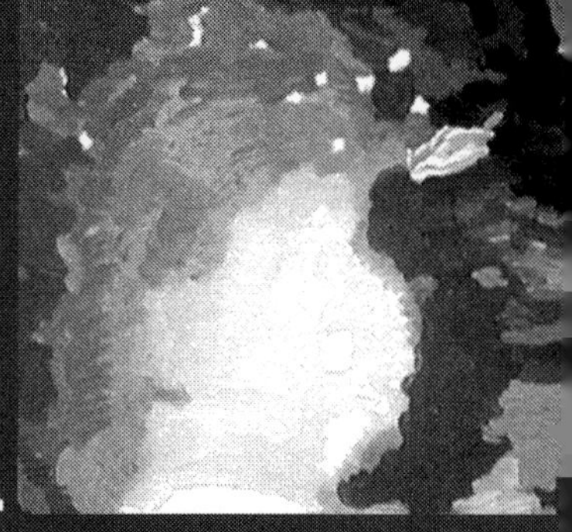

Gleich zur ersten Besichtigung
schoß ihm schon sein doppelrei-
higes Hängekonzept durch den
Kopf. Sofort
markierte er
mit Lackmal-
stift seine Position auf
der Betonwand. Er trat
ein paar Schritte zu-
rück, schaute prüfend
auf die Wand
und meinte:
"Genau so
wird es ge-
macht!"

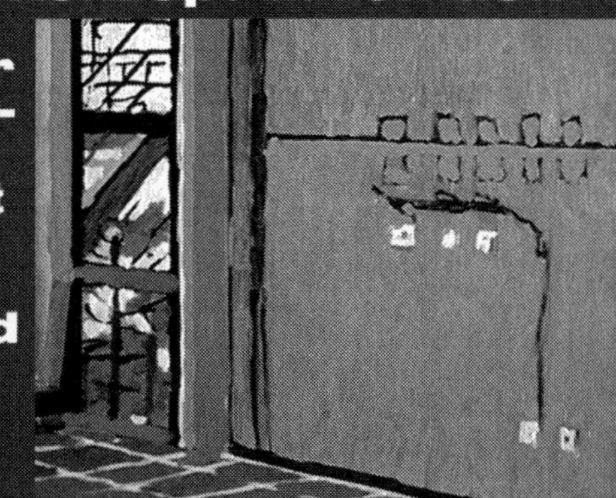

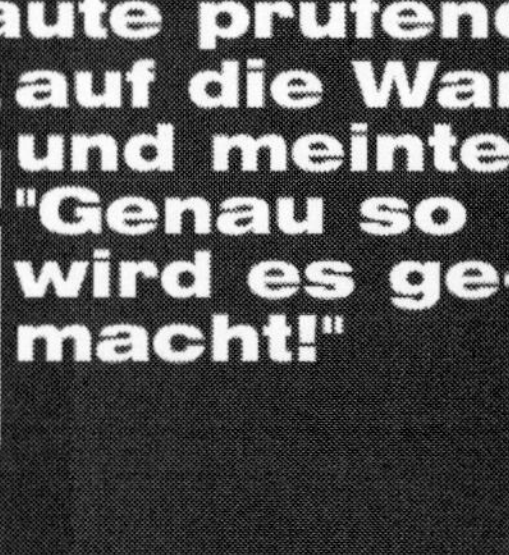

Notizen:

Kathrin Becker

BMA2000

Anatolij Shuravlevs früherer Lieblingstrick, um mich aufzuziehen, war es zu
behaupten, daß wir alle aus der Kleinstadt in eine große Stadt (Berlin) gekommen seien, nur er sei aus der Stadt (Moskau) in ein Dorf (Berlin) gekommen.
Das hat immer geklappt, ich wurde jedesmal empfindlich. Unsere Herkunfts-
orte sind denn auch - soweit ich das bei BMA2000 überblicke - wirklich Klein-
städte: Aschaffenburg, Chemnitz, Hagen, Kiel, Leipzig, Luzern, Wolfsburg
usw.usw., eben die „Pampa" (Rémy Markowitsch), wovon sich einzig Moskau
leuchtend abhebt. Gottseidank sagen die Russen aber auch: St. Petersburg ist
eine europäische Stadt und Moskau ein zu groß geratenes Dorf.

Jedenfalls bringt uns Markus Wirthmann jetzt nach Aschaffenburg. Ich weiß,
daß Aschaffenburg Bayern ist, obwohl das nur auf einen mir augenblicklich
entfallenen Lapsus in der territorialen Aufteilung der Region zurückzuführen
ist und Markus Wirthmann nicht bayrische Mundart spricht. Ich weiß auch,
daß Markus Wirthmann im dortigen Kunstverein das Projekt „Aschaffenburg.
Ein Stadtmodell" realisiert hat. Der Künstler baute mit seinen alten Freunden
in einem mehrtägigen Prozeß ein Modell seiner Heimatstadt nach. Der
äußeren Form nach war „Aschaffenburg. Ein Stadtmodell" als gigantischer
Sandkasten angelegt. Und so haben sich nach der Projektanordnung von
Markus Wirthmann die Jungs und Mädels von früher noch einmal auf dem
Spielplatz getroffen und mit Hilfe des Stadtmodells als Mnemotechnik die
frühen Jahre rekapituliert. Ein wesentliches Element dieses Projekts ist also
das Prozeßhafte und das Emotionale, das durch die Akzentuierung des
gemeinsamen Erinnerns auch einen Reflex auf die „Art of Memory" wirft.

In der aktuellen Kunstproduktion sind Elemente aus der Kinder- und Spiel-
platzwelt nicht selten: Rutschen (Höller), Plüschtiere (Kelley), Bonbons
(Gonzales-Torres) oder Legosteine (Libera), bereits diese Aufzählung zeigt,
daß das Element des Spielerischen, der Sandkastenwelt, eine bewährte
Möglichkeit der Verführung zum Einstieg in das Werk ist. Was Markus
Wirthmann in dem Projekt „Aschaffenburg. Ein Stadtmodell" tatsächlich mit
sanfter Ironie thematisiert, sind die im Kunstkontext zirkulierenden Diskurse
von „Topographie", „Territorium", „Zentrum" und „Peripherie". Ich kenne
Aschaffenburg nicht, aber ich sah in den Dokumentationen des Projekts eine
neue Topographie: ein aus Ansichtskarten zusammengesetztes, dreidimensio-
nales Modell des Aschaffenburger Schlosses, eine im Maßstab viel zu massig
geratene Akkumulation von Wirtshäusern, ein falsch geknicktes Flußknie des
Main. Und weil Landkarten und Stadtmodelle ideologische Konstrukte sind,
gibt Markus Wirthmann seinen Freunden und sich selbst die Möglichkeit des
re-writings der eigenen Geschichte der Stadt und der Kindheit.

Jetzt hat Markus Wirthmann wieder ein Projekt für Aschaffenburg initiiert. Auch die in BMA2000 vorkommenden Berliner Kulturtreibenden sind, so wie ich das sehe, mit Markus Wirthmann freundschaftlich verbunden, und überhaupt, die meisten kennen sich untereinander irgendwie. Diese Tatsache empfinde ich als für den Projektzusammenhang absolut zentral. Allein, man lernte sich zu einer Zeit kennen, als man schon den Spielplätzen entwachsen war und den Kunstbetrieb und seine engere Umgebung als Betätigungsfeld betreten hatte. Es gibt also daher keine gemeinsame Vergangenheit, der gedacht werden müßte. Und gegenwärtig gehören die Künstlerinnen und Künstler diversen, divergierenden In-Groups mit verschiedenen Etabliertheitsgraden innerhalb der Berliner Kunstszene an und pflegen verschiedene Diskurse. Die Schnittstelle zwischen ihnen ist also von etwas „Privatem", der persönlichen Bekanntschaft untereinander, getragen („Privat" und „Öffentlich" - auch ein aktueller Diskurs), sie werden aber „öffentlich" unter dem allseits in Ausstellungsprojekten verbreiteten „Berlin"-Label im musealen Rahmen präsentiert. Interessant sind für mich dabei die innerhalb der Gruppe der Projektteilnehmer zu Tage getretenen Motivationen, die als Differenz von Privatem/Prozeßhaftem/Emotionalem und Öffentlichem/Ergebnisorientiertem/Diskursivem zu Tage treten: Bei einigen herrscht der Wunsch vor, die Konzeption des Projektes kritisch zu diskutieren, die anderen sind sich mit einer „Solidarität von Kleinkriminellen" (Gunther Reski) darüber einig, daß - Konzept hin oder her - diese Gelegenheit zur Teilnahme an einem „Berlin"-Projekt so gut sei, wie jede andere, und wieder andere nehmen teil, weil sie Markus Wirthmann mit großer Sympathie betrachten. Dies alles führte mitunter zu derartigen Irritationen, daß man das Gefühl gewinnen konnte, man sei mit der Parallelklasse, in der man sich ganz und gar nicht auskennt, auf Klassenreise geschickt worden. Es scheint also, daß in BMA2000 Privates veröffentlicht wird, aber auch eine Privatisierung des Öffentlichen stattfindet. Denn das im üblichen Ausstellungskontext (mitunter vorgeblich) vorhandene objektivierbare Konzept bzw. die Kriterien für Künstler- und Werkauswahl bleiben im Dunkeln. Vielleicht sind sie im Ergebnis des gesamten Prozesses enthalten, so daß sie erst in Aschaffenburg selbst offensichtlich werden. Ja, es war sogar davon zu hören, daß der Berliner Architekt Heinz Wohlrab durch den Ausstellungsraum einen Mauer ziehen wird. Werden die Ausstellungsteilnehmer also zwei Lager bilden? Warten wir's ab...

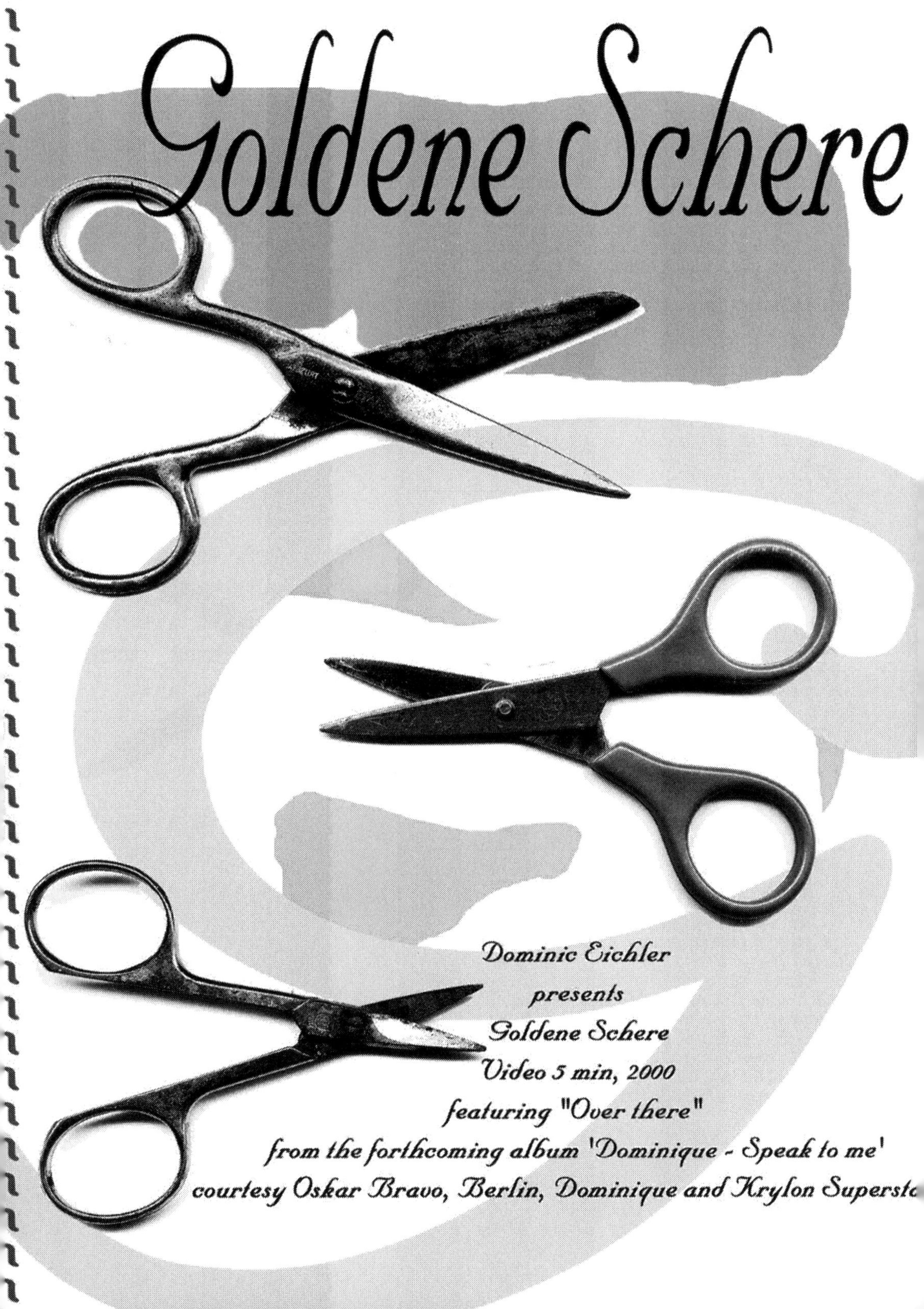

Goldene Schere
Dominic Eichler
presents
Goldene Schere
Video 5 min, 2000
featuring "Over there"
from the forthcoming album 'Dominique - Speak to me'
courtesy Oskar Bravo, Berlin, Dominique and Krylon Supersta

Dominic/Dominique

Goldene Schere, 2000

Like a looker lounging about in
the wintry streets of Berlin sud-
denly mesmerised, head askew, by
the warm golden light of an inti-
mate space, the raconteur of this
video sings to us of a man of
twists and turns driven time and
again off course.

At first, the everyday spectacle
so captivating, so cajoling the
golden homosocial space of a Turkish barbershop amalgamate with
the soft firm voice of Krylon Su-
perstar. The voice - playful as a
loving melancholy smile, a smile
as present and yet aloof as the
grin of a Cheshire cat - and the
Rhodes accompaniment of Dominique
(the artist foremost known as Dominic) meet like two concubines
in love: obvious and discreet,
confidant and exited. They croon
of desire and distance. It's fine to like you from over there.
However, a cultural hiatus in the
overall scenario of lust, love
and longing comes out. I don't
want what you've had, even though
I thought I didn't want anything
else. What is being groomed and
pampered and petted over there in
the golden shop, are the freshly
depilated heads of three young
men. Up close you're something
else. It becomes uncertain
whether these Turkish men are co-
opting skinhead attitudes and
looks as a self-empowering gestu-
re just like gay men have done be-
fore, or if this is an enactment
of nothing but a homophobic sexual stereotype. Perhaps both. I
think you're better over there.
Goldene Schere playfully betrays
the irony of cultural and sexual
segregation. It is an alarming
sweet piece of Teutonic Delight.

Frederikke Hansen

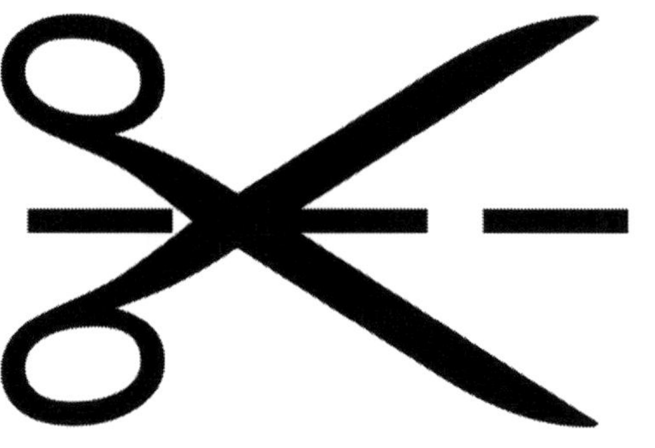

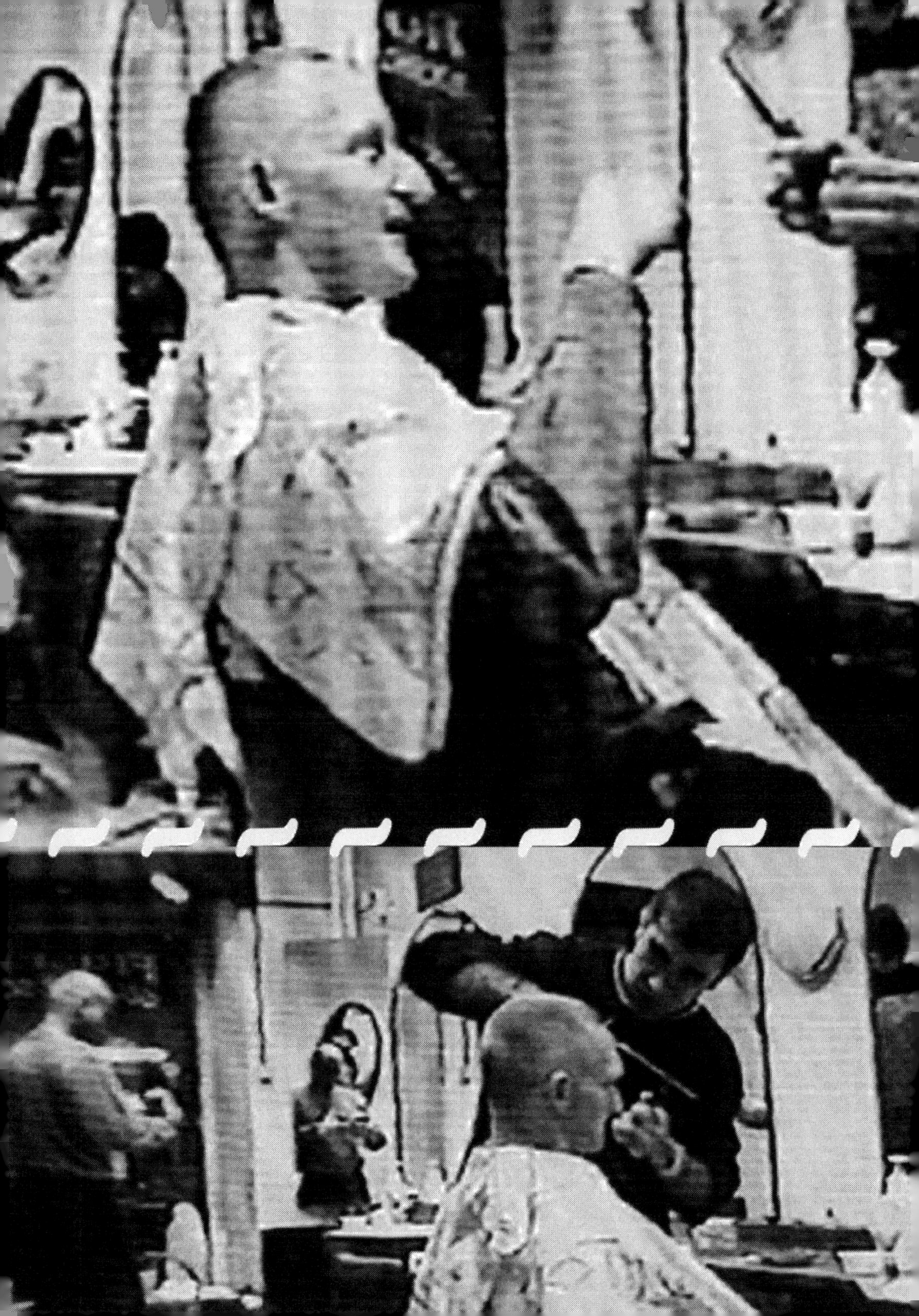

Holger Friese

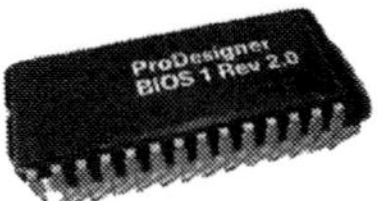

OT.pdf

Beschreibung:

Die Wandarbeit, die in der Ausstellung zu sehen ist, ist ein Ausschnitt aus der auf den nächsten Seiten abgedruckten Datei (Das Dateiformat "pdf - portable document format" ist das Ausgangsformat der Druckherstellung dieses s/w Katalogs). Der abgedruckte Text ergibt rückübertragen in ein digitales Format eine Bilddatei, die in jedem handelsüblichen Bildbearbeitungsprogamm geöffnet werden kann. Die zweite, farbige, Bilddatei ist die Vorlage für eine weitere Wandarbeit.

Rückübertragung:

1. Einlesen über eine OCR Software bzw. manuelles Abschreiben des Textes.
    Der Text muß als zusammenhängende Datei (also ohne Seitentrennungen) vorliegen.
2. Abspeichern der Daten als .txt Datei (ASCII Text mit Zeilenumbrüchen)
3. Umbennen der Datei nach ot.pdf
4. Öffnen der Datei (Photoshop, Acrobat Reader o.ä.)

Holger Friese, 2000

```
%PDF-1.2
1 0 obj
<<
/Type /Catalog
/Pages 2 0 R
>>
endobj
2 0 obj
<<
/Type /Pages
/Count 1
/Kids [3 0 R]
>>
endobj
3 0 obj
<<
/Type /Page
/Parent 2 0 R
/MediaBox [0 0 740 340]
/Resources 4 0 R
/Contents 5 0 R
/PieceInfo <<
/Illustrator7.0 <<
/LastModified (D:20000510181424+00'00')
>>
>>
>>
```

```
endobj
4 0 obj
<<
/ProcSet [/PDF /ImageC]
/XObject 6 0 R
>>
endobj
6 0 obj
<<
/Im0 7 0 R
>>
endobj
5 0 obj
<<
/Length 279
/Filter [/ASCII85Decode /FlateDecode]
>>
stream
GhT9]_.phP&;HfbhI2Fjd**iAWurH?JJKh:&Fg[`."fX!S(OH2hfXpOi2MrpA\K1>s-k;[G80IrRVE2i
'a110bSGt$#Sp;SN3.:Y2;=ZbRCj!F;CYh]kLuLEJhP=)_ESL+\^];Bo/`<"2Cg84M3Oh]h]%PoS4k((
S@f7][T+J?fO/;D/3>b>9>47:I+*=2<mBJAoem*3h:'kRMSa=_S+;9bnmM'=r.l_m,NtN+'LdEjH`cLh
e5LdT?LMbJlc@h/P_@-Zk'iM9"i$;aM*:~>
endstream
endobj
7 0 obj
<<
/Length 11489
```

```
/Type /XObject
/Subtype /Image
/Name /Im0
/Width 740
/Height 340
/BitsPerComponent 8
/ColorSpace /DeviceRGB
/Filter [/ASCII85Decode /FlateDecode]
>>
stream
GhVQ@.o[eKZ3='8ag+G_&rT.%O]WkAM++j@@Za2,&rT.%bEbQeW"7_9*0VnY,,mN-j4rr<rL"mR`/:b%
*IaVfT:bHL7f/L*hdZ+]q=h/jn,$>hcd;-/o=rEA(4NIGpG2)^?Muh\HQ)fF5!9DS*kj0"mdIo+q"H04
mPYf-\).pM2rAcL?,OGClV.ibY1EVooj'r!bO5ePMo"<HnF,`1]*<b_Vr&5:-\K1oPN2F"Wq[&7^FT9F
oC&-OrkIrlc"F)WrXMtOYcV2Y];<[EIj8-.\bn"Tb-tB:'irGDns:lsf7fKVQ_@7/C?=1i6bMusU.UVM
&uoJGq%I9"0)fa,X1/d=-2ap?Y<se%<[+QF[5*sqM,[MX3BfIFTX(Or.Q-,+.CE%k#:fb1Z7Dp@cml)V
b%OIOrp?\LBk=PSf(;uAF]QAn8h-)+/$E`f%+Rs>Q/Q#6Vl6rmQuuGa6RD$!Uf(?2-0@f+<2-P<c1RMU
2_A(@N7obJ(G22C`$q`*DO$/1BkJ`9b0f1q@2W+'HRbMfas]g65\4S+fkk)-bdPZ7N7Q-1\L?aD/3Z7<
Y-_&;doAu2JKh6"<Z0[oGmp@OP0.;(!YdLldRTu.%I!5gTWaNn!So#>5^dL7bHS+sUm9jMkTnSKr!$-J
;1T,br/16@X]8uFUrpMK++V'pS5i]mO/pc$A[-L]MVj!Ah[<bAqQLSp!!QPOMWRnCCZXLuGm+PQ<UT;`
qC7\R"=fd?\`nAB]"AGT/"oopFq91%#q3a7n]=?dYYrhO3@]@WqAEJ9J]d_joeXrs]p44umAk'7.cZ=r
=UgW?W[s%I<RSV(=t8u8ZaDIFf.^AIZrNhjTV((5+'%=7b,2KX2cag6d^I:m>@6KljT0&^P`+Al<DJb2
g68bGZDPc91p<'<f9X)NbtBEb[U#/<Yd31?b0FX8^HT]$b,VjI.@$N4e"B=I"VgW0ekMEq^.P[:oJCs(
p+_u;9qH19'gSV6.fFd\G[=rCYS+<CP/^,?E:#S`/qUf0U6V;rTP\&tUj!@5E8+AQ.^D\2>jZ3W[0O$d
[`Who).dB);^J!".;T$uGO@"0><p$;b#?VsD7Tt:4TiZ..?I0@GE[L-ft9pfQ-0F`QU,-C,&"!H-e#J_
D3^>8-0)C5<ghQ&!c>1tjr;[`^@kPja2:O6&l@g;:dnl*AW;a_XCS*6YJ]7I3o5B.ZWEg`#q1a6afoee
[C$tbX/(Y=f262B.dO/EIKmsOJ1b#;CJV:%j`"r0A.$d878t^C=Pc1?N&@1G'#\U)k>b"+"BlR:enuOY
MACaM\5G"cgY#ZMAlaZT/4XVDNuadVqm`nOh`k=l=4117bCYZ0J1_'c<W]A(Rjpf&.]HFn>+U;nFHmS@
```

Ni+[:4"h+G)=n_Z[qe7@hcV!R\TV+=Y>R5_qm-Wok,Wl?43P`Vm;"JYo%F,0^X#.c<-]>;=1M-(.O@a2
;g8F;XKl]Bh"85[?)Fm7QQ;j/kK+B6[K[H5!?K2].sYp,XKSphK.F=OI,mejrQMDBfj"FoVl<Q8Y#8qu
P.o(cF'iKlDrmg0?KF0RXaTIQ<s]t!mL(@W$hf,=qY,NgNTG[@_7[o_.[N:!.kP[)nT=.i7Df%7Ebc28
dgOO;?i)if445A#Wi7bmCI$@:X\FRNhR_QoqW:eL3iK?0!,B^0^T5IX\SDZ,?hIE"=LmZ&=Li7jJicc&
CSO%cliH=W1UhPX<%6I&rjrV=Z*R[UYWlH9mG?-hN4f?n4g@m##.OA@ce-R\<O-s:EGHl)9#E"&_o"jQ
[G2Z)Qd=4uSM/4]J=6rL?2h_!g*d9qXKAN9kH!ZG3S[H-0OLZfYqk=Gb&"MiHU-U3"Y.i"q00Vn,(5aS
%HtL+Z][`C-[S*Sg$QYsVL(SG].3Uqcl+D4Ma03)43Qk(cun)/T](<aiDeM.C:LQs&iE_\HU'Hf[7>AM
[>2^7[Nj)K*mF>![e=e'cH<FL]65p2H'S,UJX)HKDb4:^$J?NV<6:__HA64A43N,Ncr__WZQ/?5?*D:a
e'Zn8L-;2:Ge7psQ*XgYY#;a8HrMi&;LT-i`4=V#cIa3P.^]:-Mo(UA[8e"4.o>gtTY<e:*RhDn'O6m+
&gkGKXd-MmDZX?df@OjEJYM5Zh_eM?n-3tQ#1kcree[sZ%]fIVj,L)ZCc6fUHeMQs*1&1`Y<\#g1q<NJ
TXR`JWE!7,VtA3a"qg_CKDR.gYY#h?^N)dnQJ4N55<Z:la/`H843Ld@b%3>4gG,kZ\-8*ElrR;cD@rhY
X"p=97:pC0^<1+\E7MiUMrh5k$>qAZ7JA.U>Q+uZ'!hNWS6=-t(Cm"<:#:EkI$JqgV-jVnfC(7t?%o8c
='`9CcT@_LOuK$^?_uZuk*:`R9)o1NgU"DZNN,>\"2X,cRi/27b#TD":&^XAntHM.qodSgO%PCj_tU+
B=>6[?KM/0DQLcZE-M8Y$VR@4dljA?Xd/6p@FS?bS.`82cC,f*EiYF4AVq!`s"5ma2Qj@/=.iiSX,PV4
q5dp)>*dF6'SPgS]E*`X.W*;80+Gr0Z\\R8^5_6aX7Bm)nL>KWgibPUY/3,jbA_1kEqaF9bUT0%5k,ml
bu\MB>-6"<I0J>r>MdO^TM9(\=6-D5Q?@&0`F9HoE*[=GQR#q7,@Q(kZ2ZY.Z8OhQ*5)>PN3!^U"6FGd
krk]8[rN3mAbQN.fkg&$3*L\&HO!S$c7G;WelH6k]S-69IsH#1C6e<1J3K<lPDn.$'V-lSkSmUV:o,=C
jgjt(d.$#Jk]UBjPs>*/_YbHOaee)Q\+V.s!ZJeZS;$<:[(HF172buNXd*!<2=i:fLD.nbT?Ti"=#npZ
gtIn2<N7-1(1e(.+!oqsh(edWW4]h3ILdi2=ap?m:I*khd%>]op9#UKG4i92!F=SfhrIhKg3mT[%Tg1H
ZJ^n2jg1Ye.N)3oI?g"tX`BpYlk`g$Gd_cRDT']6p).O>k>at[==N[=PhfIpK??]"Ci/YOe<R5#]E'=6
Q6..eT7Ho7i6H@3^<0/2>atFeY-OV[%]cBM.ikt(-`?49b/jceQ4$cFC(p;2gBBXjiM9(=(>R",.cj^1
MlmND/*RsK7$ZArruF.$qq<`+S*qmm-!NWepOKR)g'Xm6q'rj"ZaDaVg2`?\]?]$S\C,F/-jbMfDp!\/
(<:.L]ZTN^o'rMfCJ4OSUB^(';c[LWfiRtf\$],h=BSU0=tYZbc`@`_XJCW;K6`a@)>hMs;">*\AF+5`
"k+sGnL?bM5^0?([IFW$EXjM0#BXt=&[2mM-$]S"VcE:5\>+Zbe:hmCYDbA^&n_#IE*tB#/>Q.UQ_
elHG"'k1b%$^Ju-jgKQ%Yc[K%qe;>@S`M[:m_3)?[f%8o9g5h&dl4Fm]E,/#=%0r:A$q_)NfU*""]rAB
</[$hk#HRd>eB$PrN@rh;U:W&JGl2r\<"pV5];'4b<^%5;b(_BDo,+r>@eJQ+3rGLXd/37$SG[e^?Wdk
$^R+=/@_9'TRqHSI("2S=F2m4(SH8Y5bjo'gf(8$DWBYE9A0?HA'2)t=Ci[15YWF!O]>^k1A2g-^.Pc>

S6R`&49=7c<f(I)Df9D0/"M*RmEj#F43P5GK%nT%?8PdG1sE'2ZuUOLNS3$[Q0!;)<lWis5+(_Z@<q%B
[H$+I0&9^f"RJo6@m;';c)\uFCFYKoGl[>*3>FGeKWB0HU(/4-+gLRp/UNq3\.['X]i7fGQ[6a=Uq^"
N2m@/=U>3(4%F'6[fpk50>7]KAes0Q4eQM"1n<,)Q9Q/'K=)Ep.nRHIG.[7?+h@;$RTKmf<?<3UeCs6q
W+*9F@U^YOX'S\cY-QI/Lap=2/2p#aT>Y(rY]<\t>$KEVR?'%+45M=2p(Yki:UB!!NS+7^^BV'8:2k'd
D!g`+b%nhejk#iZOStL(g8(om?]_PM^'7PW]J.Z5q2J6jfue=HZ[\:J<LOtZ8oe^.j.5;L19IY3.Yji^
bNn*?q.LB;45C(oD%PLSa:CP.;bYhNHka6q2,:3J<ll,.K"ahk#M1c8'#+Eh*s8NF=jE4H,HYdc!F5pl
b?)TRJ1_eB;DGI4GRs#FP:@ko5_]"@uRG37p?,Mc^j0;LK0Z5SWuW@**bqB8o0d%1_-Z9?R9EgXMs_b
E=XH*g#%Sl b$FV0jm0.U&k0WB#)baocLSqChjrl8TW]!Qf#ClRT$k8DrU%JtLt@1No,c9B+oB_/==K'.
br:sK4eV9FW8S2!%@-+J2kYr/dFq<:D0Hb#M,eHBJGnG3andL?^el!!Ikbnl-!FG8lad>.*j+g:"?JZH
9A$FbXc3$1$*gE&J4;Y-=<=VCGIt*;$0XMn=a<Zd!PQ4\|sc^!leetA5gaE8I:j8L?,8!e`OJN&=M*-V
:D2G_3*L[>q\Pp.g"OpMG%'$*3N@<-Wd4dD4^11@H'R(!Ck)20^.+*b/Y/po>$:hQ3jmbR"I)e1Him!<
CS+h:i.?pdLOQ8Q1fiTtbLp_!F12T'Y+=\GA.^5q9&K$QPEMfcnO34''HRV<DQNcK"RY:1d!/b[)1ek4
Q*Pe&3+]j:'rYVT3Sad`g&3,A@p`Rha%Gn.[$Jk,8!>)CNKn1g2L#;g=p,2pC860Aehs+a.GP$*H31*`
X3?$-["O_Cbu`Rnf7&]:>?cTgE'd]HNH^]+g"MeZ&LcnC,f-mZ\[B,1Q&<:Jo=R],ZFgKG)86>4Ht;=_
41*d']eH5(C"QJno2Xd?TYn?n5kFi)5iX2mm->V;fUG.Lj\umoC<cj.Uf;UMhgjRpNY`0.96b+FEH#f4
['Er`<gc2g>^+-c9f0'EGIk6E&L\O"9j0&[*Tmf+ZLQXn@-+=8\[H*\ANn*Qd"1n3GF>_aYQseXlJ?Pq
@q@ZgKU):`V<,2#S`Q30/@`nRaWf*L@rSq3hc]B.==G)h]tLu@%"m17XW?8%=jO-jln#?;<J#U`k)#?0
m/bb`X3Bb%?<Nj?m."oZf<9-ci>^-6;-Tl+?6pXq)%;eg*)IDUq](RG4pBsr?2&mK'RUYIJF\8V4:<e$
8i3YjPoNtfk#F$sakH?@Ga4KdH'OQ<b$jBpT\=LQESc3U%fVKibk?*jq0/n@e'PF'>Qi4@<RRH"T#o^L
Cg^h!A**6IB#,5#Wt]6DiY9aVhjrkO&6s5dB_]6_7C'7iNN5H_5_JZ.:7>\d$gn&G9ruPLkO\7#b@>Dj
m;'eP\&0\&,OPRa7qf#h@ARFCq4hq>q&:da<aN(_Q,1d3:L/C6oQFXGQ2JquT*\aT]ZF6+_C)!%[s%Ns
:h#^]oCJ8fQ#$sZc)j.S_VbbZQA^b(Q,i7;7U93s)mD*PcTRq.'O+cUY[<Wu'),D_r]e]/KVo3M!iZ=o
.bQFNqYh/3!o7a<QL?jjp,B=c2f4bd?*gpJ?'R5RY5<D$nWY)Gk2kJk:I&-am&O,M[pa6Njjnn30.ft5
B0!^3o\T3EoFb`O4[6Dh-&bn3B58SMQ^0#H=%NWtY4L&pNdR+Mhh[Q(BXB\Q"$59Am73AJa4#jHh9;qD
M]42<nW"F2B!]1q<uESuIri6kF.rae2-T5R=F"bOX^)I=]Q?srbZBW2!^3>YBjFrWh2Kso7dU.+/Irq*
#s'T'Qg#^@mdjH(c?emZV4En3K!4)9W:J5SEQ8!*bX\<hc%9/\Wf._!rr\P4_S_(c#u.LS""S;.nK(MI
\8^qZm;k*hRtSVc=lggjX)-oumaE_s5PZ?sa`q[c\4X37I+8q713d8>4g!.pY7cTVT>\2HO%P_(O/=h:

nio-Ro9"ALqmZn'3U3I&o"0TE=`=OK5UCiDGeEaP,@J9#?tD3so$e4S>OVdf-dSnhk>`uQJSlG$JC].6
l`T4#^ahuiD00PRbCYX*/[o?Y+)^C`MBaY3A\i5Ii:cgQBZ-1to"I^r(u.VM>GY_=3Bpg%@?keB,mi7C
40opHlqcP_iU'qJS`Q@-FQ$46YS-&uA/Y7\%<n,%.(JpPctQuojnPc$\b9uge$VF).\eRJ+7/0]jj1[P
6!pBPV7O"==;L<*<V0;^EL$:$43K91dFRm[91-EcJsD,*mel,r:uuOg;_Ln]Daa^n8r+4$ks2Q%,P,^
ZJ_I(5`P@b-a?ZlXW5pQf$<UY.O,JTmcV7*hosfXh[p#n3EnS!#GB'f\<kIDL6^lZ<_;.uP%UHbI&o5s
Xe!<dTX'28/QTEpr/KliJd7t<%4K>"3KA/rO,g,Y$ttSiTQ.<rFr:I-Yk'`FdF-s=T>d._([H@3A]5V8
,aObRqQ(=s/-fJf%i7De%+]<?J0'G\jh<lhs0cHCjjuu<L%g*M/ijIoT:Inl//RBJ`-mpDS`SmhE0[1B
Vpo>FDlb]9CC=f?hgdo2SQI=9="2=E.ldm"c`=uf8X>ZL>,_#A(9l5QY1?']Y-#5><5FgR`kKUG<OT5]
[IXWr0Ob"Z]PCq9h#n'h.g>Zt%a2jlk%h(=<j"!7o`fO-DdI"`L[uu?Sld%B[^P=?@G)\up'ML(_7^=S
fah,LZ\@M=^ae##T]UklX]5+A",_/8>ITp)dtLkc<W]?2*j.Y!a(p<\rR96PjOspR!R2.q#d,1n?=c?>
(Ol=G[`Y=d@\q'oH#@IQ<uWeE7r-;cmfBgQ<Z[tsb99k8G*`%&.d:L2HFPk+K+!9HZ[4s(/\/::_K)ja
P\9?\Xd-E&Ed1Q-]<IGKZVeWuG.RmaqqTm[VcCk]J]bjfMQG7:[euTN=`/He9&>(>UV=l<Qj&g]".I"=
:k_lc[`X=R2]XP:fso2D7@XS6&[=Q*.jsl4Eqfi<'<toSZ$]XnY;5A^d%4EP`3.8?K0Zhk5g/EI=oLt<
/AHtL$PTZOhZI&%j5mi9Hso@,iHmgSH#SD&QCI=ohq$l>2@$>EdBsu..m_1(1g<%h($HoK=["j65eou4
<=Z'"CWCf)3nWID\5?1?b6(c\e%)g_^;A#_o@@s1;gEe*\[24hEG,*:.ac1,3a8(\/t>7D-(h:[hH7;q
pOJ^*EY2jKT8-J341&6(#'Vnp43Kk[[Dh<Z`nCOKAS^Dns64a#ri>r&rhBtQJ!Jn2s7qFArC?Z$r9"U1
a""1-.]gK:XMQHg_CDY(.]gK:MH*c4<EOrT=G9aWKiM6/<EOrT=@KJ%X0;r3YR7G8$ELB<X0;r3-rsak
<ac_D@22gO'in`X<ac_D@26a2XMQHg_CDY(.]gK:XMQHg_CDX]=G9aWKiM6/<EOrT=G9aWKiJhfYR7G8
$ELB<X0;r3YR7G8$ELCg@MMpP'in`X<ac_D@22gO'in`XJ%b[jYR7G8$ELB<X0;r3YR7G8$EGRU@22gO
'in`X<ac_D@22gO'in`X^HYhS<EOrT=G9aWKiM6/<EOrT=@KJ%X0;r3YR7G8$ELB<X0;r3pa=b@J5o^*
<EOrT=G9aWKiM6/<EOrT'W\GFX0;r3YR7G8$ELB<X0;r3Y_lm)<ac_D@22gO'in`X<ac_D;67VaXMQHg
_CDY(.]gK:XMQHg_CCFC=G9aWKiM6/<EOrT=G9aW`Q'Hc<EOrT=G9aWKiM6/<EOrT=@KJ%X0;r3YR7G8
$ELB<X0;r3YR7EZ<ac_D@22gO'in`X<ac_D@20lb-rsak<ac_D@22gO'in`X<ac`^.]gK:XMQHg_CDY(
.]gK:XMQHgU0*+L=G9aWKiM6/<EOrT=G9b&XMQHg_CDY(.]gK:XMQHg_CDYH&!LH;<ac_D@22gO'in`X
<ac_D@26a2XMQHg_CDY(.]gK:XMQHgiWnLR'in`X<ac_D@22gO'in`X<ac`^.]gK:XMQHg_CDY(.]gK:
XMQHgU0*+L=G9aWKiM6/<EOrT=G9`hX0;r3YR7G8$ELB<X0;r3YR7G8MII<$@22gO'in`X<ac_D@22gO
'in25_CDY(.]gK:XMQHg_CDY(.Z.5.KiM6/<EOrT=G9aWKiM6/<EM\p$ELB<X0;r3YR7G8$ELB<X0@Jr

?Mt.3KiM6/<EOrT=G9aWKiM6/<>;L<$ELB<X0;r3YR7G8$ELB<X0@K=+0<=/XMQHg_CDY(.]gK:XMQHg
U0*+L=G9aWKiM6/<EOrT=G9cQPO)qt.]gK:XMQHg_CDY(.]gK:XMQHE<EOrT=G9aWKiM6/<EOrT=G9aW
7Bm3#YR7G8$ELB<X0;r3YR7EZ<ac_D@22gO'in`X<ac_D@22gO'u_Z(_CDY(.]gK:XMQHg_CDYH@hls4
XMQHg_CDY(.]gK:XMQHgU0*+L=G9aWKiM6/<EOrT=G9aWKiJhfYR7G8$ELB<X0;r3YR7G8MN:aOX0;r3
YR7G8$ELB<X0;r3Y_lm)<ac_D@22gO'in`X<ac_D@22g?XMQHg_CDY(.]gK:XMQHg_C@`M@22gO'in`X
<ac_D@22gO'isj[8[/W'YR7G8$ELB<X0;r3YR7G8MII<$@22gO'in`X<ac_D@22i5KCQ2RX0;r3YR7G8
$ELB<X0;r3Y_lm)<ac_D@22gO'in`X<ac_D@22g?XMQHg_CDY(.]gK:XMQHg_CCFC=G9aWKiM6/<EOrT
=G9aWKiM5DYmRP9$ELB<X0;r3YR7G8$ELB<X!h"W'in`X<ac_D@22gO'in`X`@@t+.]gK:XMQHg_CDY(
.]gK:XJ/gN<EOrT=G9aWKiM6/<EOrT=N+XNIKZah.]gK:XMQHg_CDY(.]gK:MH*c4<EOrT=G9aWKiM6/
<EOrT=N0_><ac_D@22gO'in`X<ac_D@22g?XMQHg_CDY(.]gK:XMQHg_CGOVp+p(k<ac_D@22gO'in`X
<ac_D@26a2XMQHg_CDY(.]gK:XMQHg_CDX]=G9aWKiM6/<EOrT=G9aWKiJhfYR7G8$ELB<X0;r3YR7G8
$ELCg@MMpP'in`X<ac_D@22gO'isk0MII<$@22gO'in`X<ac_D@22g?XMQHg_CDY(.]gK:XMQHg_CDY(
.Z.5.KiM6/<EOrT=G9aWKiM6oa!usH=G9aWKiM6/<EOrT=G9aW7Bm3#YR7G8$ELB<X0;r3YR7G8$EGRU
@22gO'in`X<ac_D@22gO'd'K\$ELB<X0;r3YR7G8$ELB<X8'T.=G9aWKiM6/<EOrT=G9aWKiM5DYmRP9
$ELB<X0;r3YR7G8$ENs<pfN5M=G9aWKiM6/<EOrT=G9aW7Bm3#YR7G8$ELB<X0;r3YR7G8$EGRU@22gO
'in`X<ac_D@22gO'u_Z(_CDY(.]gK:XMQHg_CDY(.]f@HKiM6/<EOrT=G9aWKiM6/<EOrT'W\GFX0;r3
YR7G8$ELB<X0@Ij'in`X<ac_D@22gO'in`X<ac_D;67VaXMQHg_CDY(.]gK:XMQHgiicEJ!`i_E<ac_D
@22gO'in`X<ac`^.]gK:XMQHg_CDY(.]gK:XMQHgiqE\YYR7G8$ELB<X0;r3YR7G8$EGRU@22gO'in`X
<ac_D@22gO(&oQV)6aIKYR7G8$ELB<X0;r3YR7G8MII<$@22gO'in`X<ac_D@22gO'in25_CDY(.]gK:
XMQHg_CDY(.Z.5.KiM6/<EOrT=G9aWKiM6/<EM\p$ELB<X0;r3YR7G8$ELB<X8#dcYmRP9$ELB<X0;r3
YR7G8$EGRU@22gO'in`X<ac_D@22gO'in`X`@@t+.]gK:XMQHg_CDY(.]hW>'u_Z(_CDY(.]gK:XMQHg
_CDX]=G9aWKiM6/<EOrT=G9aWKiM6/<>;L<$ELB<X0;r3YR7G8$ELCgO&];9<EOrT=G9aWKiM6/<EOrT
r*`L)_CDY(.]gK:XMQHg_CDY(.]f@HKiM6/<EOrT=G9aWKiM6/<W$6PXMQHg_CDY(.]gK:XMQHg_CDX]
=G9aWKiM6/<EOrT=G9aWKiM6/<>;L<$ELB<X0;r3YR7G8$ELCg@MMpP'in`X<ac_D@22gO'in`X<`,s8
.]gK:XMQHg_CDY(.]gK:XMQHE<EOrT=G9aWKiM6/<EOrT=@KJ%X0;r3YR7G8$ELB<X0;r3YR7EZ<ac_D
@22gO'in`X<ac_D@22i5f;ftoX0;r3YR7G8$ELB<X0;r3Y_lm)<ac_D@22gO'in`X<ac_D@22i5qh%mN
KiM6/<EOrT=G9aWKiM6/<>;L<$ELB<X0;r3YR7G8$ELCgJ!0a==G9aWKiM6/<EOrT=G9aWKiM5DYmRP9

$ELB<X0;r3YR7G8$ELB<X!h"W'in`X<ac_D@22gO'in`X`@@t+.]gK:XMQHg_CDY(.]gK:XJ/gN<EOrT
=G9aWKiM6/<EOrTI&s&EKiM6/<EOrT=G9aWKiM6/<>;L<$ELB<X0;r3YR7G8$ELB<X0@Ij'in`X<ac_D
@22gO'in`X<q3GP@MMpP'in`X<ac_D@22gO'in25_CDY(.]gK:XMQHg_CDY(.]gK:MH*c4<EOrT=G9aW
KiM6/<ER5\.]gK:XMQHg_CDY(.]gK:XMQId0I^%2'in`X<ac_D@22gO'in`X<`,s8.]gK:XMQHg_CDY(
.]gK:IP<rd@22gO'in`X<ac_D@22gO'in25_CDY(.]gK:XMQHg_CDY(.]gK:MH*c4<EOrT=G9aWKiM6/
<EM\p$ELB<X0;r3YR7G8$ELB<X0;r3-rsak<ac_D@22gO'in`X<ac_D@26a2XMQHg_CDY(.]gK:XMQHg
U0*+L=G9aWKiM6/<EOrT=G9aWKiJhfYR7G8$ELB<X0;r3YR7G8$ENsfeW55\=G9aWKiM6/<EOrT=G9aW
7Bm3#YR7G8$ELB<X0;r3YR7G8$ENt#_()P'.]gK:XMQHg_CDY(.]gK:MH*c4<EOrT=G9aWKiM6/<ER4)
aaOGq_CDY(.]gK:XMQHg_CDY(.]f@HKiM6/<EOrT=G9aWKiM6/<EOrT'W\GFX0;r3YR7G8$ELB<X0@Ij
'in`X<ac_D@22gO'in`X<ac_D;67VaXMQHg_CDY(.]gK:XMQGN<`,s8.]gK:XMQHg_CDY(.]gK:MH*c4
<EOrT=G9aWKiM6/<EOrT=@KJ%X0;r3YR7G8$ELB<X0;r3pfKti$ELB<X0;r3YR7G8$ELB<X!h"W'in`X
<ac_D@22gO'in`X<ac`^.]gK:XMQHg_CDY(.]gK:XQ!_)<ac_D@22gO'in`X<ac_D@249Z'W\GFX0;r3
YR7G8$ELB<X0;r3-rsak<ac_D@22gO'in`X<ac_-(a#f_$ELB<X0;r3YR7G8$ELB<X!h"W'in`X<ac_D
@22gO'in`X<ac`^.]gK:XMQHg_CDY(.]gK:XJ/gN<EOrT=G9aWKiM6/<EOrT=G9`hX0;r3YR7G8$ELB<
X0;r3YR7G8MII<$@22gO'in`X<ac_D@22g?XMQHg_CDY(.]gK:XMQHg_CDY(.Z.5.KiM6/<EOrT=G9aW
KiM6/<W)OT8&-UU_CDY(.]gK:XMQHg_CDX]=G9aWKiM6/<EOrT=G9aWKiM6/<W)i('in`X<ac_D@22gO
'in`X<ac`^.]gK:XMQHg_CDY(.]gK:XQ#j_56Fqp'in`X<ac_D@22hrQgaqS,4]Or~>
endstream
endobj
xref
0 8
0000000000 65535 f
0000000009 00000 n
0000000058 00000 n
0000000115 00000 n
0000000298 00000 n
0000000390 00000 n

```
0000000358 00000 n
0000000757 00000 n
trailer
<<
/Root 1 0 R
/Size 8
>>
startxref
12444
%%EOF
```

(e.)lwin Gabriel

(e.)lwin Gabriel

Psychopathie als solche ist ganz gewiß keine Einlasskarte zum Parnaß.

.
.
.
.

Plötzlich stehst du an einem 60er-Jahre-Nachmittag am Tisch, wischst Krümel weg und hörst die Musik,
die dich hierher gebracht hat. Alles fängt von vorne an.

Nebel vor dem Fahrradladen.

Kein Kuchen

.
.
.
.

Ich darf an die Familien Goethe, Byron, Beethoven, Bach, Michelangelo und Feuerbach erinnern. Genie
entsteht im Erbgang besonders gern an dem Punkt, wo eine hochbegabte Familie zu entarten beginnt.
Ich erinnere an die Familien Goethe, Hölderlin, Mörike, Uhland, Schelling und Hegel.

Das ist die Frage:
Das Schicksal legte die Neigung zum Zerfall dicht neben mich.
Ist dies nur eine unvermeidliche, aber bedauerliche Begleiterscheinung der extremen biologischen Variante;
oder ist dieses psychopathologische Teilelement vielleicht ein unentbehrlicher innerer Aufbaubestandteil
meiner selbst. Mit einem Wort: Bin ich ich trotz meiner psychopathologischen Komponente oder gerade
durch dieselbe? Ist dieser psychopathologische Einschlag meiner Produktion hemmend oder förderlich?
Es gibt hochintelligente und schwachsinnige Psychopathen so wie es intelligente und schwachbegabte
Gesunde gibt.

Psychopathie als solche ist ganz gewiß keine Einlasskarte zum Parnaß.

Sind es leichte toxische Gehirnreize, die, als Vorläufer den späteren Zerfall vorausmeldend,
eine vorübergehende Leistungssteigerung hervorrufen?

Ich bin unfähig, mich dem normalen Leben sozial einzupassen. Mein Leben ist bestimmt von abruptem
Zickzackkurs. Ich bin anfällig für vorübergehende Spuren von Geistesstörung.

Athletische Dichter und Künstler sind sehr selten.

Das Genie der Frau liegt in ihren Söhnen.

Die geistige Blütezeit der Frau ist sehr kurz und reicht bestenfalls bis in die ersten Ehejahre. Nachher tritt
ein gewisser Schwund ein, der das feurige und glänzende Mädchen in eine schlichte und harmlose Frau
verwandelt. Dieser bald unmerkliche, bald deutliche Knick in der geistigen Persönlichkeitsentwicklung,
dieses leise, langsame Versanden der geistigen Vitalität ist in der Tat von großer Bedeutung.

100 hervorragende Männer hatten im Durchschnitt 31 bedeutende Väter, 41 bedeutende Söhne,
17 bedeutende Großväter und 14 bedeutende Enkel.

Die Abstammung Goethes von Lukas Cranach ist geklärt.

BILLETT PARNASS
(e.) Twin Gabriel, 2000, Digital Video, 20 min
Text: Else Gabriel, unter Verwendung von "Geniale Menschen", Ernst Kretschmer, 1942
Text im Video in der russischen Übersetzung von Falko Schreiber

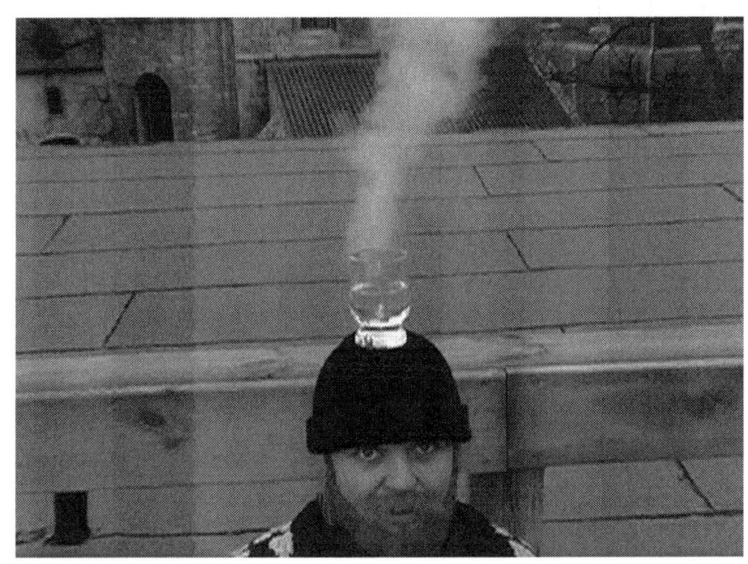

Undine Goldberg

Gerade benutze ich eine Hautcreme, die zwar Feuchtigkeit
spendet, aber offenbar zu viel Fett hat, was die Poren
verstopft und den idealen Nährboden für Pickel schafft.
Vorher hatte sich meine Haut geschuppt von einer
Teenager-Cleansing-Serie, die ich von einer Apothekerin
empfohlen bekam. Es hat aber lange gedauert, bis ich auf
die Creme als Auslöser gekommen bin.
Ich habe noch versucht, die schuppige Haut mit
Abdeckcreme zu überlisten, aber dann habe ich aufgege-
ben, und die entgegengesetzte Richtung Kosmetik gekauft.
Anscheinend kann ich mir aussuchen: schuppig oder
Pickel.
Ich laboriere an dieser Sache schon Jahre lang herum.
Ich habe Erno Lazlo benutzt, wo man sich 20mal aus dem
Waschbecken heißes Wasser ins Gesicht spritzt, und dann
nochmals laufendes Wasser so heiß man es eben aushält.
Als ich alle Produkte gekauft hatte, die man zu dieser
speziellen Pflege braucht, bekam ich von Erno Lazlo eine
Kundinnenkarte zugeschickt, die wie ein Mitgliedsausweis
aussah, ob Sie golden war, weiß ich nicht mehr.
Gerade benutze ich ein Gel zum abschminken, wofür man
überhaupt kein Wasser nehmen darf, nur mit einem
Wattepad abzunehmen, weil Wasser die Haut zusätzlich
strapaziert.
Ich liebe die Idee, wie in alten Hollywood-Filmen am
Schminktisch zu sitzen, mit einer dicken Schicht Creme
im Gesicht.
Sicher haben Hollywoodstars einen Hautarzt, der
Hautanalysen macht, um dann ein spezielles Programm
zusammenzustellen. Dann dürfen sie alles mögliche nicht
essen, müssen Sport machen usw., daß wäre mir dann auch
wieder zu viel.

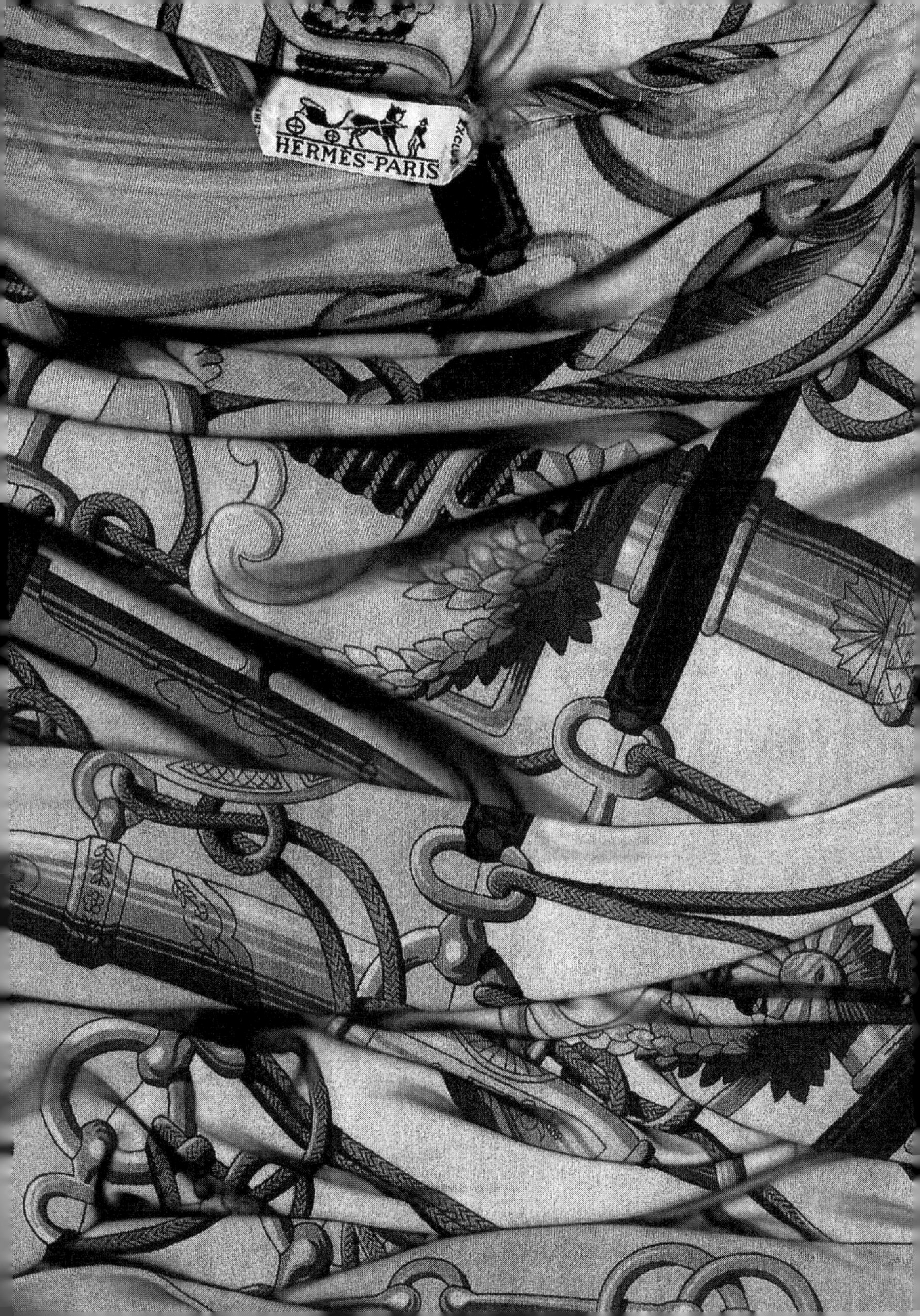
HERMÈS-PARIS

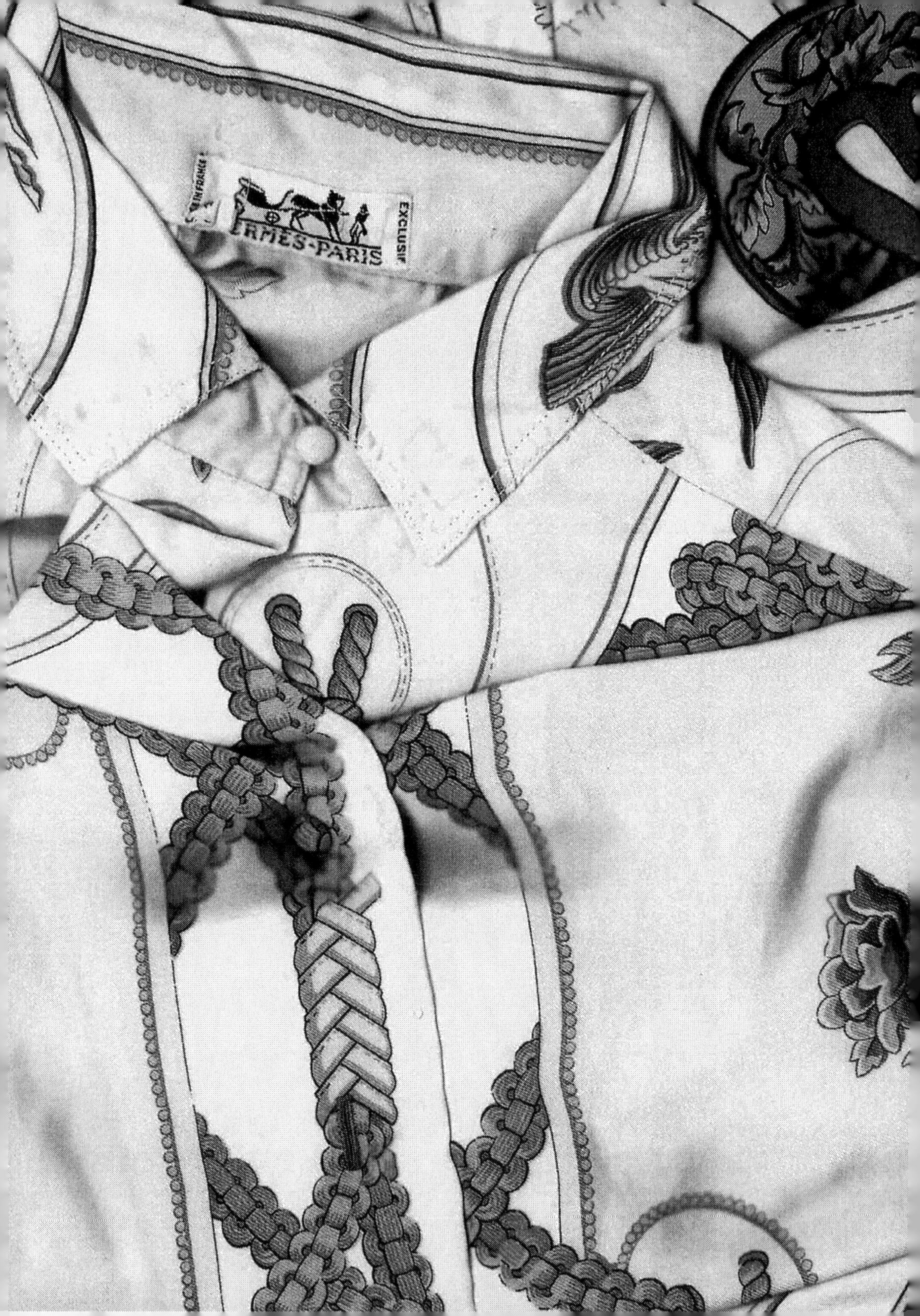
IN FRANCE
HERMÈS·PARIS
EXCLUSIF

Ich habe geträumt, daß mich eine Parfümverkäuferin
anschnauzt, daß ich immer nur alles riechen will und gar
keine Kaufabsichten habe.
Ich habe mir vorgenommen, immer genug Geld dabei zu
haben, damit ich mir
auch etwas kaufen kann, wenn es mir gefällt.
Daß schränkt meine Einkaufsbummel stark ein.
Und wenn jemand sagt, daß das doch eh nur schale
Vergnügungen sind, schlage ich ihm den Kiefer zu Brei.

Heute bei H&M hätte ich fast geweint.
Ich habe zwei kleine Tops anprobiert, weil gerade wenig
los war bei der Anprobe, und ein Jeans-Haarband.
Zuvor hatte ich mir bei Humana eine 501 gekauft, ideal
ausgewaschen, die richtige Größe, und was noch wichtiger
ist, die richtige Länge.
Dann, Zuhause, habe ich mich umgezogen und fühlte mich
richtig hübsch. Aber ich war zu aufgewühlt um mich um
meine Arbeit zu kümmern, und bin wieder losgezogen, um
mich glücklich zu machen und zu beschenken.
Aber ich habe schon gemerkt, daß es nichts wird, daß der
letzte Kaufwille fehlt. Nicht die französische Vogue,
keine Flip-Flops, kein Aveda-Duft.
Bei H&M wollte ich die besagten Tops erwerben und das
Jeans-Haarband.
Ich habe sogar schon mit dem Gedanken gespielt, eine
Verkäuferin zu fragen, was man unter den Hemdchen trägt.
Ich bin sicher ,daß es vollkommen klischeehaft ist, in
der Umkleidekabine fast zu weinen. Bei H&M gibt es
Spiegel, in denen man sich von hinten und von der Seite
sehen kann, und ich bin nicht sicher, ob das Licht etwas
ungünstig ist. Eigentlich sollte man in der
Umkleidekabine doch möglichst vorteilhaft aussehen,
wegen des Kaufaspektes (möglicherweise ist alles noch
schlimmer!), aber also: die Unterhosenumrisse zeichneten
sich durch meine neue Jeans ab, der Rücken bleich mit
roten Flecken, das Haarband ließ mein Haar wie Stroh vom
Hinterkopf abstehen. Die Tops sind zu eng..
Ich habe alles zurück gehängt und mich elend gefühlt und
bin zu Dussmann geflüchtet, als letzte Hoffnung einer
Tröstung. Ich fand eine Taschenbuch- ausgabe von Michel
Houellebecq „Ausweitung der Kampfzone". An der Kasse
stand ein Mann hinter mir, der ein Kinderbuch mit dem
Titel „Warum ich Dich so lieb habe" in Händen hielt.

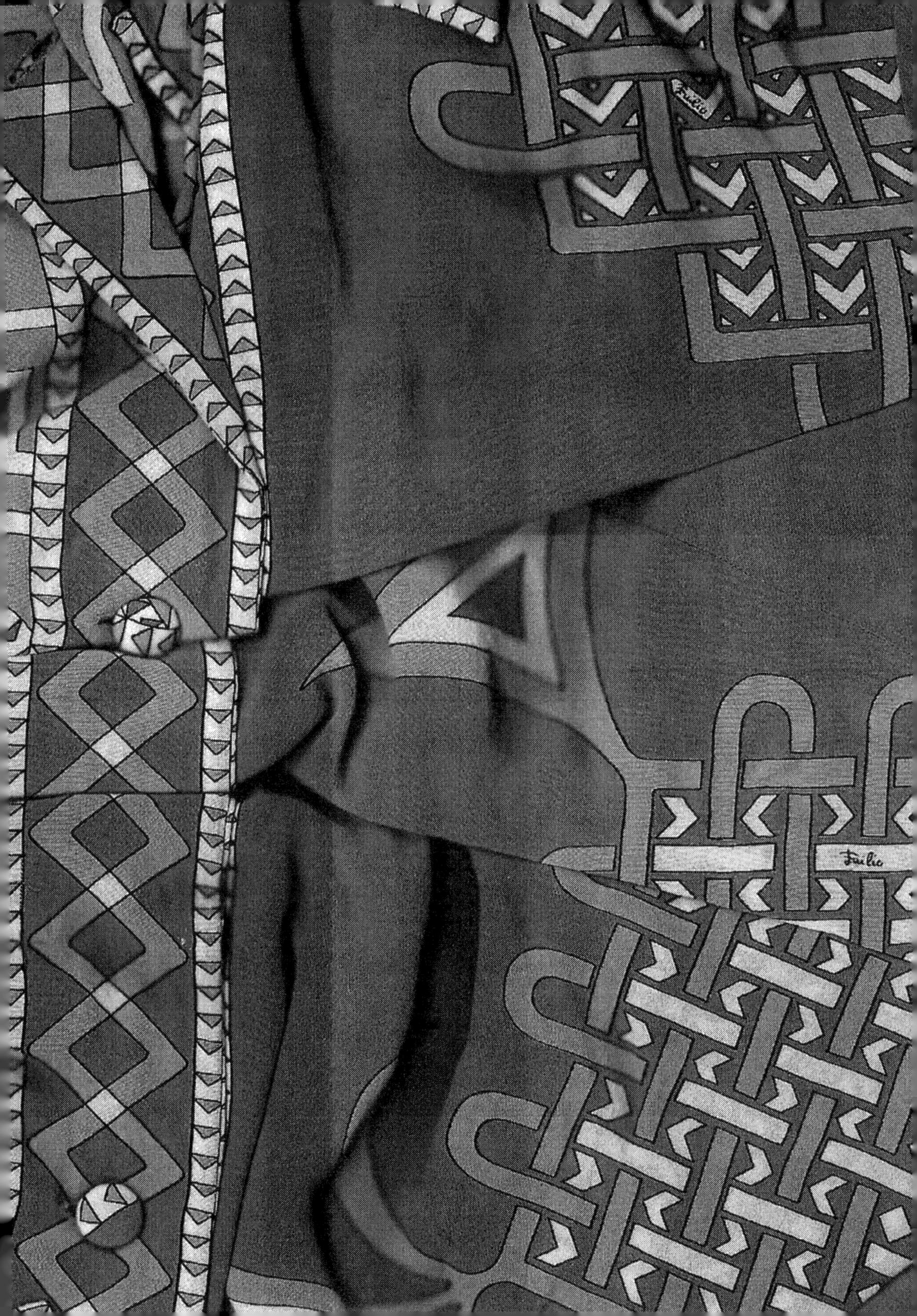
Emilio

Klara Wallner

deepXess – aus dem Tagebuch eines Ausstellungsmachers

mit Abbildungen von Joachim Grommek

Eine verdammt lange und verdammt verkokste Nacht liegt hinter mir. Nichts besonderes. Eigentlich wie immer. Aufstehen, wie immer, aufstehen, irgendwas frühstücken, Nicki anrufen, nein, sie ruft mich an, auch wie immer - wahrscheinlich zum dritten oder vierten Mal an diesem Morgen, es geht ihr schlecht, sie ist rückfällig geworden - muß nach dem BIBA-Shooting die ich weiß nicht wievielte Kur machen - es geht ihr schlecht. Verdammt schlecht! Scheiße, sie fehlt mir, ich kann sie riechen. Scheiße, es geht mir schlecht. Wer zum Teufel hat dieses gestreckte Koks auf den Tisch gepackt? Ich glaube, ich muß kotzen. Ich stolpere zum Kühlschrank, reiße die Tür auf, schnappe mir die letzte, halbvolle Absolutflasche und schreie ins Telefon „Nicki, Baby, Schatz - scheiße, du fehlst mir. Wo warst du? Ja, ich habe auf dich gewartet, wo verdammt noch mal? O Baby - im P.U.N.K. Club. Alle waren da. Na gut, nicht alle. Nein, es war nicht so voll wie sonst. Two Step und eine verdammt hohe Konzentration an berühmten Leuten ... und pseudowichtigen Schlauscheißern. Wein doch jetzt bloß nicht so, verdammt hör auf zu heulen, scheiße Baby, du fehlst mir so, na klar kann Tom was für mich tun, Fake und Wahrheit liegen sooo dicht beieinander. Ja, wir treffen uns heute Abend bei NEU (nach Stall riecht es dort schon lange nicht mehr), laß uns danach in die Paris Bar gehen, es sind ein paar wichtige Leute in der Stadt, und hör verdammt noch mal auf zu heulen - ich liebe dich."

Duschend gieße ich den letzten Schluck Absolut in mich hinein. Danach trete ich mich mit dem Roller zum 206, picke meinen geänderten Guccianzug ab, trete mich durch die verlängerteswochenende Massen, grüße Gerwald Rockenschaub von weitem und nehme einen kleinen Schwarzen im Einstein, mit dem Leitungswasser schlucke ich zwei Expossy, und dann weiter zum S-Bahnhof Friedrichstraße, klappe den Roller zusammen und ab zum Ostbahnhof.

Hasenkamp steht vor der Kunsthalle, und irgendwie erscheint mir alles plötzlich so unwirklich. Was soll das Ganze, verflucht, was soll die Scheiße? Ich hätte die Guccischlappen doch noch kaufen sollen. Soll ich noch mal zurück? Scheiße, da steht diese Journalistentusse von dem wohl beschissensten Kunstblatt überhaupt. Kunstmagazin, verdammt, Gazette, liegt bei jedem Zahnarzt, Friseur, und meine Mutter hat es abonniert.

„Wer in Dreigottesnamen hat diese Schlampe hierher bestellt?" raune ich Ernst zu.

„Du hast es irgendwie geschafft, mein Schatz, daß sie dich ab heute ein paar Tage lang begleitet. Die Headline lautet: Wie entsteht eine Ausstellung", säuselt Ernst und sieht mich verliebt dabei an.

„Wie oft soll ich dir noch sagen, daß ich seit GESTERN auf Mädchen stehe", antworte ich so kalt, wie ich nur kann (der Typ nervt, verdammt, er nervt ohne Ende), ignoriere die Salepradatusse, die irgendwas in ihr Diktaphon quasselt, renne quer durch die Kunsthalle und tue so, als ob ich mich auf die Ausstellung konzentrieren würde, krame in meiner Vuittontasche - verdammt, wo ist meine neue Miklibrille?

Ich durchschreite die Ausstellungshalle, starre auf die rechte Wand und traue meinen Augen nicht: „Ausgefranste Linien - überall ausgefranste Linien, da! - und das da oben - und das dritte Bild von rechts, und das zweite links unten, und das ganz kleine rechts außen, und alle Mittleren, und das, und das da, und das auch. Kann mir bitteschön jemand ein gekühltes Kombucha besorgen?" schreie ich und stecke mir eine Nil an.

Mein Assi, JH, steht neben mir, schnipst mit den Fingern, irgendein Praktikant rennt los, besorgt das Kombucha und reicht es mir. Schweiß - auf meiner Stirn, auf meiner Brust, unter den Achseln. Ich reiße dem Prakti die Flasche aus der Hand, schmeiße vier Expossy ein und spüle sie mit dem zu warmen Kombucha runter. JH steht neben mir und stöhnt leise. „Herrgott nochmal, alle Bilder haben ausgefranste Linien. Nicht nur das und das und das. Einfach alle. Joachim Grom ...“

Ich bin außer mir, fühle mich verfolgt, lasse JH nicht ausreden - ich habe das Gefühl zu explodieren. „Ich wollte das ja schon vor ein paar Tagen jemandem sagen, aber da kam das Interview mit Tom Kummer dazwischen, und niemand hat mich gewarnt, und überall sehe ich plötzlich diese ausgefransten Linien, und Josef Gromcek - oder wie auch immer dieser begnadete Künstler heißen mag -, ruf ihn an! - wo steckt er zum Teufel?“

JH holt sein Nokya raus, ruft *Joachim Grommek* in Richtung Handy und hält das Ding danach an sein Ohr und quasselt irgendwas auf *Grommeks* AB. Das gesamte Team hat sich mittlerweile um uns versammelt. „Hey Jungs - da sind sie, diese ausgefransten Linien, ausgesprochen merkwürdige ausgefranste Linien, und die sehen mir ganz und gar nicht zufällig aus, eher wie ganz bewußt ins Bild gesetzt - bloß, was haben sie da zu suchen, und wo kommen sie so plötzlich her? - also,

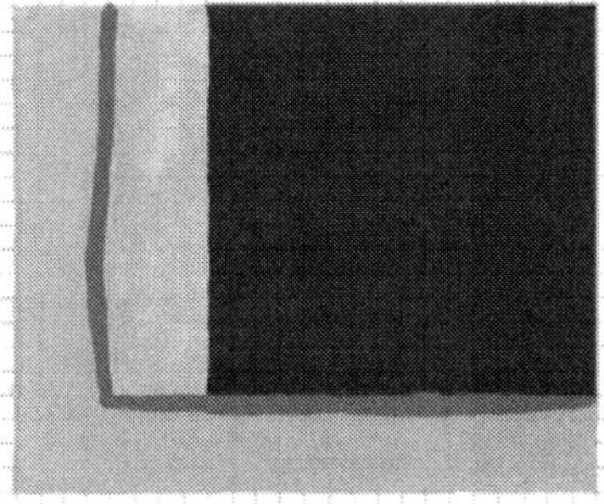

ich will jetzt die Wahrheit wissen - keine langen kunstästhetischen Abhandlungen hören, nur klipp und klar die Geschichte bitte, schnell, keine philosophischen Ergüsse: Was, wie, wann - na sagt schon, und vor allem warum, obwohl ich nicht annehme, wenn ich in eure ausdruckslosen Fressen schaue, daß es ausgerechnet auf das warum eine Antwort gibt - also hopp, hopp, haut rein, was soll das Ganze? - hey Pit, schieb die ganze Installation da rüber und bitte mehr Licht, sehr viel mehr Licht - also, was hat es mit den ausgefransten Linien auf sich?“

Das Aufbauteam und die Restauratoren werden nervös, zappeln irgendwie rum, starren auf die laminierten Spanplatten und fangen an, wie wild durcheinanderzureden.

„Karl, diese Bilder hier hat Joachim Grommek gemalt“, korrigiert mich JH leise (irgendwie kommt der Name mir bekannt vor - hat er ihn vorhin schon einmal genannt?). „Nicht, hm, Joop van Grobscheck, ich meine Jochen Grmschk, ach scheiße - Ernst, hilf mir.“

„Schatz, (sein Augenaufschlag spricht Bände), aber du hast Joachim Grommeks Arbeiten ausgesucht, und genau diese, weil sie in dieser Show nicht fehlen dürfen“, sagt Ernst. Kisten, quietschende Lupofolie, irgendjemand kommt immer vorbei. Die Ladung Expossy hat mich inzwischen ruhiger gemacht, fast letargisch, quietschende Lupofolie - schweißtriefend, verdammt - alles hinterläßt Wunden.

„Nicki ist für dich auf Leitung acht“, ruft Ernst säuerlich von irgendwoher.

„Okay, pack sie auf die eins - du kleine Schwuchtel“ schreie ich durch die Halle und greife mir das Mobile. „Liebes, wo steckst du, geht's dir besser, du fehlst mir, scheiße ich liiiiiiiiibe dich", schreie ich so laut ich nur kann und sehe dabei in Ernsts gequältes Gesicht. „Nein, ich kann dich jetzt nicht treffen, Süße, ich muß das mit den ausgefransten Linien, die irgend ein Arsch hier über Nacht hinterlassen hat, klären - ich kann mich bei Gott nicht an diese ausgefransten Linien erinnern - wer zum Teufel ...? - nein, tu's nicht - biiiiite nicht, ja, ich bin gleich bei dir, ja, ich liebe dich, diese ausgefransten Linien - das muß geklärt werden, ich seh dich heute Abend bei NEU."

„Kannst du dich nicht erinnern, Karl?" fragt JH leise.

„Verdammt, woran soll ich mich erinnern, was willst du mir weiß machen, JH?" Ich bin völlig durcheinander, nicht nur die ausgefransten Linien machen mir Sorgen, wie soll diese ganze Scheiße bis zur PK stehen, wir haben nur noch zwei Tage, und dann noch das mit den ausgefransten Linien. „Hey Baby, komm her. Sag deinem Fotografenarsch, er soll ein paar nette Fotos vom Team machen, und die hinteren Räume, die stehen schon (in etwa), die kann er auch fotografieren, aber diesen Raum hier und vor allem die Bilder mit den ausgefransten Linien, die werden vorerst nicht abgelichtet, ist das klar?" Die Journalistin weist den Fotoheini an 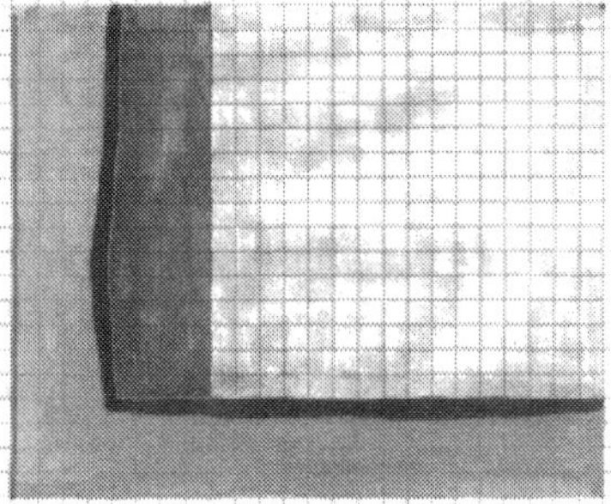 und spricht beleidigt in ihr Diktaphon. Sie weiß offensichtlich noch nicht, daß der Text von mir autorisiert werden muß, haha. Das Durcheinandergequassel hat sich mittlerweile gelegt, das Aufbauteam macht sich wieder nützlich, und die Restauratoren schauen mich mit ihren blöden, allesdurchdringenden Restauratorenaugen fragend an. „Ich würde mich freuen, Jungs, wenn ihr nicht so scheißblöd aus der Wäsche gucken würdet, stattdessen solltet ihr herausfinden, was es mit den ausgefransten Linien auf Grommeks Arbeiten auf sich hat. Seid ihr Restauratoren, oder was? Ah, ich ahne schon, ihr wißt nichts, absolut nichts."

„Karl", haucht Ernst entsetzt und macht eine theatralische Pause, bevor er mich mit sanftem Druck in eine Ecke (zwischen Kisten und Lupofolien) schiebt, meinen Kopf nah an seinen heranzieht, mir tief in die Augen schaut und dann superruhig

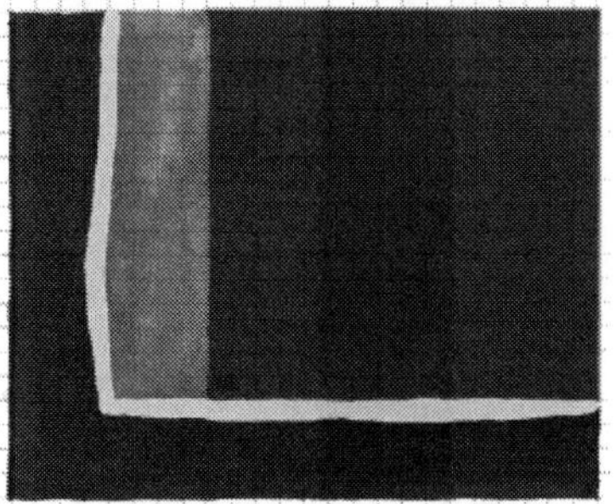 sagt: „Karl, es muß wirklich niemand erfahren, daß ich für dich diese Ausstellung zusammengestellt habe. Wirklich niemand. Aber es könnte jeder erfahren. Wirklich jeder. Reiß dich zusammen, verdammt, lies den Katalogtext, den ich für dich geschrieben habe, los lies ihn." Ernst zieht ein Manuskript aus seinem Burberryrucksack, drückt mich auf eine Kiste und reicht mir einen Joint und ein Kombucha (weiß der Teufel, wo er das Kombucha her hat - Joints hat er immer für mich parat). Ich greife in meine Jackentasche, suche nach dem Plastikteil, finde es nicht gleich und verfluche Helmut Lang, finde es endlich, drücke zwei Expossys heraus und spüle sie mit Kombucha runter, suche nach dem heruntergefallenen

Joint, finde ihn endlich, stecke ihn zwischen die Lippen, und Ernst gibt mir Feuer. Ich inhaliere sehhhhr tief, schaue süffisant zu Ernst auf (aus meiner sitzenden Perspektive ist er mindestens zwei Meter groß) und sage versöhnlich: „Ernst, Schatz, ich … halte mir den Rücken frei, ich …" Mein Exlover drückt mich sanft und entfernt sich in Richtung Journalistin. Von weitem höre ich, wie er ihr ein Kompliment zu ihren uralten Pradaklamotten (mit passender Tasche) vorheuchelt … Ich lese „meinen" Text.

„… Grommeks neue Arbeiten tragen den Titel 'deepxess'. Ein Wortspiel das sich aus den Worten 'deep' und 'xess' zusammensetzt." Langsam kommt die Erinnerung zurück … ich inhaliere das letzte Gras, mache den Joint aus und

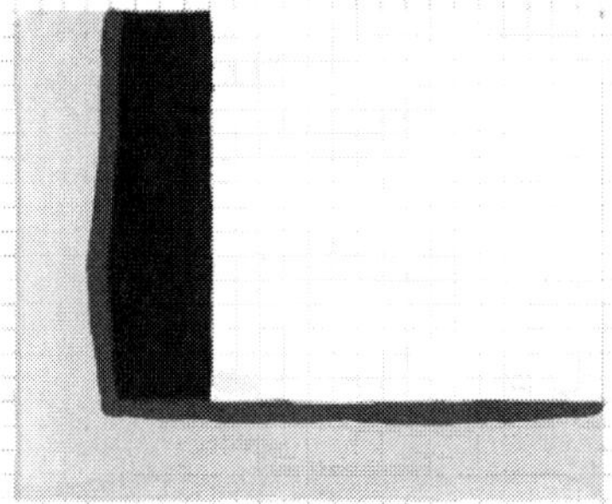

schließe die Augen. (e)x(z)es(s) , ja genau - deepxess: deep, exzeß, sex. Das Wort(spiel) kommt wie ein Label daher. Gucci, Lang, Prada, deepxess, Braun … deepxess klingt kultig, deepxess ist der Spiegel unseres Lebens und suggeriert den Anderen (denen, die in Suburbs leben und von der großen weiten Welt träumen), daß sie es haben müssen, denn danach lechzen sie. Eine verdammt gute Werbestrategie. Fiktion und Realität liegen dicht beieinander. Ich blättere in „meinem" Text und komme an die Stelle, in der es heißt: „Wahrheit und Betrug, das Sichtbarmachen des Verborgenen sind Themen, die Grommek seit den 80er Jahren in seiner Malerei verfolgt." Vor meinem geistigen Auge sehe ich all die Bilder, die ich in Grommeks Atelier gesehen habe. Arbeiten aus den Achtzigern und den Neunzigern. Leinwände, die wie Holzpaneele wirken. Mit einer quasi trompe-l'œil Technik malt(e) Grommek täuschend ähnliche Holzstrukturen. Vortäuschung falscher Tatsachen - Untersuchung von Material und Oberfläche. Vorführung der Illusion des Originals, das Einfache wird zum Erhabenen. JH kommt vorbei und reißt mich aus meinen Gedanken. „Wollen wir die Gästeliste durchgehen?" - „Später", sage ich ruhig (seltsam ruhig) und lese weiter. „Was

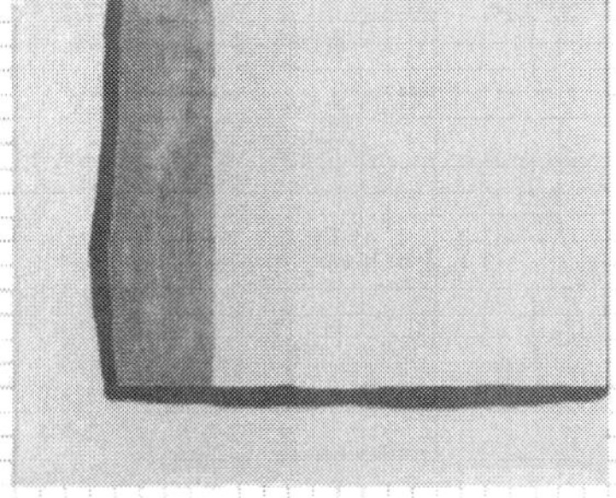

früher Leinwände waren, sind heute Baustoffe. Für 'deepxess' benutzt Grommek mit farbigem Kunststoff beschichtete Spanplatten. Ein quadratisches Feld bleibt, wie es ist (rot, gelb, grün usw.) und wird mit einer ausgefransten Linie abgezirkelt. Drumherum malt Grommek dann das unter dem Kunststoff liegende Material. In akribischer Kleinarbeit entsteht eine täuschend ähnliche Spanplattenstruktur, wodurch die verborgene Wahrheit ans Tageslicht geholt wird. Fiktion und Realität oder Betrug und Wahrheit verschmelzen ineinander. Verschmelzungsprozesse hinterlassen Wunden, und Wunden zeigen Heilungsprozesse. Die ausgefransten Linien fungieren einerseits als Abgrenzung zwischen malerischer und kunststoffbeschichteter Oberfläche, andererseits sind sie als Wunden, die sich im Heilungsprozeß befinden, zu verstehen …"

Eine wirklich gute Art mit Appropriation umzugehen, denke ich (komme mir dabei ungeheuer klug vor), schmeiße das Manuskript in die Ecke und mache mich auf den Weg zu Grommeks Arbeiten.

Ich starre auf die Wand, und auf einmal wird mir einiges klar. Ernst steht plötzlich neben mir und unterbricht meinen Gedankenfluß (ich war noch nie so klar wie gerade jetzt). „Findest du nicht auch, daß Grommek, ähnlich wie Förg, Referenzen an die Kunst an sich, die eigene und die Kunst der Moderne herstellt?" frage ich ihn. „Ich denke, bei beiden tritt Unvereinbares gegeneinander an", sagt Ernst. JH hat sich inzwischen zu uns gestellt und gibt nun seinen Senf auch noch dazu: „Ich denke, gerade Palermos Auseinandersetzung mit Farbe, seine Beschäftigung mit dem Bild im Grenzbereich zwischen Malerei und Objekt, zwischen Fläche und Raum sind für Grommek ebenso so wichtig, wie es eine zeitlang auch für Förg wichtig war", sagt dieser kleine Schlaumeier. Ich fühle mich bloßgestellt und schreie: „Kümmere dich um die Gästeliste - los, hol sie her, ich will wissen, welche Arschgesichter sich hier sehen lassen - ist im Borchardt alles klar?" - „Roland hat vorhin angerufen, es ist alles in bester Ordnung", sagt Ernst.

JH kommt angerannt und nennt eine Menge Namen, Sternchen und Stars, Wichtige und Wichtigtuer, Politiker und Senatsfuzzis, Szeneleute, Kuratoren und Künstler, Leihgeber, Sammler und Sponsoren. „Hat Nicolette Krebitz zugesagt, was ist mit Poschard, Hetzler und der Schaubühnenbande? Kommen Naumann, Stölzl und Raue? Hey, was ist mit Saatchi, Volkmann, Biesenbach, Hütte, Ebeling und Wirth, Jablonka, Nagel, Neuger, Rhodes, Barney, Maintz, Demand, Roberta Smith und Thomas Krenz. Stehen die Tischordnungen? Wer sitzt am Senatortisch (außer mir und Nicki) - los, sag schon, verdammt, ich will es wissen. Haben die Joachimides, Judy, Hoffmanns, die 303 Girls, Marks, von Becker, Stefan Heidenreich, Paul Maenz und Mehdi Chouakri und Monika Grütters, Harald 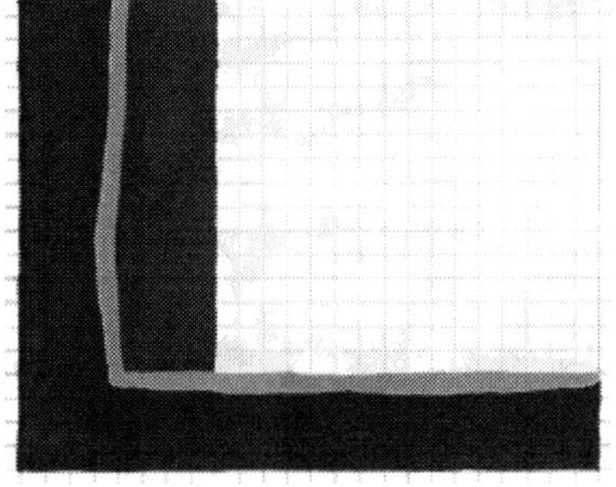 Fricke, Schlingensief und Udo Walz zugesagt, kommt Schuster in Begleitung, an welchen Tisch setzen wir die Prinzessin, Zwingers und Webers - hat Dee Dee Gorden schon angerufen, was ist mit Graf Douglas, Andre C. Hercher, Jörg Heiser und Tita von Hardenberg, kommen die Jagdfelds ...?"

Unsere PR-Frau kommt angerannt, hält mir das Telefon entgegen und raunt mir zu: „Unser Hauptsponsor, sie wollen wissen, an welchen Tisch wir Claudia plazieren?" Ich nehme ihr den Hörer aus der Hand und säusele: „Hallo Madame, weil wir es uns wert sind, werden wir Claudia mit wirklich interessanten Leuten konfrontieren. Würde ihnen der Tisch mit Damian Hirst, Oskar Roehler, Tita von Hardenberg, Dee Dee Gorden und Harald Szeemann gefallen?" Am anderen Ende ist es zunächst einmal still - dann sagt Madame, daß Claudia sich freuen wird. „Hast du gehört, was ich gesagt habe, JH? Also sieh zu, daß du die Leute herkriegst, und merke dir die Tischordnung."

Tage später wache ich in einem schneeweißen Raum auf. Mein Kopf ist eingegipst und schmerzt, mein ganzer Körper schmerzt, ich kann mich nicht bewegen, über mir ein Infusionsgestell, neben mir eine Krankenschwester, ich kann mich an nichts erinnern, und an der gegenüberliegenden Wand hängt ein Bild auf dem zwei ausgefranste Linien sind - Wunden schmerzen, wenn sie heilen.

In den Zeitungen stand, daß ich überfallen worden bin, eine Stunde vor der Ausstellungseröffnung. Mein Kopf soll blutüberströmt gewesen sein. Ein 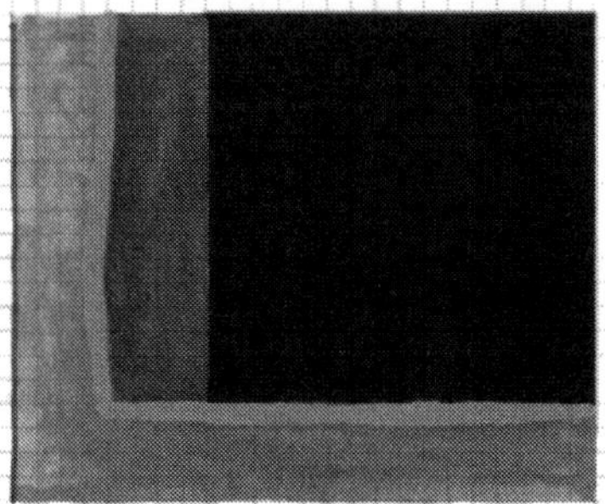 Taxifahrer hat mich gefunden und ins Urbankrankenhaus gebracht. Stölzl soll eine wirklich brillante Rede gehalten haben, Naumann die üblichen Grußworte - wobei er Namen von Leuten erwähnte, die nichts mit unsrer Ausstellung zu tun hatten - Ernst hielt, nachdem er mich nicht erreichen konnte, meinseine Rede, stand im Rampenlicht - die Zeitungsfotos sehen gut aus (Ernst zwischen Claudia Schiffer, Peter Müller und der Journalistin), und er soll, so die Zeitungen, bis auf weiteres kommissarischer Direktor der Berliner Kunsthalle sein, die Ärzte vermuten, daß ich nie wieder sprechen kann ... Und überall diese ausgefransten Linien. Weiß der Teufel, wo die herkommen ...

Klara Wallner, im Juni 2000, nichts ist zufällig, und alles ist Zufall, obwohl es keine Zufälle gibt. Die Geschichte ist natürlich frei erfunden, eventuelle Parallelen zu lebenden oder bereits verstorbenen Personen sollten eigentlich nicht vorhanden sein. Das ganze Leben ist ein Sampling, irgendwo findet man immer Stoff, den es sich lohnt, neu zu interpretieren. Realität und Fiktion lassen sich prima durch Linien abgrenzen. Wenn die Linien allerdings anfangen auszufransen, ist der Heilungsprozeß sichtbar. Schmerz heilt die Wunden - vielen Dank an Bret Easton Ellis und Max Wechsler.

Abb. im Text: Entwürfe für 'Wunde (im Heilungsprozess)'   Öl, Grundierung/kunststoffbeschichtete Spanplatte
Abb. rechts: 'Zelt'   kunststoffbeschichtete Spanplatte (gelb), Filz (gelb), Aufkleber   180 x 150 cm
Abb. folgende Seiten: Entwürfe für plastische Arbeiten 'Zelt'   Aquarell, Filzstift/Papier

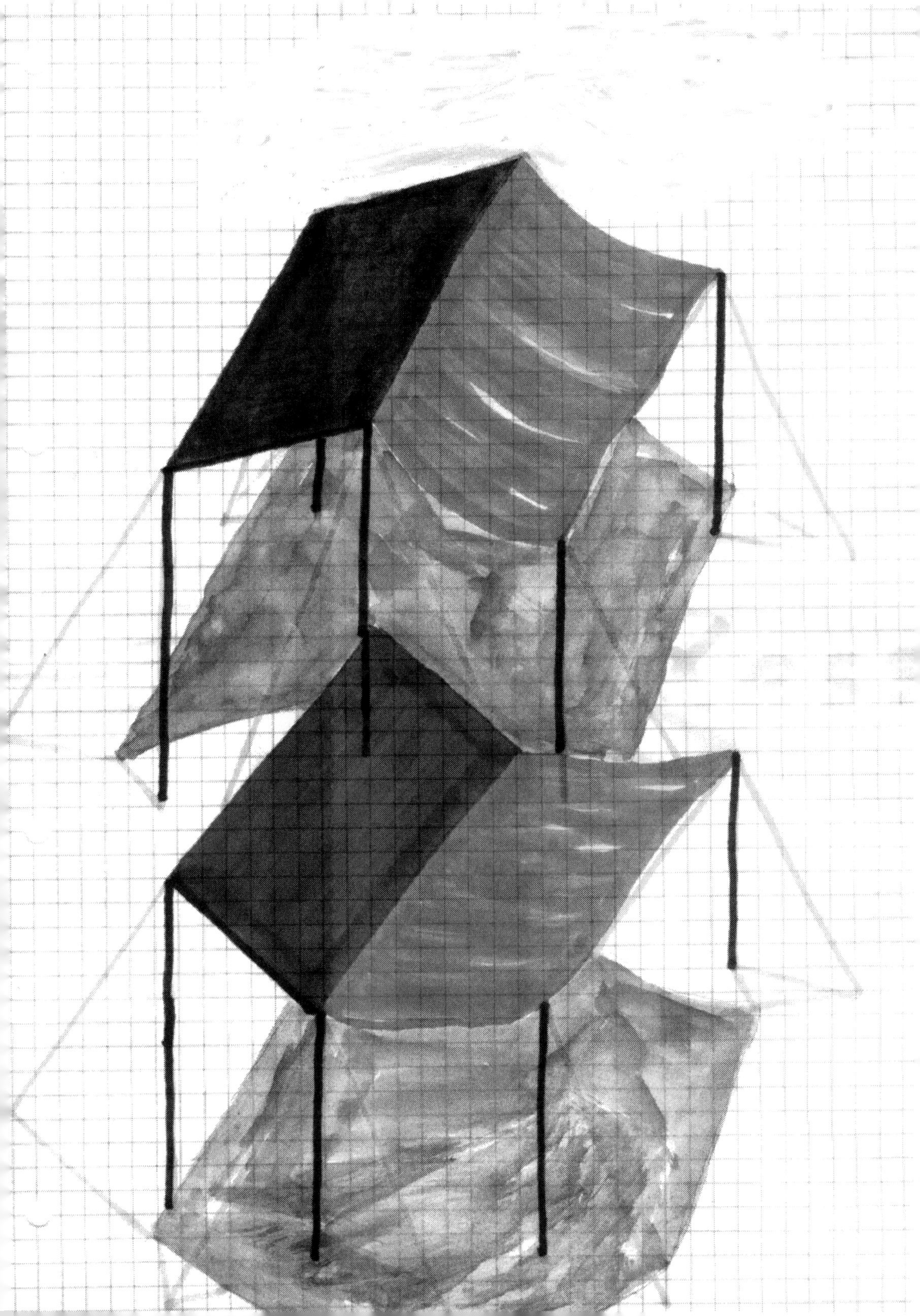

Reisen im Zwischendeck

118 Matrosen der russischen Nordmeerflotte liegen in dem Atom-U-Boot „Kursk" vor
Norwegen auf Grund. Gestern waren es noch 116. Wo kommen nur die zwei neuen
Matrosen her? Der amerikanische Geheimdienst munkelt gerade in den Weltnachrichten-
kanälen, alle seien wahrscheinlich schon tot. Kursk, da war doch schon mal was?

Ich schlendere gemessenen Schrittes, wie als Flaneur in Paris oder Rom, vom Bersarinplatz
zu den Hochhäusern an der Frankfurter Allee hinab, ehemals Stalinallee und Ausgangs-
punkt der Revolten von 1956. Eine Revolte ausgelöst vor allem von ehemaliger Offizieren
der Wehrmacht, die sich auf den Baustellen des Arbeiter- und Bauernstaates verdingt hatten und denen dann die maßlose Erhöhung der Norm den Kragen platzen ließ. Versteht
man. Heute heißt in vormals Berlin-West zur ewigen Erinnerung an dieses Freiheits-
Aufbäumen des Proletariats eine Allee „Straße des 17. Juni". Ich wandle also im Friedrichshain, zur Zeit des sogenannten III. Reiches Horst-Wessel-Stadt genannt, welcher der
Stadtbezirk der Zukunft in Berlin sein soll. Die Szene dümpelt hier schon seit Jahren rum,
kürzlich waren sogar die Clubs da und erfreuten als Immobilienwerbekampagne der frei-
en Ladenräume in bester Lage auf der Frankfurter Allee. Na Kollege Jagdtfeld gedenkt
auch das Tacheles erstmal zu renovieren damit es auch die geplanten 10 Jahre als
Werbeträger seiner Immobilie stehenbleibt. Ach ja Kunst in Berlin; die Galeristin Barbara
Thumm soll schon im Friedrichshain wohnen.

Ich lese gerade in Stipendienanträgen aus Sachsen Projektideen: „Zeitspuren - die großen
Städte" (Antrag für ein New York Stipendium), „Le retour du regard - Malen als Wieder-
herstellung der Spur des Blickes, eines ersten Gefühls, Wiederaufnahme der Arbeit mit
dem Modell", „Von Mensch zu Mensch - Malerei mit dem menschlichen Körper im Raum
als zentrales Thema…, „Grenzen im Kopf - Es geht um das Aufspüren und Analysieren
von Grenzen und Grenzbereichen - Grenzen in und um uns; natürliche und künstliche wie
auch geistige Grenzen". Das nur als Vergleich der Geschicklichkeit der Provinz. Gleiches
würde sich dann säckeweise in Berlin finden lassen. Fragen Sie mal beim Einwohner-
meldeamt, wieviel Künstler in Berlin wohnen und denken Sie an die Dunkelziffer der
Nichtgemeldeten, denn man muß ja für einen Zweitwohnsitz in Berlin Brückenzoll an die
Stadt zahlen. Wie sagte gleich der Kaiser etwas wortkarg zu Mozart „Ja wie soll ich es
sagen, lieber Mozart, zuviel Noten, zuviel Noten." Und Mozart war ein Genie, aber
auch er mußte seine Rolle spielen, bei Strafe des Unterganges.

„Wenn der Samurai in die Knie geht" kommt gerade als gut verpacktes Feature im Radio
Kultur, es geht um den finanziellen Zusammenbruch Japans in den 90er Jahren. Dort hat
man richtig Angst vor der Zukunft. Vielleicht werden irgendwann keine Renten mehr
gezahlt. Das wäre ja dann fast wie der Verlust der freiwilligen Zusatzrentenversicherung
durch den Untergang der DDR. Ich hatte sowieso nie darauf vertraut und folgerichtig nie
gezahlt. Versprechen auf die Zukunft zahlen sich selten aus, wie man weiß.

Der sächsische Stipendiat für N.Y. des letzten Jahres wurde durch seinen Besuch in Big Apple zumindest erhellt, spätestens nachdem seinem Kopf ein roter Ziellaser zum Atelier folgte. „Warum senden sie mit dem Geld die Künstler nicht nach Rom oder Florenz?" sein Resümee. Dem kann ich zustimmen. Berlin also.

Was macht eigentlich diese sich selbst freundlich umkreisende Kunst-Community des Zwischendecks gegen 10 Uhr morgens, wenn sie nicht gerade etwas unpäßlich in Aschaffenburg zum Künstlergespräch zu spät kommt? Neben den wenigen immer wieder-kehrenden Namen, die mit großer Mühe der auch wenigen Galeristen, immer wieder ihr Bestes geben oder ausstellen, leben in einem gewissen Zwischenbereich eine Menge nur im internen Berliner Zirkel bekannte Künstler. Alles Zugereiste natürlich. Ohne die hätte Berlin ehedem nie existiert und geleuchtet. Ihre Namen tauchen immer wieder in Gruppenausstellungen auf und man trifft sich regelmäßig in den unbekannten Galerien, zumindest wenn man nach der Bestenliste der Kunstmagazine geht. Sie ziehen zu Einzel-ausstellungen aufs Land, also nach Braunschweig, Stuttgart, Frankfurt usf. Die Qualität ihrer Arbeiten bildet, bis sie aus unterschiedlichen Gründen ganz aufhören Kunst zu produ-zieren, den qualitativen Rahmen der Berliner Existenz von zeitgenössischer Kunst. Nur lei-der verdient man damit kein Geld. Denn wie gesagt „wenige" ist die Realität der Numerik.

Unter ihrem Level gibt es dann noch das Touristendeck; das trifft man zu speziellen Events im Postfuhramt oder in beliebigen öffentlichen Galerien und Institutionen. Ambitioniert und enervierend, denn man will erst noch dazugehören. Zu was weiß man nicht so recht, aber man ist Künstler. Über das Jonglieren mit Berufsbezeichnungen und faden Trocken-dockphilosophien sind die Passagiere des Zwischendecks schon hinweg. Denn sie sitzen immerhin im Zwischendeck.

Zuviel Kunst, zuviel Kunst und über allem liegt bevor jemals die Blüte erreicht war ein Teppich bleierner Müdigkeit. Doch ich will nicht klagen und vergessen sie bitte alles vor-her gesagte. In Berlin lebt die derzeitige künstlerische Avantgarde der Republik oder was sich dafür hält oder welche zu Besuch kommt. Wir unterhalten uns auf hohem Niveau und im Rest der Republik hätte uns die Langeweile und der Überdruß schon umgebracht oder wir uns selbst. In Berlin soll es seit kurzem unter der Hand Absinth geben. Sie entsinnen sich sicherlich der wunderschönen Absinthtrinkerin eines der wenigen Genies des 20. Jahrhunderts. Ja wenn man die nur mal träfe. Aber die Chancen dafür stehen in Berlin nicht schlecht. Weltweit im Moment wohl am besten, wenn man alle Umstände, Mietkostenpauschale, Müslipreis usw., berücksichtigt. Nur die BVG knallt mit den Fahrpreisen langsam durch die Grenze des Erträglichen. Na dann werden wir mal wie-der Ton, Steine Scherben auflegen müssen. Kreuzberg soll sich auch gerade wieder reak-tivieren, die 68'wandern wahrscheinlich glücklicherweise aus. Seemann ahoi! Einmal muß es vorbei sein, ...denn einmal frißt uns die See.

Om hram Om hrim Om hrum Om hraim Om hraum Om hran Om hram Om hrim Om hrum Om h
hraim Om hraum hrah Om hram hrim hrum hraim Om hraum hrah hram hrim Om hram hrim hr
hrah Om hram Om hrim Om hrum Om hraim Om hraum Om hrah Om hram Om hrim Om hrum

Om hraum hrah Om hram hrim hrum hraim Om hraum hrah hram hrim Om hrar

hraum hrah Om hram Om hrim Om hrum Om hraim Om hraum Om hrah Om hram Om hrim Or

Om hraum hrah Om hram hrim hrum hraim Om hraum hrah hram hrim Om hra

hraum hrah Om hram Om hrim Om hrum Om hraim Om hraum Om hrah Om hram Om hrim Or

hram hrim hrum hraim Om hraum hrah hram hrim Om hram hrim hrum hraim Om hraum hrah h
hrum Om hraim Om hraum Om hrah Om hram Om hrim Om hrum Om hraim Om hraum Om h
Om hram hrim hrum hraim Om hraum hrah hram hrim Om hram hrim hrum hraim Om hraum hrah h

h Om hraum Om hrah Om hram hrim Om hrum hraim Om hraum hrah Om hram hrim Om hrau
hraim Om hraum hrah hram hrim Om hrum hraim hraum hrah hram Om hrim hrum hraim hrau
n hraim Om hraum Om hrah Om hram hrim Om hrum hraim Om hraum hrah Om hram hrim O

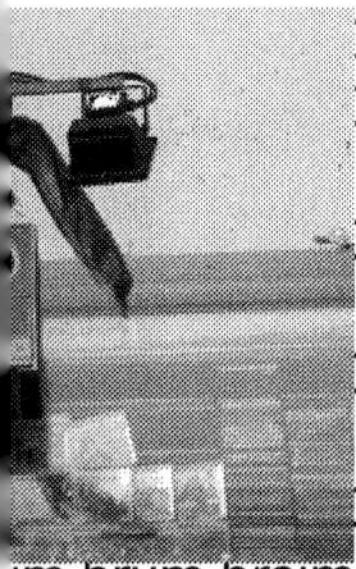

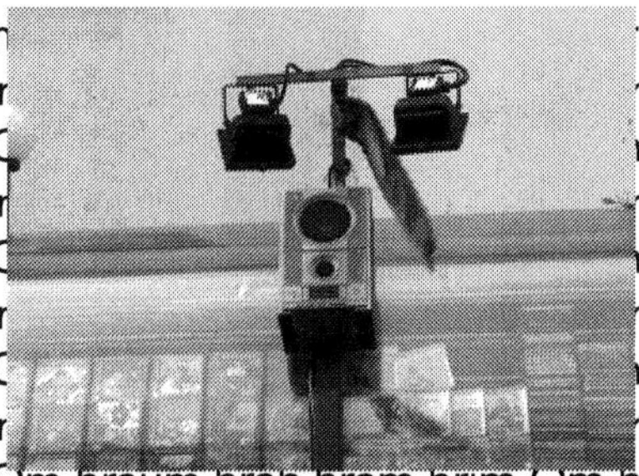

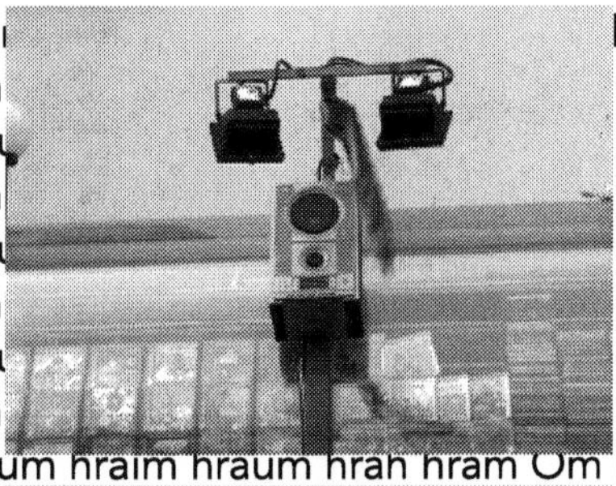

im hrum hraim Om hraum hrah hram hrim Om hrum hraim hraum hrah hram Om hrim hrum hra

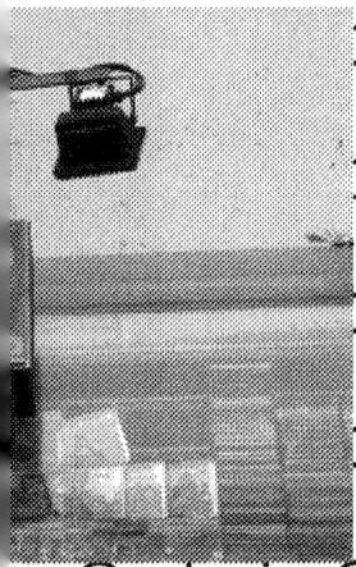

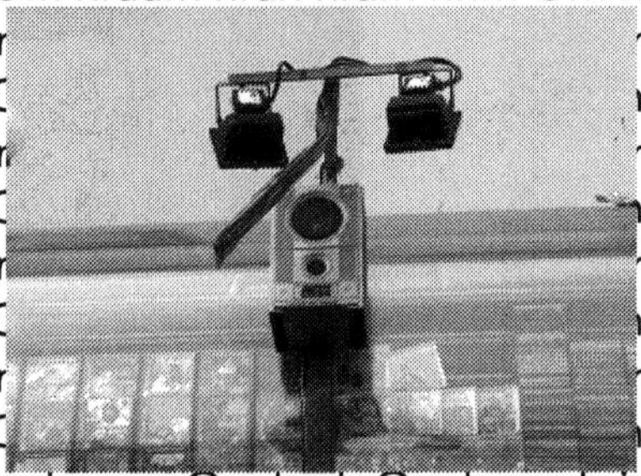

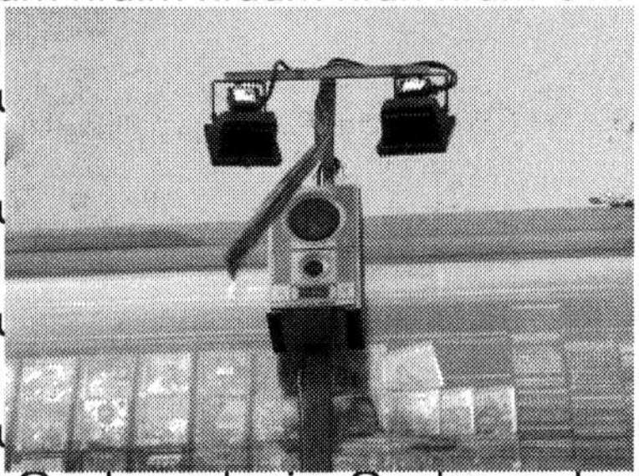

m Om hraim Om hraum Om hrah Om hram hrim Om hrum hraim Om hraum hrah Om hram hr

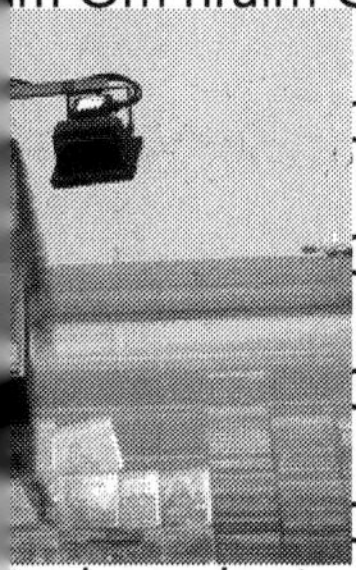

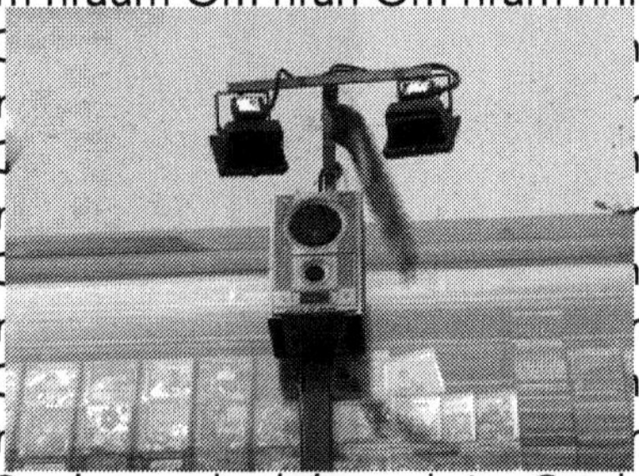

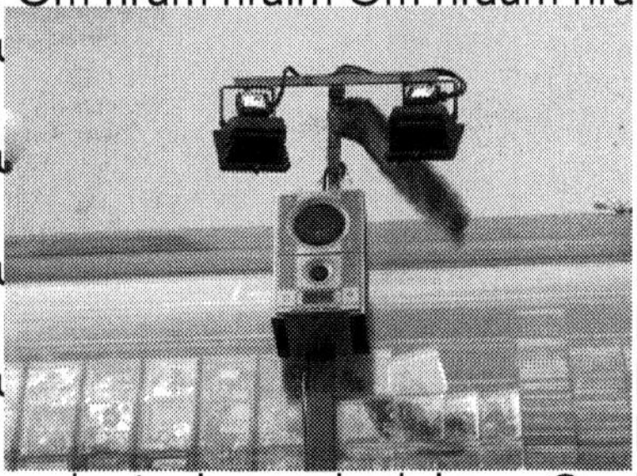

im hrum hraim Om hraum hrah hram hrim Om hrum hraim hraum hrah hram Om hrim hrum hra

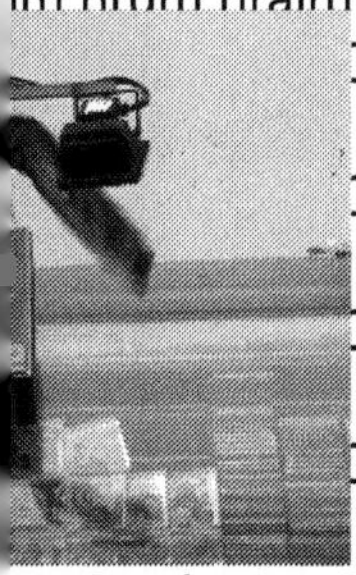

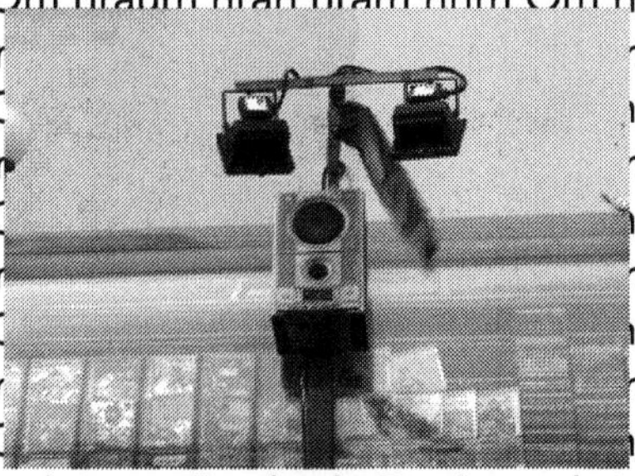

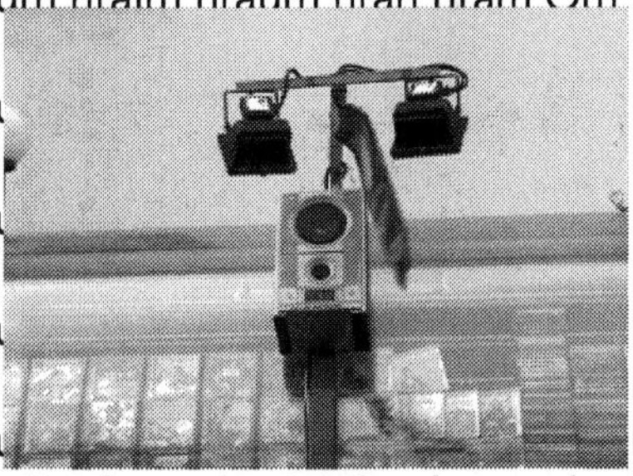

m Om hraim Om hraum Om hrah Om hram hrim Om hrum hraim Om hraum hrah Om hram hr

hrim Om hrum hraim hraum hrah hram Om hrim hrum hraim hraum hrahOm hram Om hrim O
Om hram hrim Om hrum hraim Om hraum hrah Om hram hrim Om hraum hraim Om hraum O
ram hrim Om hrum hraim hraum hrah hram Om hrim hrum hraim hraum hrah Om hram Om

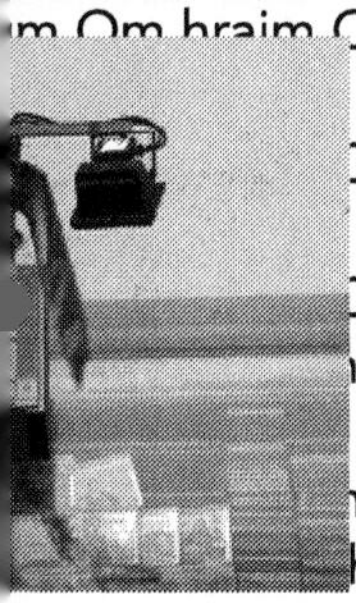

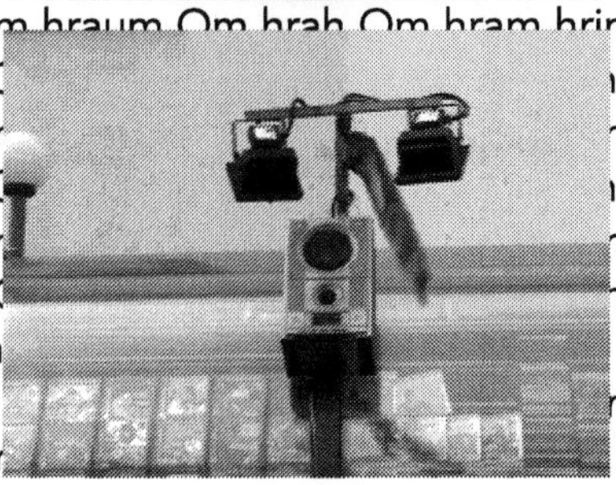

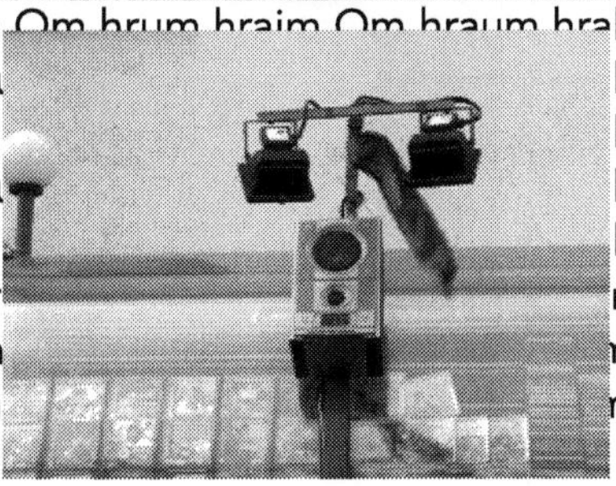

Carsten Nicolai

telefunken

audiosignal for televisionset

| noto | carsten nicolai | 2000 |

abstrakt:

telefunken ist eine normale audio cd veröffentlichung. die cd enthält 30 tracks
die hörbare audio stücke, sowie auch sehbare visuelle tracks für fernsehgeräte
in sich vereinen. das audiosignal wird direkt von einem cd-player in das
fernsehgerät eingespeist.

die ersten 20 audio visuellen stücke beruhen auf impulsfrequenzen, die als
linienstrukturen vom fernseher interpretiert werden. die 10 darauffolgenden
stücke sind testfrequenzen, von 50 - 8000 hz und weissem rauschen.

die telefunken audiosignale nutzen den standart der helligkeitsreglung des
s-vhs videosignales.

auf grundlage der linien proportionen dieser audio visuellen tracks entstanden
die tafelbilder 'prototyp telefunken'.

aufbau:

1   cd - player
2   fenseher sony blacktriniton
3   kabel, adapter scart to s-vhs chinch

cd audio-out signal kanal links chinch, verbunden mit s-vhs video-in, chinch
cd audio-out signal kanal rechts chinch, verbunden mit s-vhs audio-in, chinch

beispiele der übersetzung: audiosignal (wellenform/hz) zu fernsehbild:

a1   impulswellenform   050 hz
a2   impulswellenform   100 hz
a3   impulswellenform   200 hz
a4   impulswellenform   400 hz

b1   rechteckwellenform   050hz
b2   rechteckwellenform   100hz
b3   rechteckwellenform   200hz
b4   rechteckwellenform   400hz

diese cd wurde veröffentlicht als noto.telefunken, audiosignals for televisionset,
© 2000 raster-noton.archiv für ton und nichtton, www. raster-noton.de

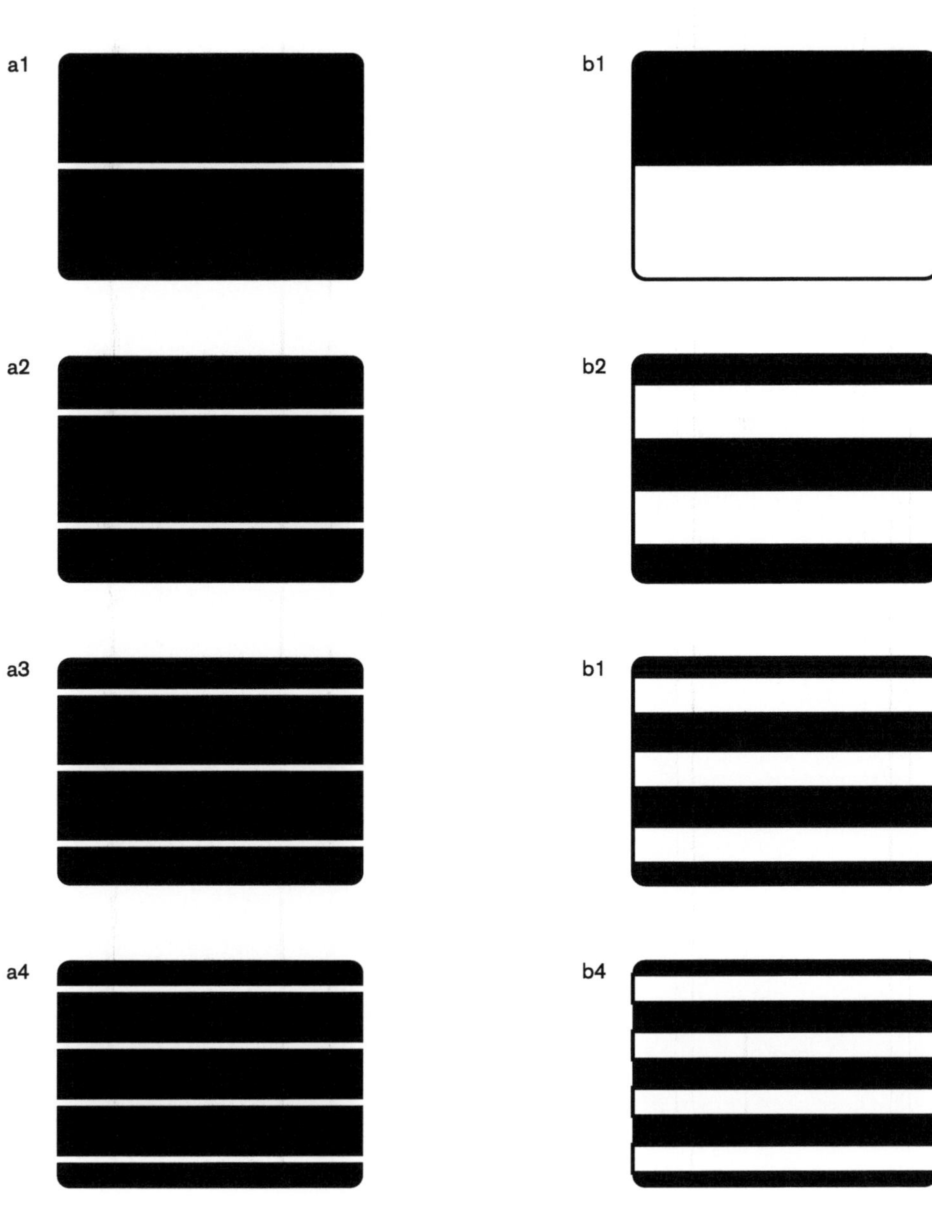
a1
b1
a2
b2
a3
b1
a4
b4

Marc Glöde/
Christian Rattemeyer

Freunde und Nachbarn

Spätestens mit der Entscheidung, Berlin zur Hauptstadt des wiedervereinigten
Deutschlands zu machen, hat die Debatte über das Verhältnis zwischen den reprä-
sentativen 'Leuchttürmen' und den zahlreichen kleineren und alternativen
Institutionen der Berliner Kulturlandschaft zu bisweilen heftigen Kontroversen
geführt. In dem Maße, in dem Hauptstadtplaner und Marketingexperten für Berlin
das Bild einer kulturellen Metropole erdachten wuchsen sowohl die affirmativen
Strukturen einer vergnügungskulturellen Tourismus- und Werbeindustrie, als auch
die Widerstände einzelner kommunaler und gegenöffentlicher Initiativen. Statt der
Berlin-Debatte, die von Marc Glöde und Christian Rattemeyer als zu allgemein
wahrgenommen wird, einen weiteren Text hinzuzufügen, entschlossen sie sich, ein
gemeinsames Gespräch zu führen. In diesem Gespräch steht die Überlegung im
Zentrum, ob in der allgemein beklagten Zergliederung der Berliner Kulturlandschaft
in Groß- und Kleinstereignisse nicht andere Tendenzen zu erkennen seien, die zu
einem grundsätzlicheren Nachdenken über die Strukturen des Berliner
Kulturbetriebs führen könnten. Das Gespräch fand am 19. Juli 2000 in Marc Glödes
Wohnung in Berlin statt.

MG: Ich möchte mit der Frage nach der Diffusität anfangen, die auftauchte als
Markus Wirthmann mich fragte einen Text zu schreiben. Die Unbegrenztheit der
Aufgabe, irgendetwas zu Berlin, zum Thema Berliner Kunstsituation zu schreiben,
war für mich eine der Blockaden, die Fragen nach dem Moment des Sprechen-müs-
sens aufwarf, und auch Widerstand aufbaute über Berlin sprechen zu wollen. Das
ist ein interessantes Phänomen, finde ich. Und dann an sich selbst festzustellen und
in Berlin festzustellen, daß unglaublich viel über Berlin gesprochen wird. Das ist
natürlich ein Anknüpfungspunkt der noch mal ganz anders perspektiviert wird, wenn
man das zum Beispiel in New York zur Kenntnis nimmt.

CR: Was auch nicht leichter ist. Ich bin ja angesprochen worden, wenn ich nicht
über Berlin schreiben will, dann über New York zu schreiben. Die Annahme, daß
eine bestimmte geographische Situation einen dazu ermächtigt, Aussagen zu fällen,
oder umgekehrt, daß ein gewisser geographischer Abstand einen besser dazu
ermächtigt, Aussagen zu treffen ist ja fatal. Ich habe ja relativ häufig über Berlin
gesprochen, und habe das Gefühl ich kann dem Diskurs nichts mehr hinzufügen,
weil mir das konkrete Objekt abhanden gekommen ist. Es ist genau wie du sagst:
Es hat ein Widerstand eingesetzt über Berlin als Abstraktes oder über Berlin als
Allgemeines zu reden, weil genau daraus auch ein Stück weit das Problem des
Berlin-Diskurses hervorgeht.

MG: Auf der anderen Seite ist, wie wir beide auf der Armory Show festgestellt
haben, zu verfolgen wie so eine Doppelseitigkeit derjenigen, die in einem
Kunstkontext in Berlin stärker involviert sind, funktioniert. Wie sich ein Verhältnis
einstellt zwischen einem Sprechen dieser Personen in Berlin und einem Sprechen
dieser Personen im Ausland, konkret in New York. Es haben sich ja sehr interessante Differenzen ergeben bei denjenigen, die sich fast durch die Bank weg hier in
Berlin durch eine konstante Mäkelei hervortun und dauernd kritisieren wie ungünstig
die Umstände sind, an denen sie ja auch mittragen, weil sie natürlich nicht über
gemeinsame Konzepte und über konkret inhaltliche Auseinandersetzungspunkte
nachdenken. Und in New York pusteten sie plötzlich gemeinsam in ein Rohr und
sagten „wir sind jetzt die jungen hippen Berliner Kuratoren und Galeristen" und han-
tierten dabei ganz eifrig mit dieser Projektionsfläche Berlin, die sich ja aus der konkreten Distanz heraus wunderbar verwenden läßt und sämtliche Differenzen erstmal
glatt macht. Das war mein Eindruck, und ich denke daß es für dich so ein ähnlicher
Punkt ist, gerade aus so einer vergangenen Situation für dich mit Berlin.

CR: Natürlich, das funktioniert ja auch in die andere Richtung. Ich bin erstaunt darüber, wie sehr in New York ungefragt Berlin als etwas Tolles akzeptiert wird, ebenso
wie in Berlin ungefragt New York als etwas Tolles akzeptiert wird. Ohne sich darüber
im klaren zu sein was das eigentlich konkret bedeutet. Was bei mir die Reaktion

hervorgebracht hat, auf Fragen nach New York oder Berlin nur noch mit Klischees
zu antworten und das Klischee zur Waffe zu machen. Natürlich bleibt für mich das
Problem was das eigentlich für mich selbst bedeutet in dieser Wechselhaftigkeit,
mit der ich in beiden Städten wohne, mit diesen Unterbrechungen umzugehen. Ich
stelle fest, daß ich, wenn ich nach einem Jahr nach Berlin zurückkomme, die Lage
nicht mehr automatisch begreife. Weil eben tatsächlich die Allianzen im Fluß sind.
Da müssen wir uns noch genauer darüber im Klaren werden, wo da die Brüche im
Gewebe sind. Natürlich läßt sich feststellen, daß die Außenwahrnehmung, die
Außenrepräsentation einer Berliner Gesandtschaft, und das innere Geschäft dieser
Berliner Gesandtschaft untereinander Brüche und Verzerrungen aufweist.
Andererseits ist es nicht mehr reizvoll diesen Hahnenkämpfen zu folgen.

MG: Natürlich kann man sich an dieser Stelle fragen, ob das vielleicht nur reiner
Selbstzweck im Sinne eines Marktmechanismus ist, aber die Frage nach der
Anforderung dieses Klischee zu erfüllen, gerade im Ausland zu erfüllen, führt zu
der Frage wer den Diskurs leitet. Es gibt ja auch ein Blick auf Berlin im Ausland,
und darauf wer sagt was passiert. Das ist auch ein inhaltlich ausgerichteter Blick,
der bis zu einem gewissen Punkt mit Klischees befriedigt werden kann, wie ja an
Ausstellungen wie 'Children of Berlin', die gerade in New York war, zu sehen ist.
Da wurde gespürt, daß die inhaltliche Auseinandersetzung gefordert ist, und daß
man sich nach all dieser vergangenen Zeit nicht mehr mit Klischees abspeisen
läßt. Auch wenn das Arbeiten über Klischees vielleicht eine der interessanteren
Sachen wäre, wenn man einmal dahin kommen würde.

CR: Wenn man sich bewußt wäre, das man mit Klischees arbeitet. Es ist relativ
klar, daß die Diskursmacht bei den Vermittlern liegt, die als Repräsentanten des
neuen Berlin diese Auslandsfunktion übernehmen, also hauptsächlich bei
Galeristen, und Kuratoren, weniger bei Kritikern oder Künstlern. Bei Children of
Berlin zum Beispiel lag der Diskurs auf einer sehr diffusen Form von Jugend- und
Partykultur. Also auf einem sozialen Gewebe, das als eine Begegnung im
Erlebnisraum definiert wird. Und in diesem Zusammenhang sind wieder nicht die
Akteure, also zum Beispiel DJ's, Musiker, Kulturschaffende, sondern die Vermittler,
die Kneipiers und Clubbetreiber diejenigen, die die Diskursmacht übernehmen. Die
Tatsache, daß nicht jemand wie das Elektro Music Department oder andere
Berliner DJ's in New York waren, sondern daß Cookie als Clubbetreiber, der
eigentlich nichts anderes macht als die Tür auf- und zuzuschließen und eine
Plattform zu bieten, die Diskursmacht übernimmt finde ich bezeichnend.

MG: Dies ist auch interessant in dem Sinne, daß da bei diesen Personen die
Schwelle des Sprechens unglaublich niedrig angesiedelt ist. Die fangen unglaublich schnell an zu sprechen, während sich bei den anderen vielleicht
Bruchsituationen hergestellt haben, die erst einmal ein Stottern, eine Unsicherheit
hervorgerufen haben, die nicht sofort zum unmittelbaren Sprechen führt. Es wäre
ja sehr interessant zu fragen was da nach einer gewissen Zeit rauskommt, die
aber nicht zur Verfügung gestellt wird, weil der Marktmechanismus immanent sofort
greift. Weil man das Bild von Berlin jetzt und sofort haben möchte. Und man nicht
darauf warten kann, bis verschiedene Sachen, die jetzt noch gebrochen sind,
zuende gedacht werden.

CR: Das hat natürlich auch was damit zu tun, daß die Produkte die primäre
Ausdrucksform sind, durch die zum Diskurs beigetragen wird. Aber in dieser Zone
der Vergnügung, in dieser Spektakelkultur der Berliner Clublandschaft verkommen
künstlerische Produkte automatisch zur Dekoration. Jede Platte ist Soundtapete.
Nach außen kann man das leicht erklären, weil es da immer ums Geschäft geht.
Aber auch nach innen hat sich dort ein Unverständnis für die Objekte, mit denen
umgegangen wird, entwickelt. Die Diskursebene liegt auf der Jugendkultur, auf
einer Vergnügungs- und Clubkultur, auf einer Szene, die als soziale Einrichtung
gedacht wird, und damit schützt man sich automatisch vor einer tieferen Befragung
dessen, was die Objekte und Ereignisse, die die Hülle bevölkern, zu bedeuten
haben.

MG: Ich möchte zurückkommen zu dem ersten Aspekt den du erwähnt hast, den der sozialen Gruppe. Da fällt mir ein spannendes Beispiel ein, über das wir bereits im Vorfeld geredet haben, und das sich aus dem Kontext von anderen Ausstellungen ergibt. Von Ausstellungen wie sie gerade in London zu sehen ist, und die natürlich für dich noch mal eine ganz andere Rolle spielt.

CR: Du sprichst die Ausstellung New York Projects in den Delfina Studios in London an, bei der 14 New Yorker Künstler ausgewählt wurden, unter der Maßgabe eine lose verbundene soziale Gruppe darzustellen. Da finde ich es erstaunlich, daß Künstler, die im Prinzip zu dieser Gruppe gehören müßten, dennoch nicht eingeladen wurden. Daß also ein Filter vorgeschaltet wird, der das, was eine soziale Gruppe sei, bestimmt, also eben nicht inklusiv sondern exklusiv funktioniert. Ich glaube, ähnliches kann man in Berlin beobachten, wo die Macht zu entscheiden, wer zu einer sozialen Gruppe gehört, eben von nur einigen Personen ausgeübt werden darf.

MG: ich finde das ist sehr wichtig festzuhalten. Zum einen die Tatsache, daß die soziale Gruppe aus New York, auf die du dich beziehst, eben nicht nur in die selbe Kneipe geht, das selbe Studio teilt, sondern eben auch durch eine unterschiedliche Kompatibilität geteilt wird, die eben durch den Kurator benannt wird. In der Form, in der die Gruppe per se existiert, ist sie eben nicht kompatibel, wodurch verschiedene Personen rausfallen. Man muß aber auch feststellen, daß sich in der Weise wie sich diese Gruppe konstituiert, durch institutionelle Zusammenhänge, durch Akademien, oder eben auch Galerien, Unterschiede im Vergleich mit Berlin auftun. Denn in Berlin kann man als Person auftreten und unmittelbar den Status einer Institution erreichen, Beispiel Kunst Werke, Büro Friedrich. Das was in anderen Zusammenhängen nicht von einer Einzelperson geleistet werden kann ist hier unmittelbar an Einzelpersonen gebunden, wodurch ein ungeheures Machtvakuum entsteht. Daraus entsteht natürlich die Frage inwieweit einzelne Personen in der Lage sein können Aussagen über einen Gruppendiskurs oder über Berlin als Ganzes zu treffen.

CR: Das ist insofern interessant, da es kaum andere Instanzen in Berlin gibt, die als kritisches Forum funktionieren.

MG: Genau. Dies kann nur funktionieren, weil sich das kritische Forum in einer Weise formiert, wo keine Rückfragen gestellt werden. Oder wenn, dann angesichts des Machtvakuums nur hinter vorgehaltener Hand, weil ein Interesse daran besteht, einen Teil des Kuchens abzubekommen.

CR: Ich bin gespannt ob etwas geschieht, wenn Texte zur Kunst sich länger in Berlin etabliert, oder ob es wieder nur eine weitere Form von Splitterkultur sein wird. Texte zur Kunst ist aktiv daran beteiligt, alte Gruppenzwänge, die mit dieser Zeitschrift ganz konkret verbunden waren, aufzusprengen, allerdings unter der Gefahr, neue Gruppenzwänge wiederherzustellen. Man ist zwar sehr diskussionsfreudig und diskurskritisch, hat aber mit dem Rest der Berliner Landschaft extrem wenig zu tun, aus einer gewissen selbstgewählten Isolationspolitik heraus.

MG: Mir erscheint das jedoch immer so wie das kalkulierte Restrisiko. Einerseits liegt der interne Diskurs relativ offen, die Internas, die Differenzen sind abgeklärt, man weiß wer innerhalb des Diskurse für was steht. Damit kann auch die gesamte Texte zur Kunst, die ja von außen in dieses Vakuum in Berlin einsteigt, verhandelt werden. Gerade unter dem Aspekt, daß die innere Sprengkraft, die die Zeitschrift haben könnte, zu keiner Implosion führt, da sie nicht wirklich den Diskurs nach innen legt, und sich fragt: „wie nehmen wir das auf"? Insofern hänge ich nicht zu hohe Hoffnungen daran. Da scheint mir eine Ausstellung, wie Markus sie hier gemacht hat, interessanter zu sein. Indem sie die Frage zuläßt, was seine Arbeit in den letzten zehn Jahren in Berlin konstituiert hat. Und dabei natürlich auf Namen kommt und sagt „mein Diskurs stellt sich aus diesen ganz konkreten Positionen her", mit allen Explosionsmomenten die da drin sind. Natürlich ist das nichts, was sich auf eine gerade Strecke oder auf einen Nenner bringen läßt. Aber das sind die

Abgründe, und an diesem Punkt wird es interessant. Indem dies als integraler Bestandteil der eigenen Produktionskonstruktion verstanden wird, und die Abgründe mit hineinnimmt. Da kommen wir wieder zu den Klischees. Man kommt zurück zu Positionen, die man kennt, die sich vielleicht über Jahre für einen nicht verändert haben und die als Konstante für einen da waren. Aber in der Form, in der sie sich einem gegenüber gestellt haben, eine ungeheure Spannung aufgebaut haben, in der man zu verschiedenen Positionen finden konnte.

CR: Ich glaube das macht die Besonderheit von Berlin in der Binnenperspektive aus. Genau in dem Moment, wo jene Figuren, die nach außen Diskursmacht besitzen, im inneren zerstritten sind, ist die Möglichkeit da, Leitdiskursen zu entkommen. Diese Ausstellung, zum Beispiel, hat einen ganz anderen Schwerpunkt in der Galerienszene, eine Galerie wie Koch und Kesslau hat einen viel größeren Einfluß und wird hinsichtlich seiner kontinuierlichen Aufbauarbeit ganz anders beleuchtet als zum Beispiel die üblichen Verdächtigen. Hier entsteht die Möglichkeit einer Hinzufügung zu einem Bild, das aus vielen versprengten Einzelmomenten besteht, die leider bislang keine Möglichkeit haben, ein gemeinsames Forum zu finden.

MG: Vielleicht ist das ja genau die Qualität des ganzen. Die Frage nach dem Forum würde den losen Verbund schon wieder zu einer Form festigen, die den Abgrund und die Explosion zwischen den Positionen unmöglich macht. Der Abgrund würde sofort entstehen, wenn die einzelnen Positionen in die feste Form eines Forums gekippt würden, aber in einer anderen Weise als im Moment mit den losen Verbünden, wo es keine endgültige Formulierung einer Aufgabe gibt, einer Haltung zu der man kommen muß. Stattdessen gibt es einen Schutz des Sprechen-könnens, die Möglichkeit eine Sprache zu finden und eine Diskussion zu führen.

CR: Heißt das, daß diese Diskussionen dazu verdammt sind, privat zu bleiben?

MG: Das stellt natürlich eine ganz konkrete Frage nach der sozialen Dimension. Das ist ein sehr zwiespältiges Moment, und ich habe nicht umsonst die Ausstellung letztes Jahr bei Eigen+Art „Work is Personal" genannt, weil sich dieses Moment des Persönlichen vom Privaten abgrenzt. Mit dem klaren Blick des Persönlichen für das Private, meinetwegen, aber auch insofern, als daß die sozialen Momente zur Zeit zu ungeklärt sind. Daß zum Beispiel der Kurator der New Yorker Ausstellung sofort einen Filter drin hat und einige Künstler aus ästhetischen Gründen nicht dazu gehören, obwohl sie vielleicht intern, innerhalb der Gruppe, in der Ausstellung sein müßten. Vielleicht eröffnet sich da etwas aus dem Pop-Diskurs. Dirk von Lowtzow schreibt ja auch neuerdings viel für Texte zur Kunst, und eine sehr interessante Formulierung von ihm lautet: „Unsere Freundschaft ist unser Kapital". Mit allem Abgrund der da drin steckt, mit allen Mißverständnissen, geht es sicher nicht um die Zelebrierung des Privaten.

CR: Dieses Gespräch führt mich zurück zu deiner Anfrage, für die Ausstellung letztes Jahr einen Text zu schreiben. Ich hatte über „Freunde und Nachbarn" nachgedacht, wo es genau darum geht, daß sich soziale Gruppen über zwei sehr verschiedene und in Berlin sehr prominente Zuordnungsprinzipien definieren lassen. Das eine ist die räumliche Nähe, die dich in einen gewissen Zusammenhang zu den Anderen in diesem Raum bringt, die Nachbarschaft, die gerade am Fall Mitte ja zu vielen solchen Kategorisierungen geführt hat. Das andere ist die Kategorie der Freunde, die einen emotionalen, interessensmäßigen, in irgendeiner Form nicht-zufälligen Verbund herstellt. Als Anwohner von Mitte, Nachbar der Kunst Werke und der Galerien Neugerriemschneider und Klosterfelde, und als Teil einer bestimmten Generation bist du Mitglied der gleichen sozialen Gruppe der Mitte-Galeristen. Doch gleichzeitig sind deine Freundschaften und damit dein Austausch, den du mit Leuten aus ganz anderen Bereichen und Bezirken führst, viel eher das, was du als deinen unmittelbaren Resonanzraum bezeichnen würdest. „Freunde und Nachbarn" bezeichnet also für mich das Paradox in der Beschreibung der sozialen Gruppen Berlins am besten, weil ja fast alle andauernd von Mitte reden, wenn sie Berlin meinen, weil sie dort wohnen und ihre Nachbarn für Berlin halten.

MG: Das stellt die Frage nach dem vermeintlichen Interesse, das einem entgegen-
gebracht wird, und die Frage nach der Möglichkeit der Irritation, die grundliegend ist
für eine Freundschaft. Irritation ist für mich das Intensivste, das war auch der
Ansatzpunkt bei der Ausstellung „Work is Personal“. Wo durch dieses kleine
Moment der Irritation, das Nicht-Verstehen, eben, wie Deleuze sagt, ein Charme
entwickelt wird, der einen nicht von einer Person wegkatapultiert, sondern genau
aus dieser Differenz heraus an sie bindet, und ein Diskutieren-wollen, ein
Einsteigen-wollen ermöglicht. Auf der anderen Seite hast du sicherlich recht mit
dem was du über diese Situation sagst, die hier derzeit herrscht, und die ich immer
nur als Vakuum beschreiben kann.

CR: Da komme ich immer wieder drauf zurück, wenn ich die sozialen
Gruppierungen Berlins mit denjenigen New Yorks vergleiche, die, auch wenn sie
sich nach außen gesehen mit der gleichen Galerie als Sammelbecken eine Ort der
gegenseitigen Resonanz geschaffen haben, fast immer daraus entstanden sind,
daß sie von einen gegenseitigen inhaltlichen Interesse geleitet waren, das zu einer
engen freundschaftlichen Verbundenheit geführt hat. Ich denke dabei zum Beispiel
an die Gruppe Parasite, die an einem spezifischen intellektuellen Projekt arbeitet,
und fast zufällig alle bei der gleichen Galerie sind, was aber nicht das Kriterium ist,
über das Bündnisse stattfinden. Wenn ich das mit bestimmten
Künstlerrepräsentationen von Berliner Galerien vergleiche, funktioniert es umgekehrt, und diese Leute reden nur miteinander, weil sie in der gleichen Galerie sind
und sie so gerade noch als gemeinsam sprechend wahrgenommen werden können.
Interessanterweise sind Anfang der 90er Jahre viele, auch internationale, Künstler
nach Berlin gezogen, bevor sie eine Galerierepräsentation in Berlin hatten, und
viele von ihnen habe keine bekommen, denke zum Beispiel an Dave Allen. Später
sind andere Künstler erst nach Berlin gekommen, nachdem sie gemerkt haben, daß
dies ihr zentraler Repräsentationsort ist und sie als Reaktion darauf Teil dieser
sozialen Gruppe werden mußten. Ich glaube, es verschiebt sich gerade wieder eine
bißchen, und Leute kommen wieder nach Berlin, um herauszubekommen wie es
sich mit dieser Stadt verhält. Vielleicht gibt es ja noch persönliche Gründe für jeden
einzelnen nach Berlin zu kommen. Aber die Naivität von Anfang der 90er Jahre ist
weg, als man die Stadt einfach als offenes Experimentierfeld betrachtete. Damals
war es noch ein offenes Experiment, jetzt ist es ein Vakuum.

MG: Was die neuen Positionen betrifft. Andererseits denke ich aber, um auf die
losen Verbände zurückzukommen, daß die Positionen, die über eine längere Zeit in
Berlin gewesen sind und die Tendenz hin auf ein Vakuum verfolgt haben, nun eben
nicht mehr in der Situation sind, neu in der Stadt zu sein und sich verorten zu müssen. Und an diesen Stellen bildet sich etwas, was sich als eine sehr lose Form der
Gruppierung abzeichnet, und keinesfalls mit einer Situation zu vergleichen ist, wie
sie sich in New York unter völlig anderen Umständen herauskristallisiert hat. Aber
das trägt eben dem, wie New York funktioniert, Rechnung. Daß man sich in genau
jener Zeit, genau an diesem Ort, mit Künstlern, die eben genau dieses Interesse
haben, verbünden kann. Und da stellt man fest, daß dieser theoretische Diskurs als
Background für einzelne Künstler in Berlin nicht da ist. Und daß auf der anderen
Seite bei den Theoretikern und den Kunstgeschichtlern keine Idee dafür besteht, in
Räume zu gehen und da eine Installation zu machen. Diese Diskrepanzen werden
jetzt erstmals zur Kenntnis genommen, und aus dieser Differenz heraus wird versucht, eine lose Annäherung zu finden. Genau in diesem Spannungsfeld beginnt
sich jetzt etwas herauszukristallisieren. Es war ja kein Zufall, Koch und Kesslau zu
erwähnen. Aus dem losen Verband der Künstler dort beginnt auf einmal eine ästhetische Position sich zu entwickeln, die stärker und stärker wird und die vielleicht viel
Berlin-spezifischer ist, als all das was in kürzester Zeit in großen
Repräsentationsgalerien gezeigt worden ist.

CR: Ich glaube es ist wichtig sich dabei zu überlegen, ob man damit zu einem nai-
ven Bild von Berlin zurückkehrt. Was natürlich auch ein gefährliches Bild ist. Ich
glaube mit den Künstlern in den großen Galerien, und dem Neuzuzug stellt sich
Berlin als eine Art Durchlauferhitzer für Künstlernomaden dar. Man kommt hierher,

ist hier eine Weile, kann das Label Berlin auf sich applizieren und zieht dann weiter.
Ich war immer davon fasziniert, daß es so etwas wie eine verlorene Generation an
Künstlern in Berlin gibt. Das ist die Generation, die genau in der Zeit nach den
Neuen Wilden angefangen hat zu studieren, und als Künstler gerade aktiv wurde
bevor die Mauer gefallen ist. Bettina Allamoda gehört dazu, Adib Fricke, Knut Bayer.
Die einzige, die bekannter geworden ist, ist Maria Eichhorn. Auch die Galerie, die
das Sammelbecken in der Wendezeit war, Wewerka und Weiss, jetzt Barbara Weiss
Galerie, hat einen Großteil dieser Künstler nicht verfolgt und nur ein paar behalten.
Das stellt eben auch eine Professionalisierungsstrategie dar. Zwinger ist ein weiteres Beispiel. Beide haben eine Dekade vor Koch und Kesslau durchexerziert, was
jetzt als große Gefahr besteht, nämlich die Frage wann das Selektionsverfahren
einsetzt. Und damit die Frage, ob die Galerie nach einem anderen Prinzip funktionieren könnte, ob die Künstler nach anderen Kriterien operieren können, und ob die
Galerie das finanzieren kann?

MG: Und damit auch die Frage, ob die Galerie im Sinne der Künstler nicht so funktioniert wie sie funktionieren sollte, was ja auch eine interessante Rückwirkung ist,
der sich Koch und Kesslau gerade stellen muß, da sie vermeintlich nicht professio-
nell genug sind.

CR: In New York sind Netzwerke, seien sie so gut ausgeformt wie Parasite oder
nicht, seien sie so fragwürdig wie die Gruppe, die gerade in London ausgestellt
wird, seien sie so pragmatisch wie irgendeine Gruppe, die sich gegenseitig über
Partytermine, Jobmöglichkeiten oder Ausstellungsbeteiligungen informiert, absolut
elementar überlebenswichtig, wegen des enormen ökonomischen Drucks. Hier in
Berlin sind solche Gruppen eine Art Überlebenshilfe in einem allgemeinen
Diskussionsvakuum, aber nicht elementar überlebenswichtig in einem ökonomischen Sinn.

MG: Wobei man die Existenzialität der theoretischen Situation nicht unterschätzen
sollte. Es mag ja sein, daß Berlin immer noch im Vergleich wahnsinnig billig ist, und
daß es sehr unproblematisch ist hier seine Existenz zu gestalten, zumindest in
finanzieller Hinsicht. Aber man kann auch, meines Erachtens, feststellen, daß das
Verlangen nach Diskurs, an theoretischem Background, unproportional steigt, und
hier dieses Vakuum am stärksten gespürt wird. In dieser Spannung zwischen der
Nichtexistenz von theoretischer Auseinandersetzung im Verhältnis zur Länge der
Zeit, die man in dieser Stadt verbracht hat. Wenn diese beiden Achsen stärker aus-
einanderdriften wird dieses Bedürfnis stärker formuliert werden. Und ich bin
gespannt ob sich an dieser Stelle Institutionen bilden werden, oder wie sich an dieser Stelle konkrete Reaktionen ausformen werden.

CR: An Berlin ist auch interessant, daß es gewisse Institutionen nicht gibt, weniger
Gebäude oder Orte, sondern Diskussionsformen. Von einer größeren Auswahl an
Kunstzeitschriften bis zu Diskussionsveranstaltungen, Lesungen, Symposien, etc.
Offene Foren für diese Form theoretischer Auseinandersetzung. Solche Formen gibt
es in Berlin zu weiten Teilen nicht, oder wenn dann nur punktuell, ohne Kontinuität.
Auch wenn diese Formen in anderen Städten deutlich zeigen, daß sie veraltet sind,
decken sie dennoch einen Bedarf ab, der in Berlin unbeantwortet bleibt. Daraus
ergibt sich für Berlin ein Problem und eine Chance. Das Problem ist, daß bestimmte
Bedürfnisse nicht abgedeckt werden, die Chance besteht darin, zu erkennen, wie
unfähig, überholt, veraltet, eingeschränkt diese Formen oft sind. Ähnliches läßt sich
an anderen gesellschaftlichen Bereichen beobachten. Es gibt ja auch kaum mehr
relevante, wirksame Formen von Demonstrationskultur. Die Formen, Floskeln und
Symbole, die oft noch aus der Zeit der Studentenunruhen stammen, haben heute
komplett ihre Wirkungsmacht verloren. Vielleicht ist also die Frage falsch gestellt:
Vielleicht muß festgestellt werden, daß ein regelmäßiger Abend oder Ort für theoretische Auseinandersetzungen und Diskussionen, wie es zum Beispiel das Depot in
Wien, oder die Veranstaltung Reclame in New York zu gewährleisten versuchten,
wie es die Kunst Werke sehr früh einmal versucht haben, zu Formen gehören, die
heute havariert, auf Grund gelaufen sind, was im Moment zu einer Atempause führt,
bevor neue Formen entwickelt werden können.

MG: Ich habe auch große Vorbehalte gegenüber diesen Formen. Es ist ja nicht so, als ob diese Formen nicht versucht würden. Die sind ja da in den Institutionen, es werden ja Diskussionsrunden angedacht. Das Problem, das ich bei diesen Diskussionsveranstaltungen sehe, ist, daß sie in sich so havariert sind, daß keine offene Struktur mehr aufkommen kann. Es ist eine allgemeine Verhandlung von Positionen, die jeder bereits im Vorhinein kennt. Es geht immer nur um das Verhandeln des bereits Gewußten, nicht um das Moment der Bruchstelle. Das wäre ja auch unangenehm, vor einem gesamten Podium zuzugeben, daß man eine Position zu verlieren hat, daß man an dieser Stelle nicht weiter weiß. Da stoßen wir erneut an das Problem der Interesselosigkeit an der eigenen Bruchstelle. In Bezug auf Berlin stelle ich fest, daß man eher daran interessiert ist, eine Position zu sichern und zu wahren, als dran, einen anderen Schritt zu gehen in einen Bereich, der das eigene Denken erschüttert und einen neu Havarie feststellen, muß vielleicht ein denken läßt. Es geht also zwar darum, die Form in den Institutionen zu denken, aber wenn wir dort die Rückzug aus den Institutionen zurück in einen Freundeskreis neu gedacht werden. Eine Bewegung zurück in die Gruppen, in denen genau dieses Moment als Wert geschätzt wird. In denen ich auch das Gefühl entwickeln kann, daß es möglich ist diesen Bruch in mir zu vollziehen, ohne daß es unmittelbar im Sinne einer Machtausübung gegen mich verwendet wird.

CR: Ich möchte noch einmal zu den Formfragen zurück. Ich glaube es ist interessant festzustellen, daß in Berlin lange um diese Formfrage gerungen wurde, um die Frage nach einem Berliner Stil, der sich aber immer als Stil und nicht als Formfrage ausgedeutet hat. Es hat sich eine gewisse adoleszente Gegenkultur als Stil herausgebildet, die jedoch nicht formal, im strikten Sinne, hinterfragt wurde. Es wurde keine rigorose Auseinandersetzung mit der Form, in der sich der neue Berliner Stil präsentiert, geführt, so daß es keine Möglichkeit gab, an die Brüche dieser Form zu geraten. Wie könnte also eine Übersetzungsleistung aussehen, die diese Formfragen aus dem Freundeskreis zurück in die öffentliche Debatte übersetzt. Oder kann dies nur ganz langfristig, in den einzelnen Arbeiten der jeweils beteiligten Künstler geschehen? Ich begreife Formfragen als Fragestellungen im Sinne einer Reflexion der eigenen Produktionsbedingungen. Wenn diese Produktionsbedingungen zur Zeit zurück ins Private gespiegelt werden, werden solche Fragen damit einer öffentlichen Diskussion entzogen, oder werden diese Fragen nun eben in persönlichen Arbeitsweisen weiterverbreitet, in einem Netzwerk von unterschiedlichen privaten Gruppen, die wie kommunizierende Röhren miteinander in Beziehung stehen?

MG: Natürlich kann ich auf der einen Seite einzelne interessante Entwicklungen feststellen, wenn ich an Albrecht Schäfer denke, der sehr konsequent auf eine sehr klare Formentwicklung hinarbeitet. Auf der anderen Seite ist es interessant, daß du alle drei Begriffe wieder erwähnst: Das Öffentliche, das Private, und eben das Persönliche, was ich für mich, in meiner Begrifflichkeit, inmmer als genau jene Zwischenebene verstanden habe. Anstelle dieser freiflottierenden privaten Clubs, aus denen sich ab und zu etwas herausbewegt, das dann mit einem anderen privaten Kontext kollidiert, gibt es diese Zwischenebene, die eminent wichtig wird. Indem die Reflexionsebene einen Abstand zu dem Privaten herstellt, dieses verläßt, und eine Differenz herstellt zu dem eigenen Kontext. Das heißt aber noch nicht unmittelbar in einen öffentlichen Diskurs zu treten, sondern nur eine Differenz zum Eigenen herzustellen. Dies ist eine Ebene, auf der sich sehr wohl in einem ersten Schritt der Diskurs erweitern ließe, ohne dabei sofort die Bezeichnung des öffentlichen Diskurses zu erhalten. Insofern scheint mir dieser Zwischenbereich einer zu sein, der sich am ehesten mit Ideen, wie Markus sie mit seiner Ausstellung realisiert, verbindet. Daß dieses Moment des Persönlichen bedeutet, eine Reflexionsebene in Bezug auf einen eigenen Kontext zu schaffen, die eine Dimension hat, in dem die nur privaten Befindlichkeiten nichts mehr zu suchen haben und in Bezug auf eine weitere Auseinandersetzung und den weiteren Formwillen keine Rolle mehr spielen.

Gunter Reski

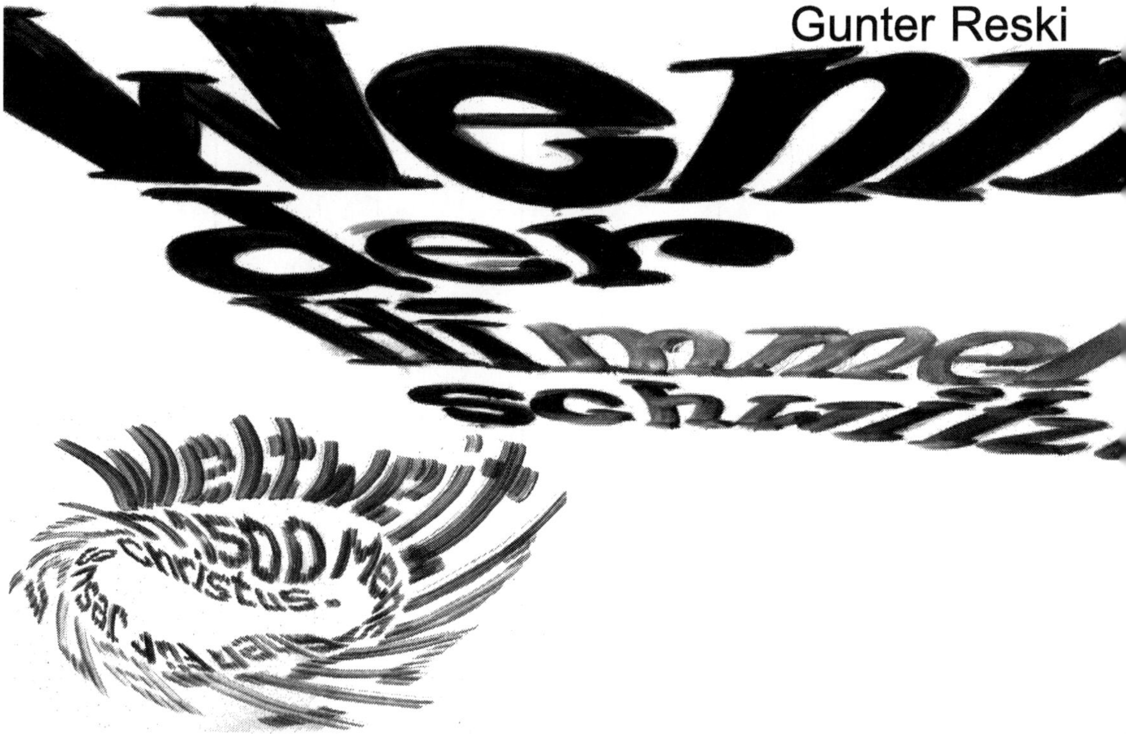

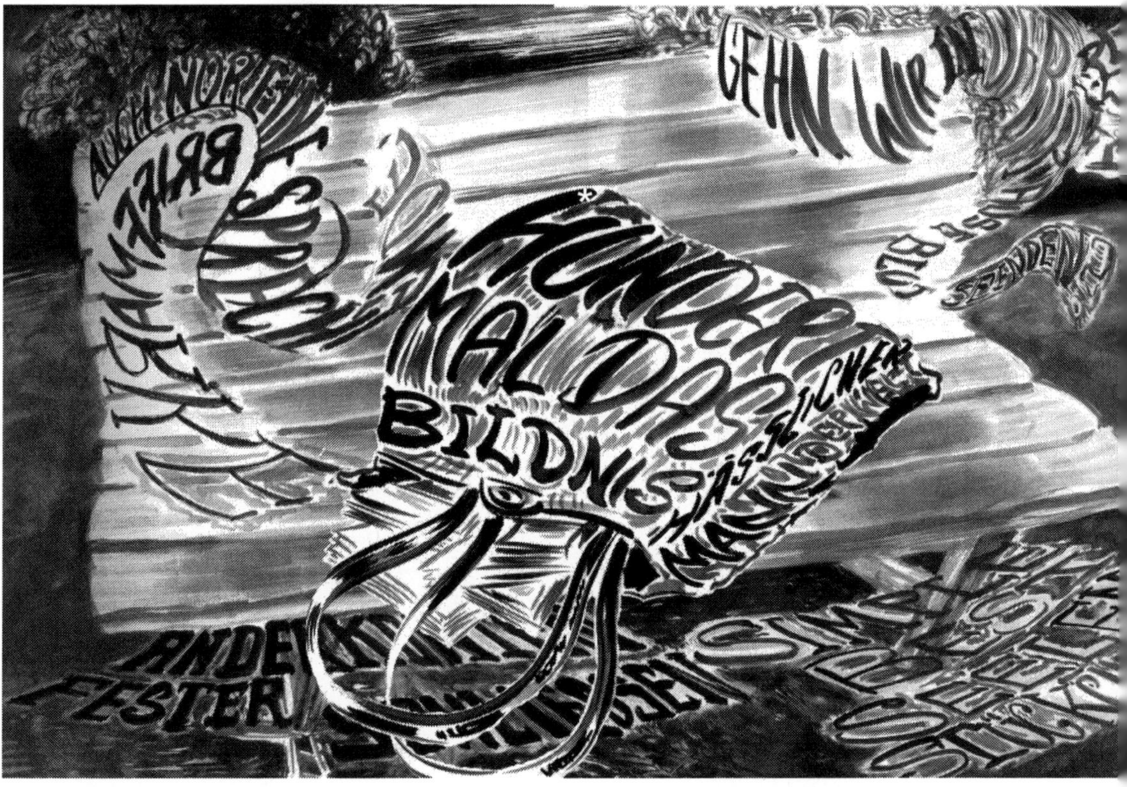

Parkbank mit Gespräch Tusche / Papier 29x42 cm 2000

(*Zitat Spendenquittung: Waffenlobbyist K.Schreiber
an die CDU über die Zuwendung von 100 000 DM)

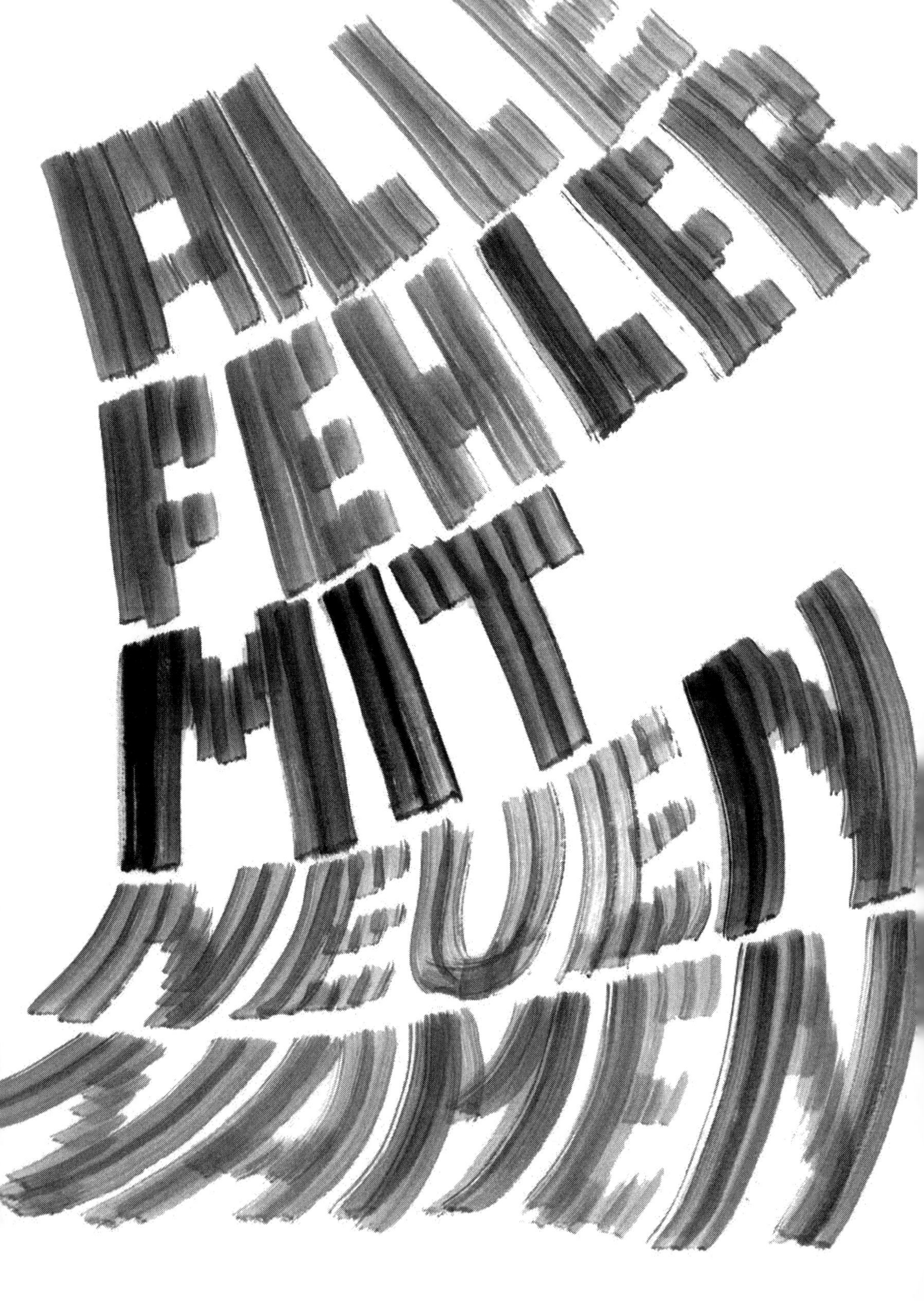
FEHLER
FEHLT
MUT

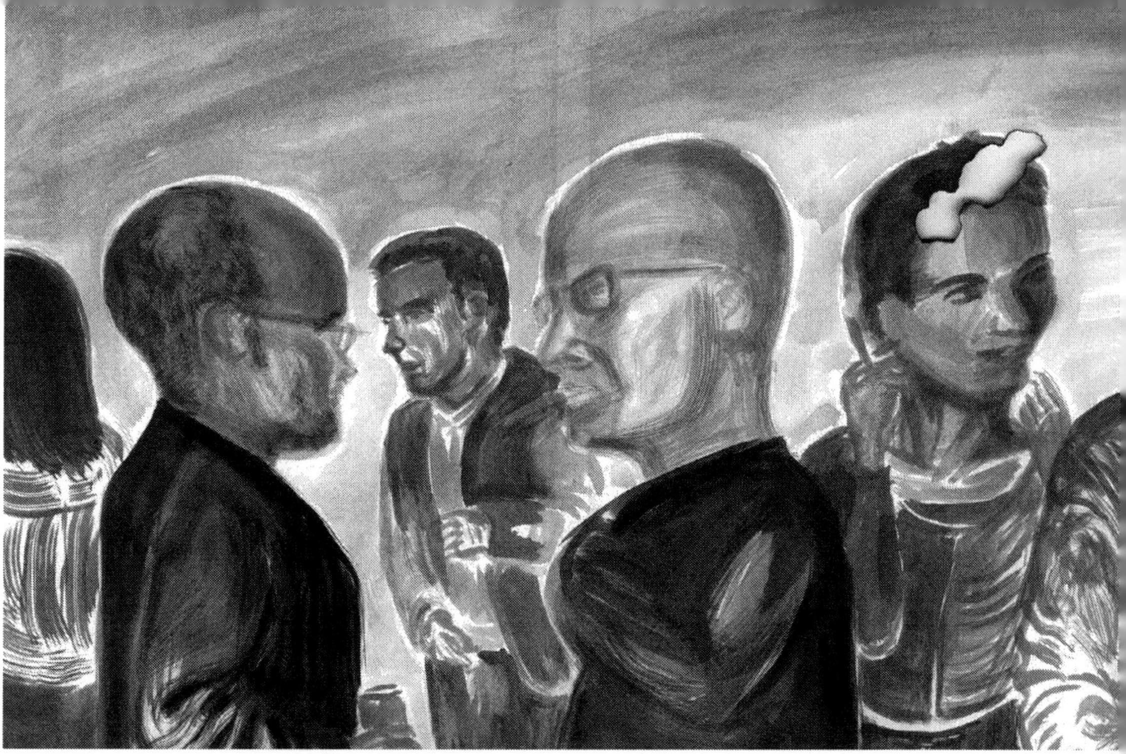

Besucher Tusche / Papier 29x42 cm 1999

Volkspolizist mit Gedicht von Volker Braun („Meine Damen und Herren") als Geweih Tusche / Papier 29x42 cm 2000

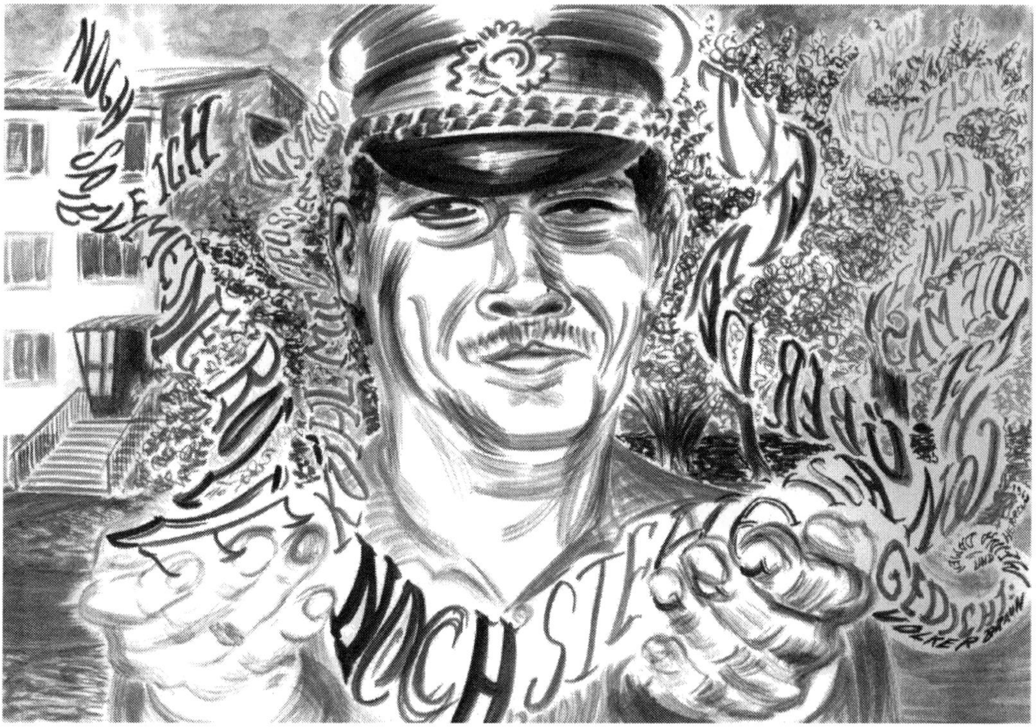

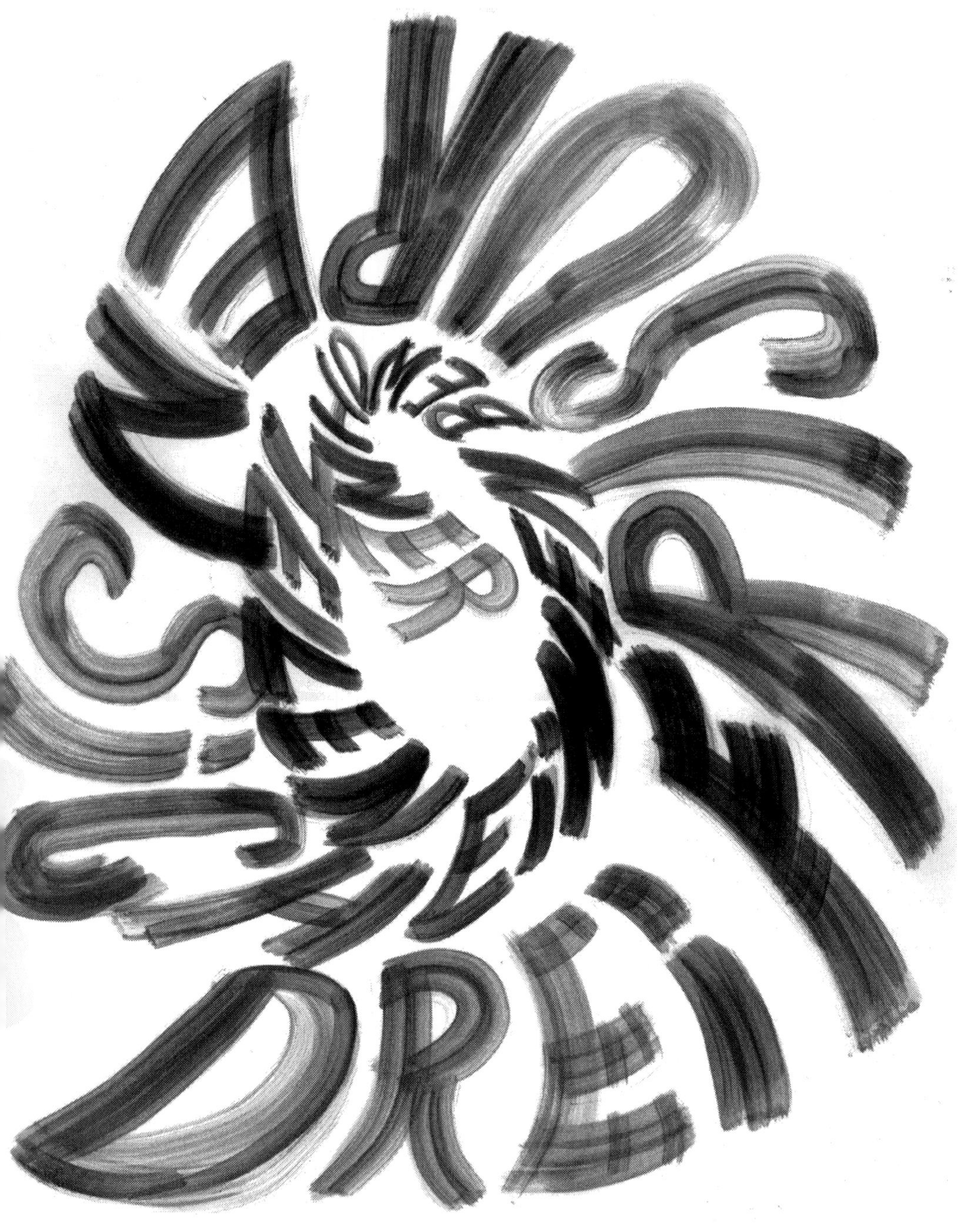

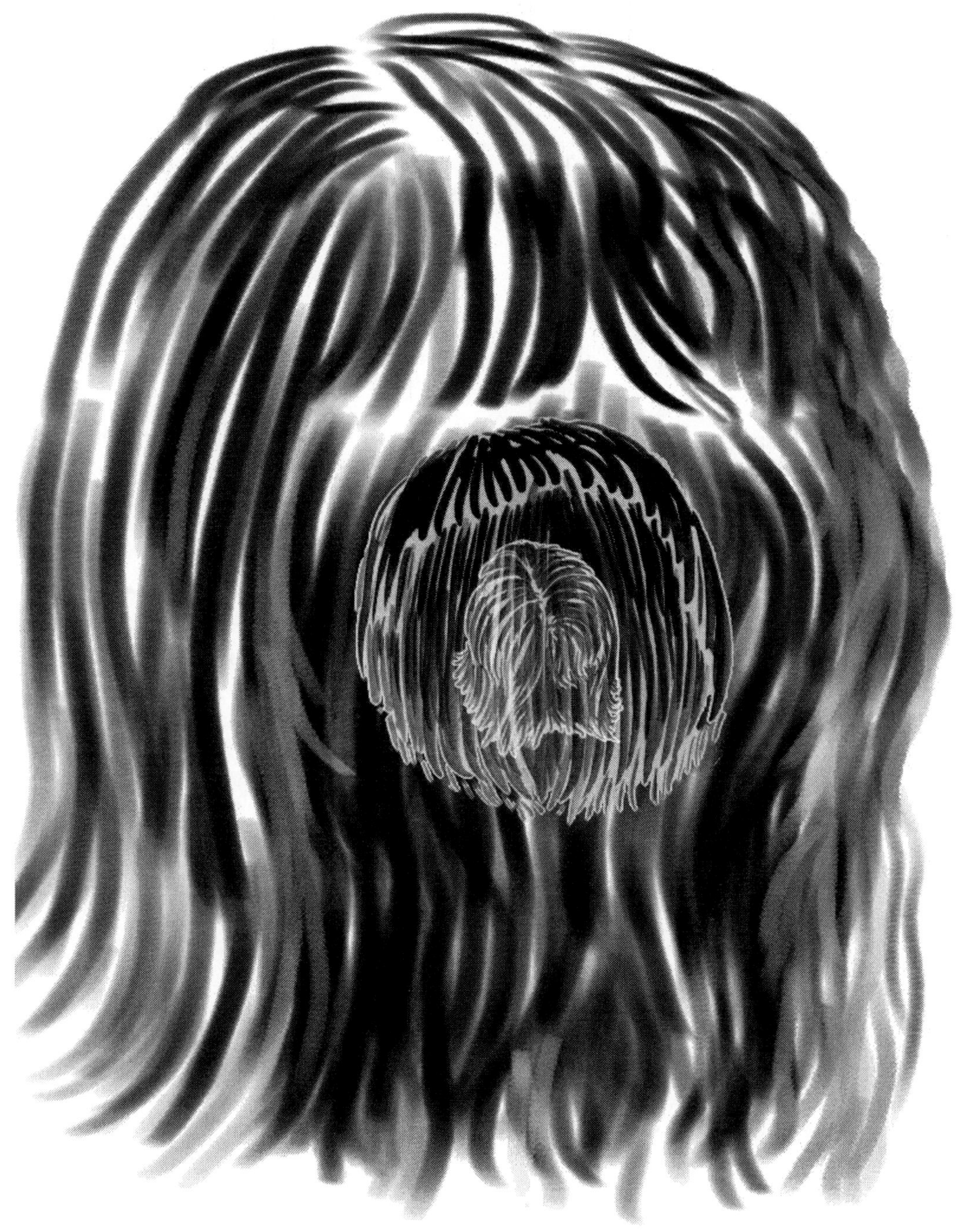

ohne Titel Tusche / Papier / Pixel 42x29 cm 2000

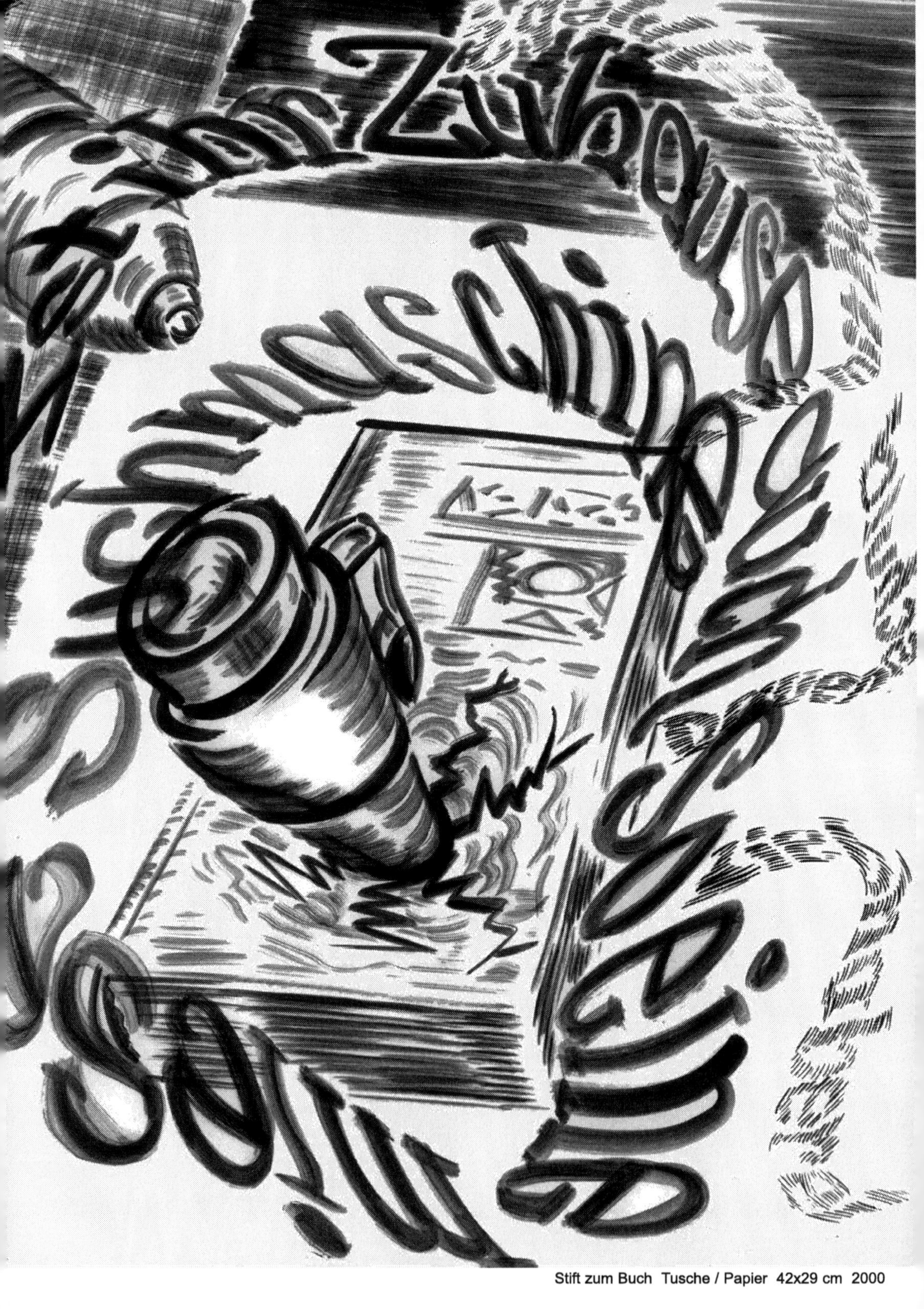

Stift zum Buch Tusche / Papier 42x29 cm 2000

Ralf Ritter

Just dropped in

Yeah,yeah,oh yeah, what condition my condition was in

I woke up this morning with the sun there shining in
I found my mind in a brown paperbag, but then
I tipped on a cloud and felt eight miles high
I told my mind on a jagged sky
I just dropped in to see what condition my condition
was in

Yeah, yeah,oh yeah, what condition my condition was in

I pushed my soul in deep dark hole and then I followed it in
I watched myself crawling out as I was crawling in
I got up so tight I couldn't unwind
I saw so much I broke my mind
I just dropped in to see what condition my condition
was in

Yeah, yeah, oh yeah, what condition my condition was in

Someone painted April fool in big black letters on my dead inside
I had my foot on the gas as I left the road and blew out my mind
Eight miles out of Menphis and I got no square
Eight miles straight up downtown somewhere
I just dropped in to see what condition my condition was in
I say I just dropped in to see what condition my condition was in

Yeah, yeah, oh yeah

Kenny Rogers

Albrecht Schäfer

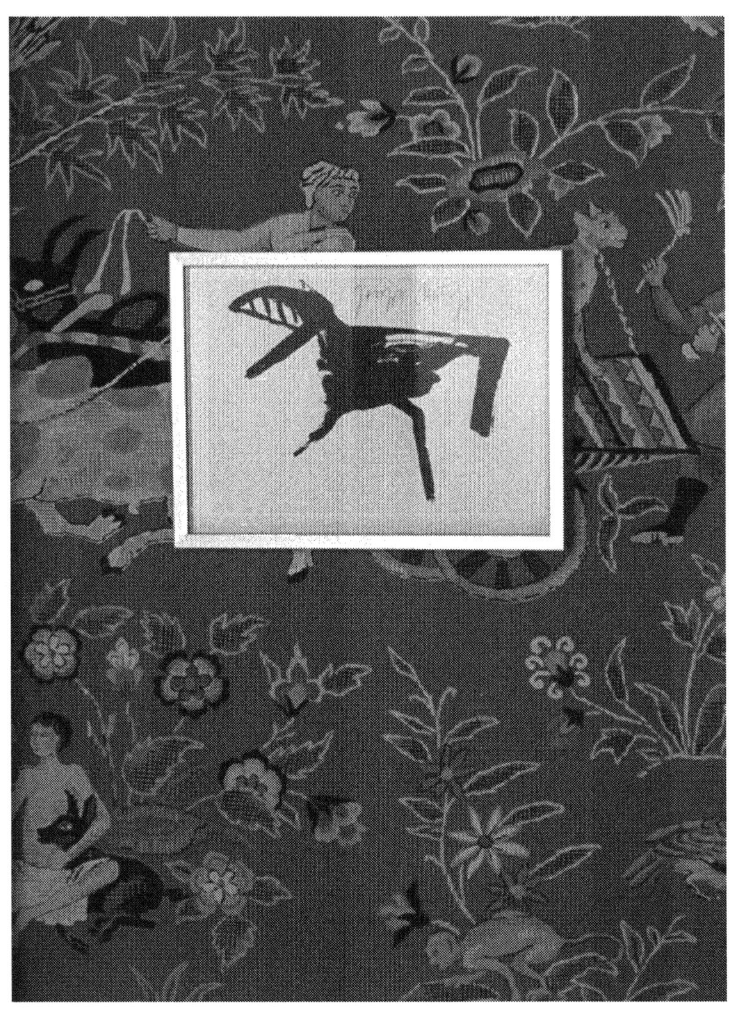

Joseph Beuys »Braunraum« Offset signiert ca. 1980   Tapete mit buddhistischen Motiven

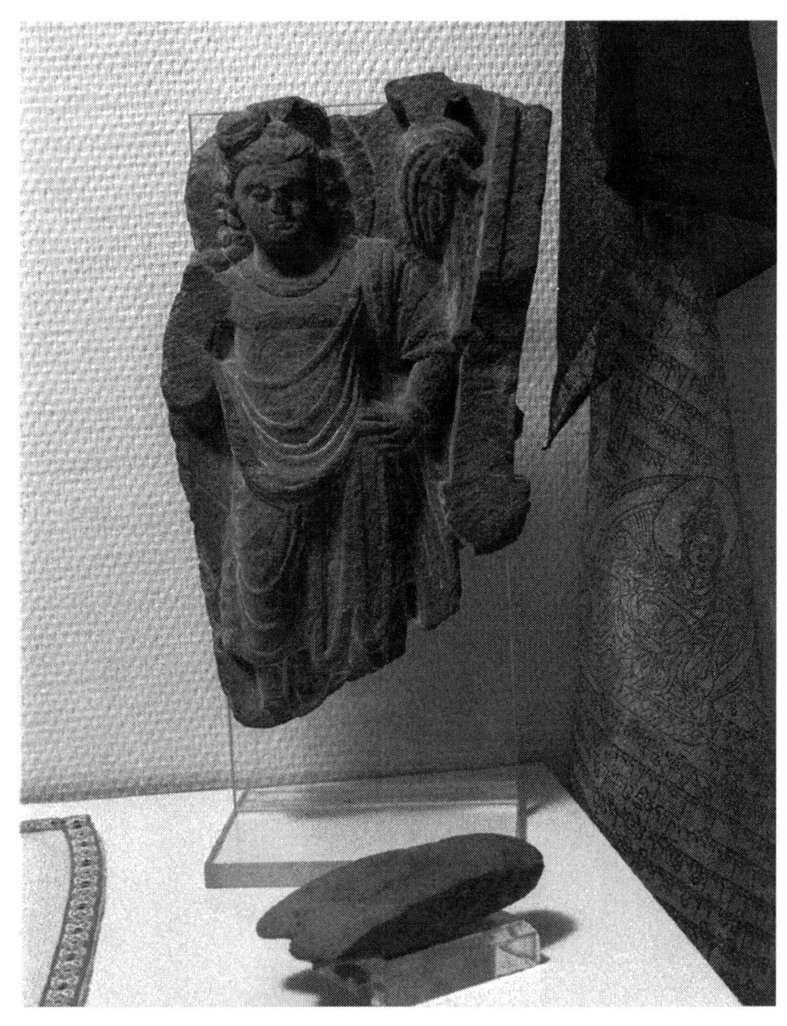

(1) Gandhara-Fragment weibl. buddh. Gottheit Pakistan Stein 2.Jh. n. Chr.   (2) Steinbeil Ostseeraum 2.Jahrt. v. Chr. (3) Gebetsfahnen aus Nepal

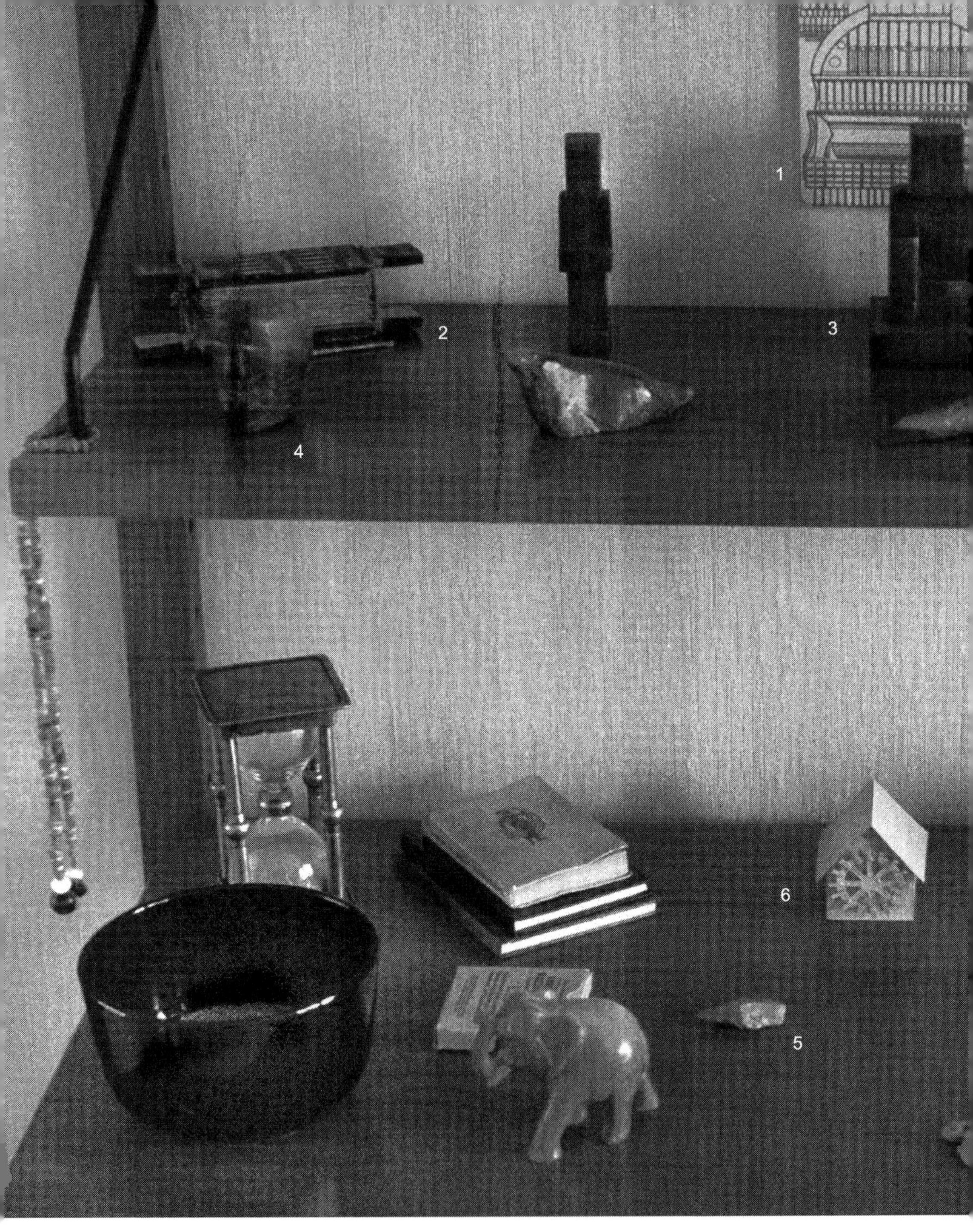

(1) Eduardo Paolozzi Keramikfliese   (2) Spielkarten Ifugao Philippinen 19.Jh.   (3) Hans Stein-brenner kl. Bronzen 70-er Jahre   (4) vordere Reihe: Eskimo- und Indianerkunst   (5) Speerspitze Sahara 2500 v. Chr.   (6) Katharina Fritsch »Mühle« Entwurf Pappe/Farbe 1978

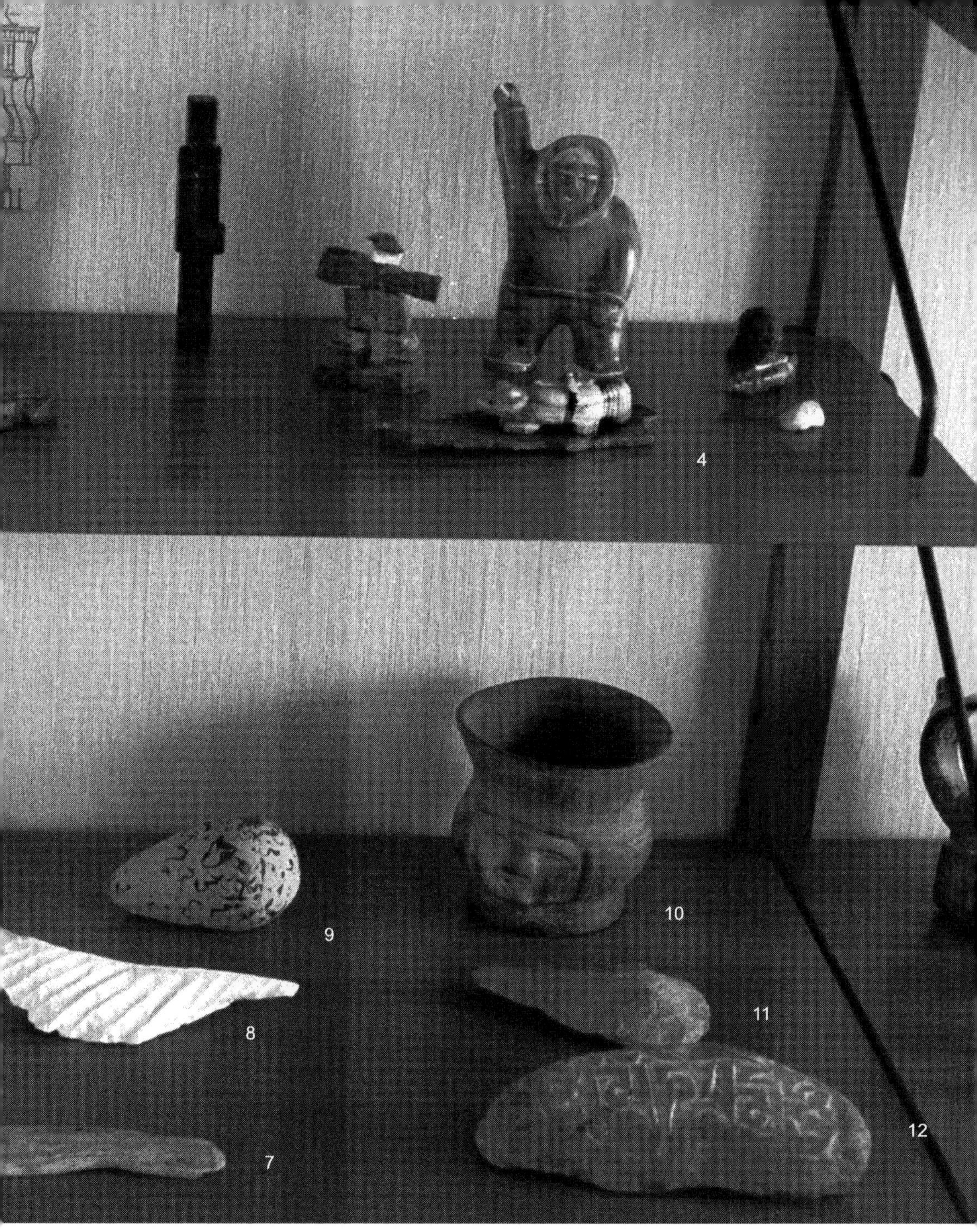

(7) Werner Hartmann »Miami Beach« Holz / Tusche 1988   (8) Regina Dold »o.T.« Gips 1997
(9) Regina Dold »Trottellummenei« Gips/Farbe 1997   (10) Vase Bolivien 15.Jh.   (11) Faustkeil
80.000 v. Chr.   (12) Gebetsstein Nepal 20.Jh.

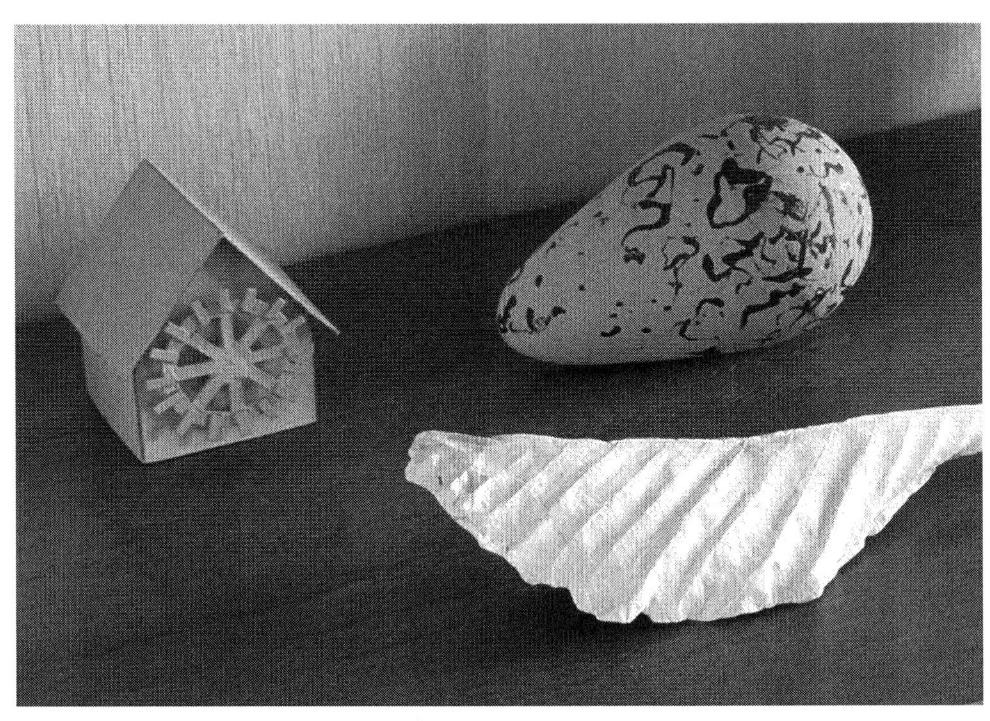

(1) Katharina Fritsch »Mühle« Entwurf Pappe/Farbe 1978   (2) Regina Dold »Trottelummenei«
Gips/Farbe 1997   (3) Regina Dold »o.T.« Gips 1997

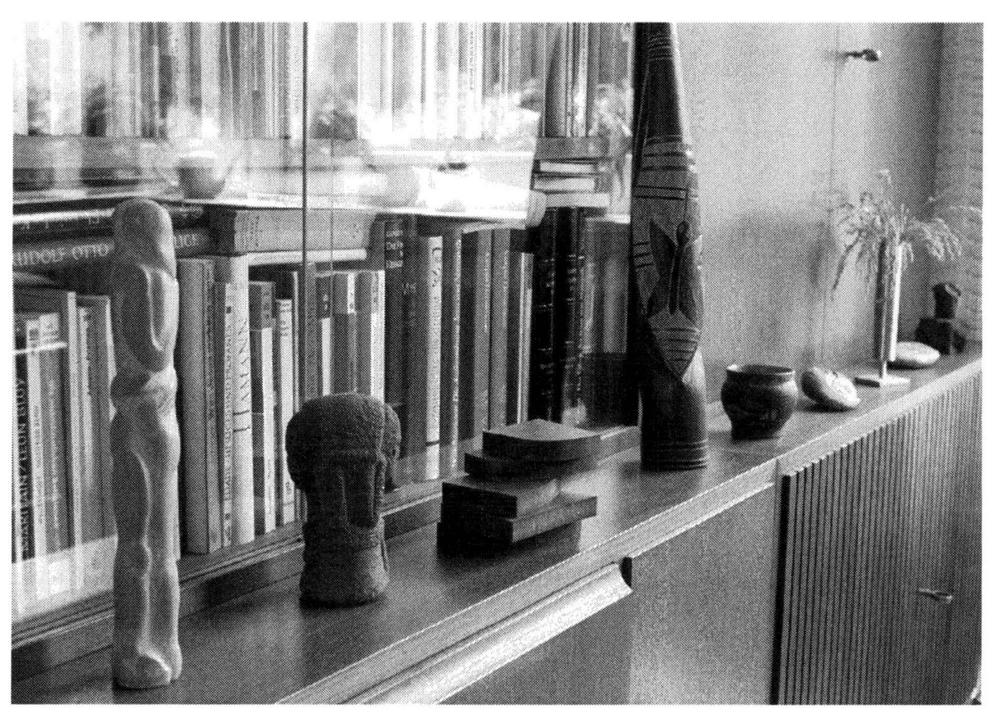

v.l.n.r. (1) Christoph Krause »Das Paar« Kunsstoffguß ca. 1975   (2) Nok-Keramik Mann-Frau-Darstellung 100 v.Chr.   (3) James Reineking »Gartenbeet« Modell für eine Eisenskulptur Holz/ Farbe ca. 1990   (4) »Todesvogel« Aborigine-Kunst Holz/bemalt   (5) Christa Krause Keramik-Vase ca. 1982   (6) Willi Holderid »Erdlabyrinth« Stein ca 1995

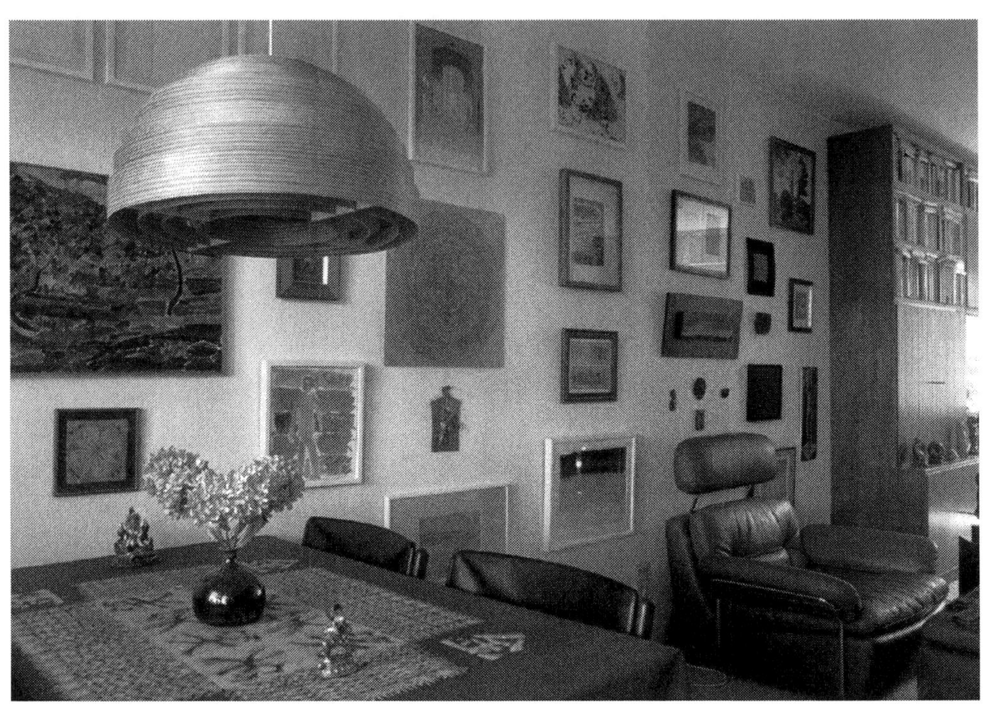

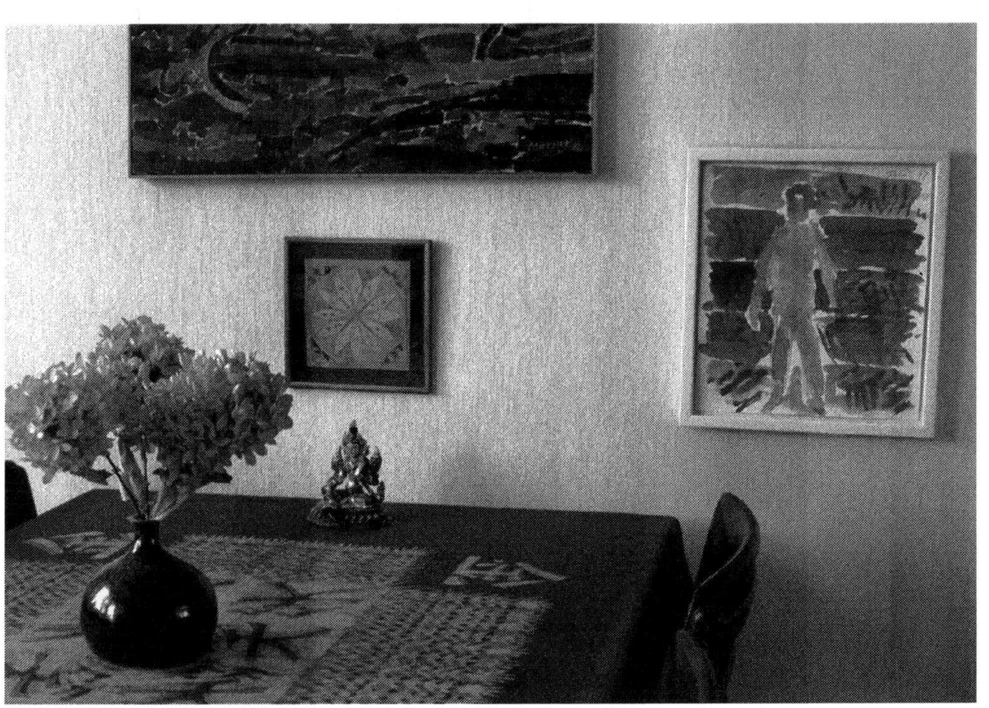

v.l.n.r. (1) Gerhard Matzat »Weinlaub« Öl/Lw 1962   (2) Gundalini Yoga-Darstellung Indien 18.Jh.   (2) »Grüne Tava« Patam-Bronze Nepal Anf. 20.Jh.   (3) Günter Förg »o.T.« Aquarell 1998

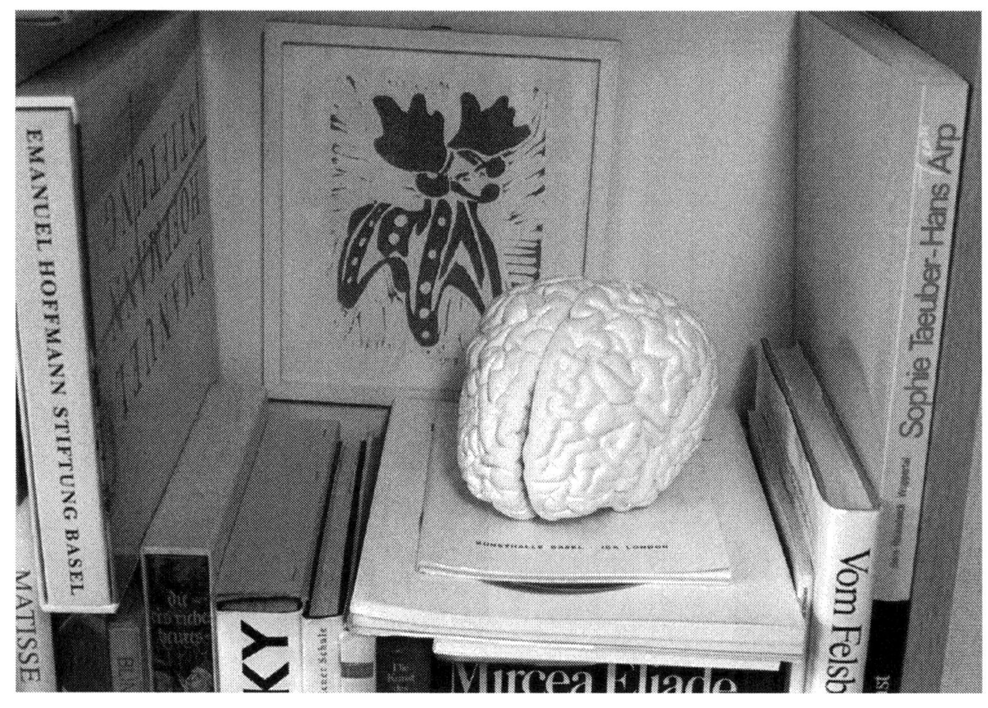

Awietta Rogoshina »Russ. Spielzeug« Holzschnitt 1966   Katharina Fritsch »Gehirn« Gips 1982

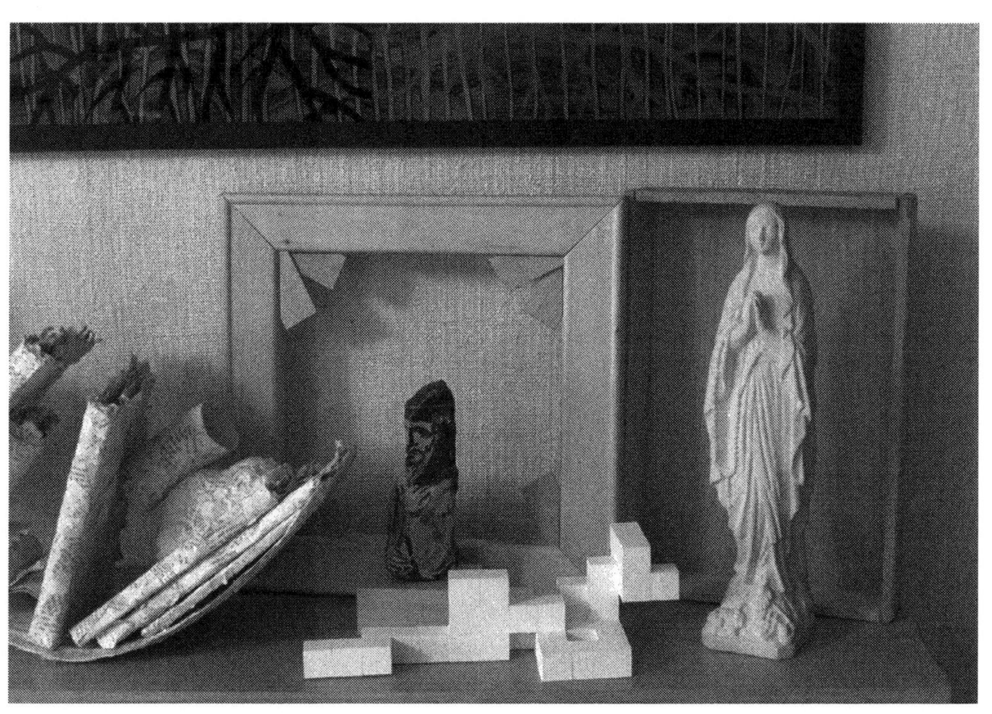

v.l.n.r. (1) Andreas v. Weizsäcker »o.T.« Papier 1987   (2) Imi Knoebel »Holzkeilrahmen« Holz 1991   (3) Hermann de Fries »Zufallsstruktur« Holz/Farbe 1995   (4) Wolfgang Kappis »Prophet« gefundener Stein/Farbe 1996   (5) Joseph Beuys »Intuition« Holz/Bleistift 1968   (6) Katharina Fritsch »Madonnenfigur« Gips/Farbe 1982

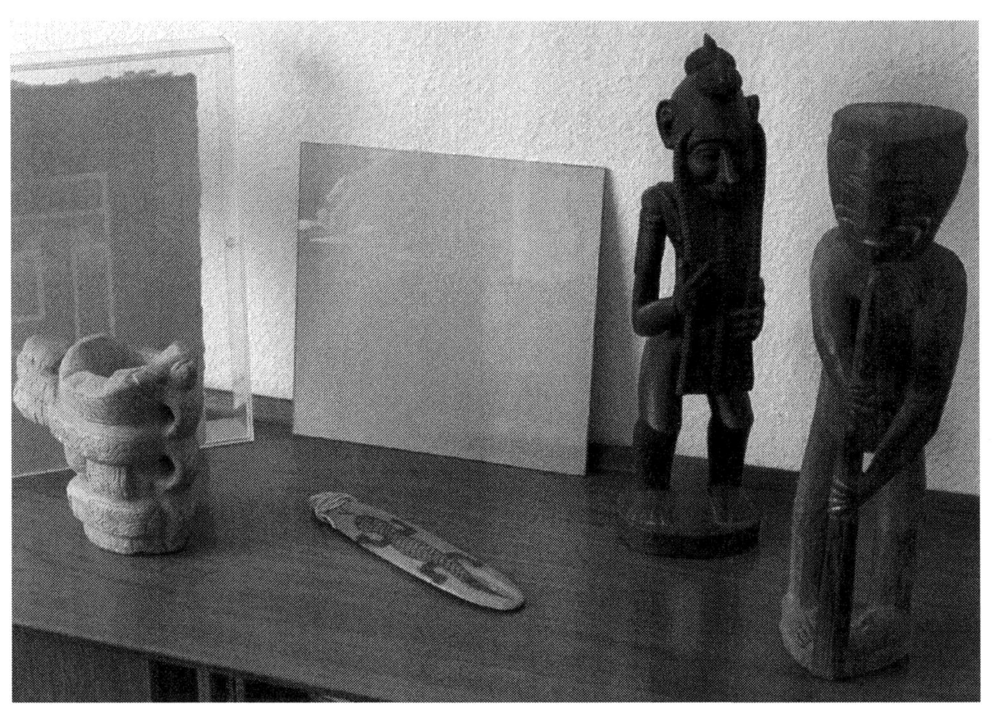

v.l.n.r. (1) Ian Tyson »Wasserzeichen« Papier ca. 1975   (2) Ritual-Kanne Bolivien Terracotta 20. Jh.   (3) Wolfgang Laib »Blütenstaub von Kiefern« Blütenstaub / Glas 1982   (4) Schwirrholz Australien Aborigine-Kunst Anf. 20.Jh.   (5) Würdenträger Senufo Afrika Holz 20. Jh.   (6) Ahnen-Figur Asmath Irianjaja (Indonesien) Holz 19.Jh.

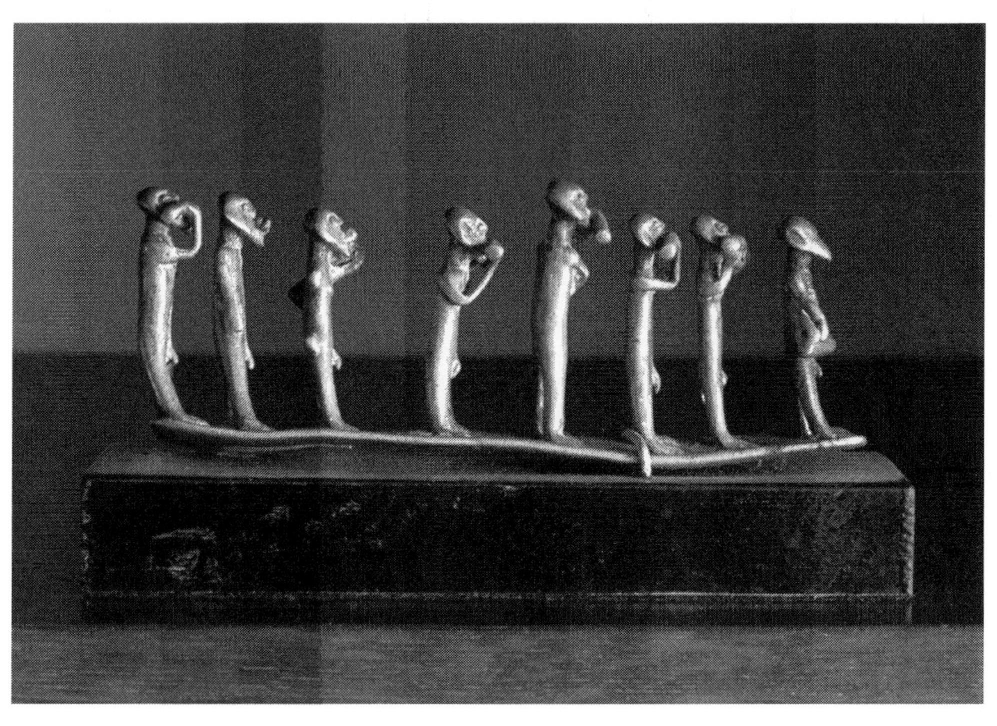

Goldgewicht Akam Afrika Bronze 19.Jh.

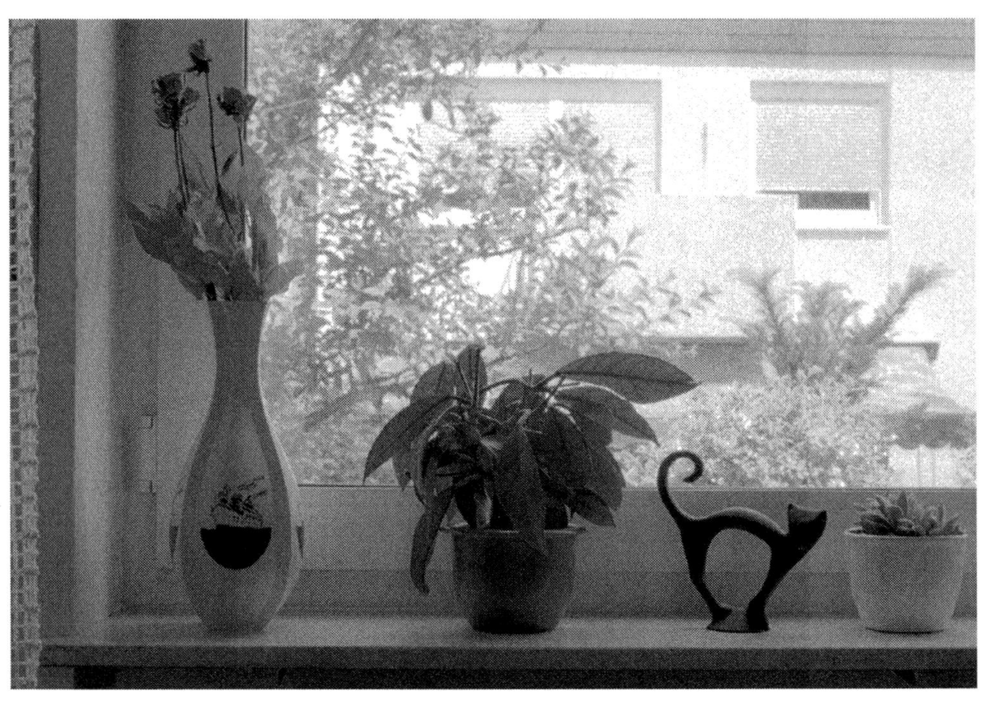

Katharina Fritsch »Vase mit Schiff« Kunststoff 1987/88   Katharina Fritsch »Katze« Kunststoff 1981/89

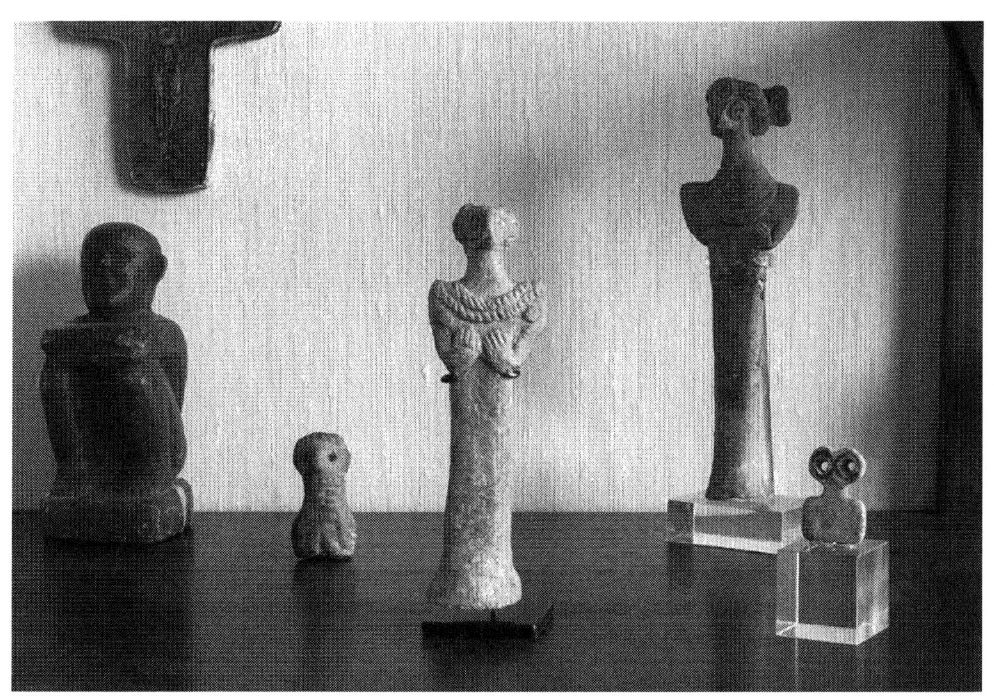

v.l.n.r.   (1) »Bullul« Regengott-Figur Ifugao Philippinen Stein 19.Jh.   (2) Vogelkopfidol Syrien Terracotta 2000 v. Chr.   (3) Vogelkopfidol Syrien Terracotta 2200 v. Chr.   (4) Vogelkopfidol Syrien Terracotta 1500 v. Chr.   (5) Augenidol Syrien Stein 4. Jahrt. v. Chr.

Die Aufnahmen in der Sammlung W.U.B. entstanden im Februar 1997 und im Juni 2000 in Frankfurt/Main. Die Sammlung umfaßt neben zeitgenössischer Kunst auch Objekte aus ganz unterschiedlichen Kulturen und Epochen. Ein Großteil der Bilder und Objekte neuerer Kunst wurde nach persönlichen Begegnungen mit den Künstlern erworben oder kam als Geschenk in die Sammlung. Die Objekte fremder Kulturen stehen meistens in Beziehung zu Reisen, die neben dem Studium der Kultur des jeweiligen Landes besonders dem Bergsteigen gewidmet waren.

Die über mehrere Jahrzehnte hinweg entstandene Sammlung ist nicht nach klassischen Stilen oder Epochen geordnet. Sie spiegelt vielmehr das Interesse des Sammlers, durch Gruppierungen und Gegenüberstellungen der Bilder und Objekte, inhaltliche Verbindungen zwischen verschiedenen künstlerischen und kulturellen Ausdrucksweisen herzustellen.

Fotografien: Albrecht Schäfer

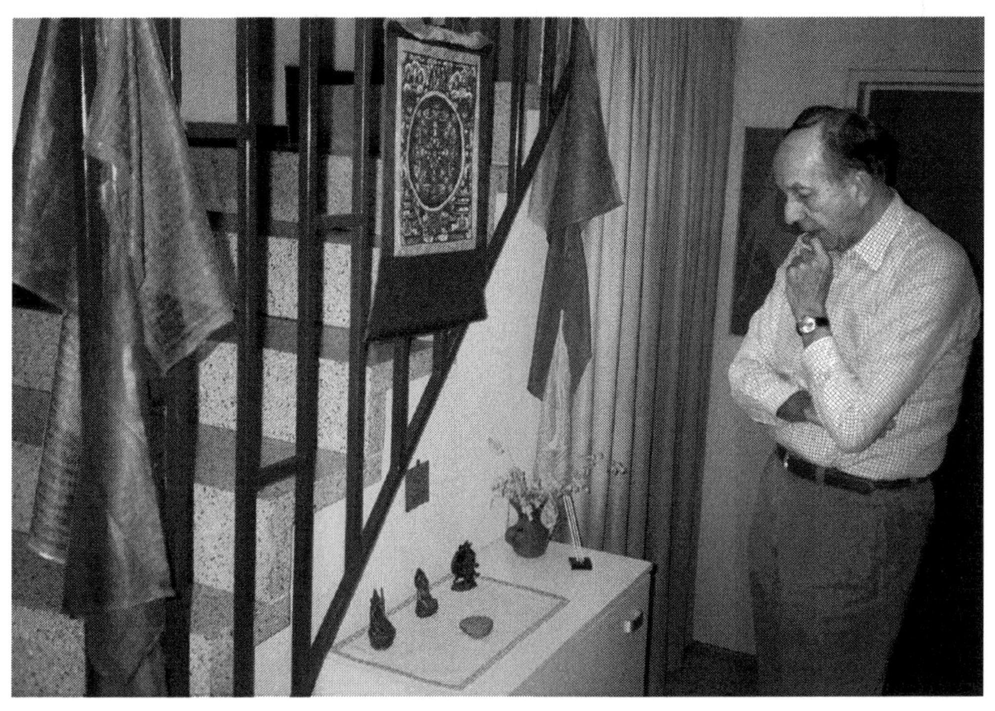

Anatolij Shuravlev

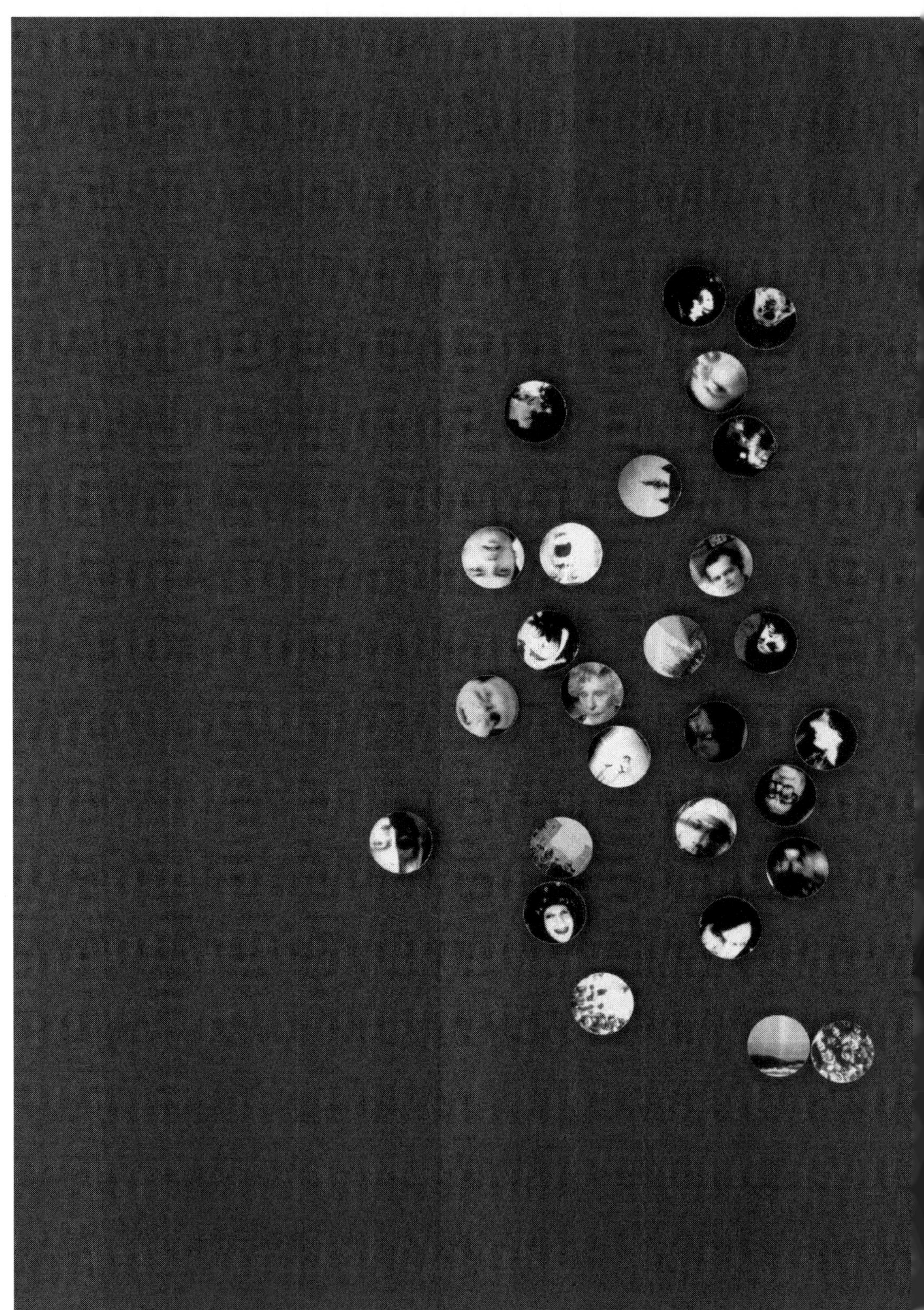

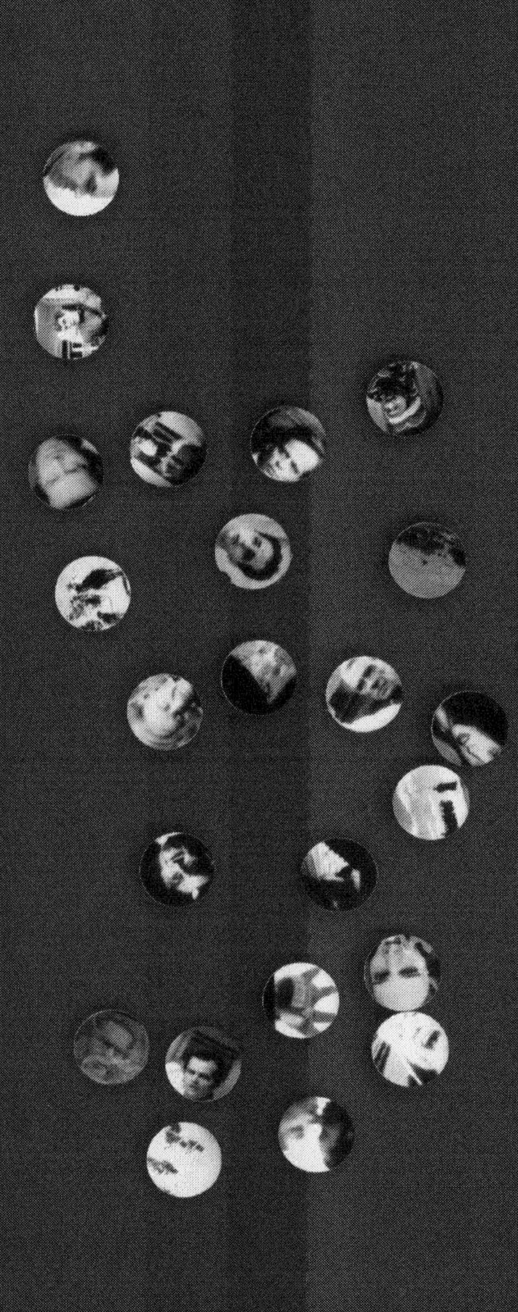

50 Photographien
in Originalgröße reproduziert

Nada Sebestyén/
Markus Lepper

Wasser

„'Gehen wir rein?' - Ich stürzte mich hinein. Er ging langsam ins Wasser und ließ
sich erst fallen, als er keinen Boden mehr unter den Füßen hatte. Das Wasser
war kalt und ich freute mich, daß ich schwamm. Draußen legten wir uns auf den
Rücken, und von meinem Gesicht, das dem Himmel zugewandt war, nahm die
Sonne die letzte Nässe, die mir in den Mund floß." So beginnt der sechste und
letzte Abschnitt im ersten Teil der Erzählung Der Fremde (1940) von Albert
Camus. Die Sonne Algiers, das unerbittliche Schlagen der Wellen und der
glühend heiße Sand korrespondieren mit der Härte und Klarheit einer Geschichte,
in der ein junger Franzose durch einen 'lächerlichen Zufall' zum Mörder wird. Die
Ereignisse, von denen im ersten Teil berichtet wird, stehen beziehungslos neben-
einander, bis der Mord an einem Araber geschieht, der sie miteinander verknüpft.

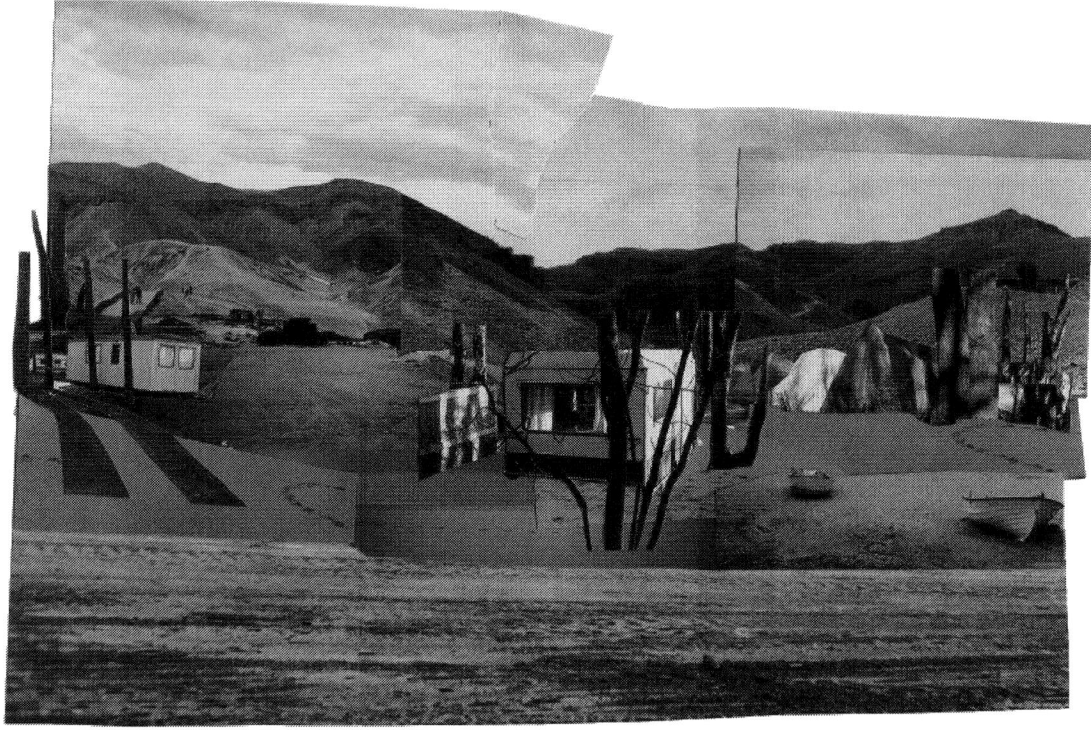

„Die Sonne fiel senkrecht auf den Sand, und ihr Flimmern auf dem Meer war
fast unerträglich. Wir gingen ans Wasser und dann am Wasser entlang. Ab
und zu näßte eine kleine Welle, die länger war als die anderen, unsere
Segeltuchschuhe." Nach einer ersten handgreiflichen Auseinandersetzung mit
zwei Arabern, „die Sonne war jetzt drückend heiß. Sie brach sich auf dem
Sand und auf dem Meer." - erreichen der Protagonist und seine Freunde am
Ende des Strandes „eine kleine Quelle, die hinter einem Felsblock ins Meer
floß. Hier stießen wir auf unsere beiden Araber. Sie lagen mit ihren öligen
Arbeiteranzügen im Sand. [...] Wir sahen einander an, ohne den Blick zu sen-
ken, und alles wurde unbeweglich zwischen Meer, Sand und Sonne." Die
Erzählung nimmt eine Wende, als sich der Ich-Erzähler alleine zum Strand

aufmacht und die Wanderung wieder aufnimmt: „Immer noch dasselbe grellrote Leuchten. Auf dem Sand der Atem des Meeres mit den kurzen, verhaltenen Zügen seiner Wellen. [...] Schon seit zwei Stunden schien der Tag stillzustehen, seit zwei Stunden war er in einem Ozean aus kochendem Metall vor Anker gegangen." Er trifft auf den Araber: „Vom Meer kam ein starker, glühender Hauch. Mir war, als öffnete sich der Himmel in seiner ganzen Weite, um Feuer regnen zu lassen. Ich war ganz und gar angespannt, und meine Hand umkrallte den Revolver. Der Hahn löste sich, ich berührte den Kolben, und mit hartem, betäubendem Krachen nahm alles seinen Anfang."

In der Physiognomie des Wassers, vom leichten Wellenschlag bis zur flirrenden Wasseroberfläche, spiegelt sich die Psyche des Protagonisten bei Camus.

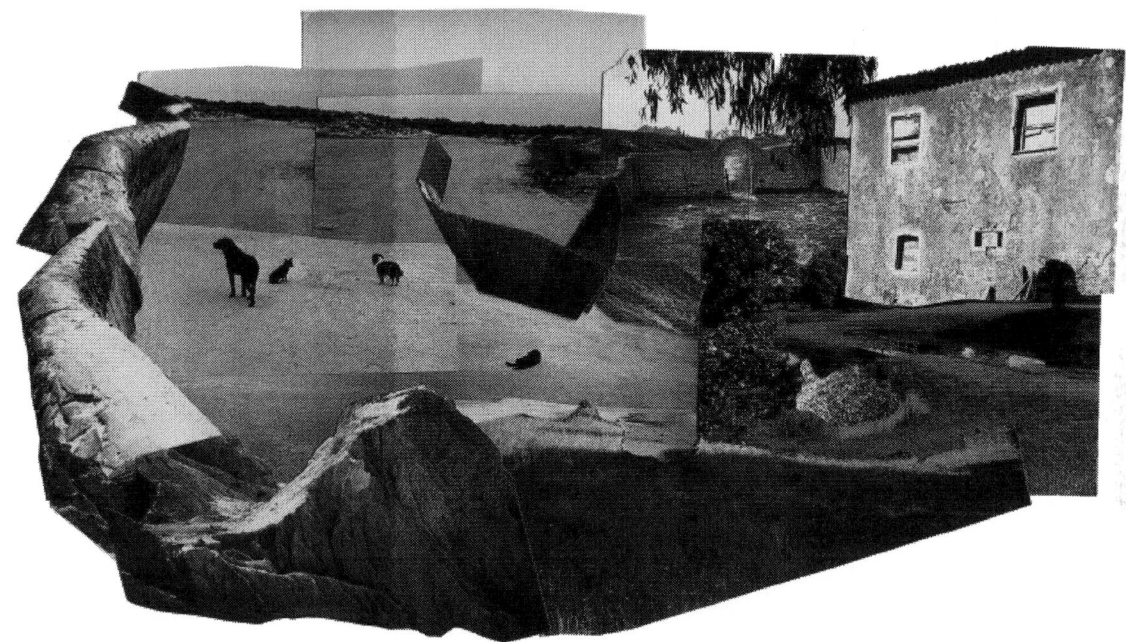

Das Wasser trägt, ebenso wie das Feuer (bei Camus in Form der Sonne), den Dualismus von Leben und Tod in sich. Es macht biologische Existenz überhaupt erst möglich, doch die dauernde Abwesenheit macht Dürre, Hungersnot und Verdursten; ein anhaltender Überfluss erzeugt Sturmfluten, Überschwemmung und Ertrinken.

Denkbar unterschiedliche kulturgeschichtliche Koordinaten umschifft Nada Sebestyén mit ihren Arbeiten. Das Thema Wasser taucht in ihrem Werk seit Jahren immer wieder auf: Haus am Stausee (1997) als zentrale Arbeit, Wasserfall (1996) aus einer langen Bettdecke, die vom Fenster aus in den Raum hineinließt oder das Kleid Belle Atlantic (1998) aus blauem, wallenden Stoff. Zu allererst jedoch das Papierobjekt Schwimmbecken (1991). Auch unfreiwillig prägt das Wasser ihre künstlerische Arbeit: ein Wasserschaden im Berliner Lager oder eine vom Regen zerstörte Zeichnung in der Kunsthalle Gießen. Die Künstlerin tritt Ende 1999 eine Reise nach Ägypten an: Eine Nilkreuzfahrt, die Gewänder der Nubier, die entrückenden Pyramiden, Turbulenzen in Kairo und das Gepräge einer weitaus älteren Reisegesellschaft. „Drinnen, also auf dem Schiff, war Europa und draußen Afrika." Die unüberwindbare Verschiedenheit dieser unterschiedlichen Welten beschreibt sie als die eindringlichste Erfahrung. Sie zeichnet an Bord des Schiffes. „Der Fluß ist breit und schnell und weit, lang, dunstig." Sie dokumentiert Besuche und Besucher bei den Pyramiden mit der Super-8-Kamera und trifft die Entscheidung, aus der Plane, die im Atelier liegt, etwas zu machen, was mit dem Wasser und dieser Fahrt

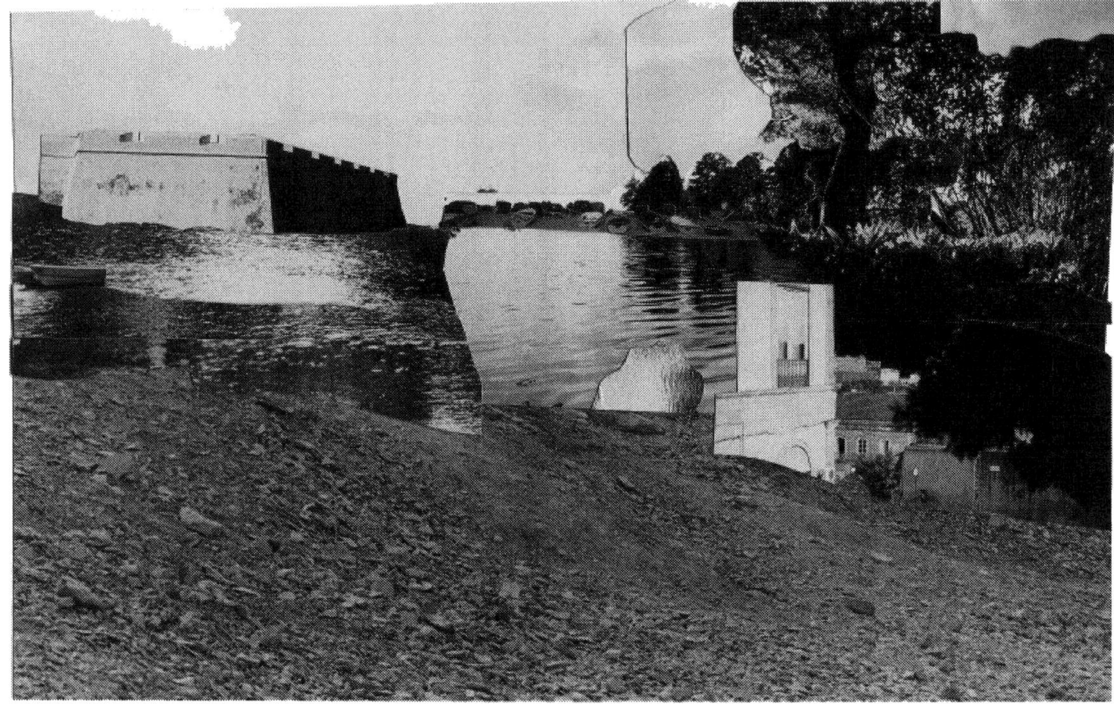

auf dem längsten Fluß der Erde zu tun hat. Moses wurde im Schilf am Ufer des Nil gefunden und die Frau „nannte ihn Mose; denn sie sprach: Ich habe ihn aus dem Wasser gezogen." (2. Mose 2, 10)

In einem Brief schreibt mir Nada Anfang des Jahres: „Ich habe jetzt die blaue Abdeckung Pool angefangen, ungefähr 4x4 Meter groß, aber vielleicht ist Stoff gerade das falsche Medium. Heute habe ich den ganzen Tag Fotocollagen gemacht, das war aufregend und aufschlußreich." Und bei meinem Besuch im April zeigt sie mir Zeichnungen zu ihrer Arbeit mit dem blauen Segeltuch: „Es gibt den Pool und es gibt die roten Männer. Bademeister oder Feuerwehr. Pool ist Sprungtuch oder Schwimmbeckenhaube oder Teich beim Warten auf Wellen oder Tsunami" [eine Riesenwelle in Japan]. In mehreren Skizzen versucht Sebestyén die unterschiedlichen Funktionszusammenhänge eines solchen Tuches abzuklären. Einmal stehen die Figuren, auf denen die Moving Clothes (1998) präsentiert werden, in einem Kreis um die blaue Plane herum. Die Assoziation zum Sprungtuch, mit dem Feuerwehrleute die Springenden aus brennenden Häusern fangen, liegt nahe. Auch der Gedanke, daß diese Helfer für die Bekämpfung der Gefahren durch Feuer und Wasser gleichermaßen zuständig sind. In der Zeichnung Familie (2000) stehen die Figuren unter dem Tuch und bilden das verdeckte Gerüst für einen See mit bewegter Oberfläche. Und in einer kleinen Fotocollage, dem Blick aus einem der oberen Stockwerke eines Hochhauses, liegt die Plane schließlich zwischen parkenden Autos auf dem Boden und wird mit ihrer angedeuteten krausen

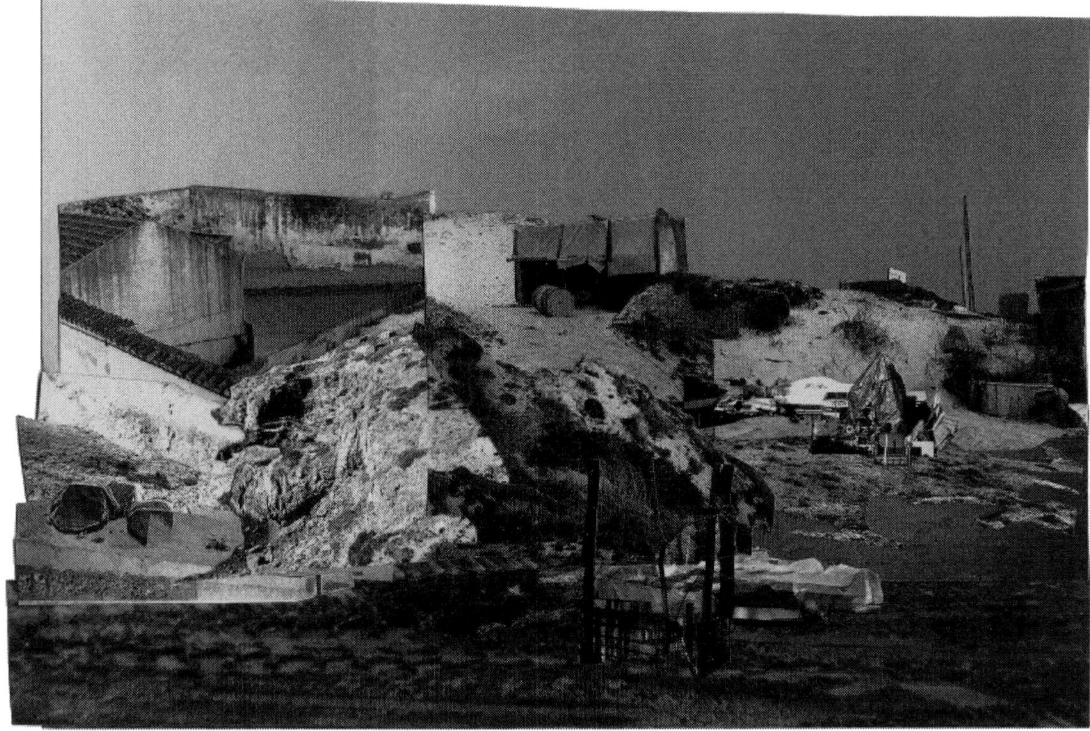

Oberfläche selbst zum Pool, dessen tatsächliche Existenz in diesem innerstädtischen Ambiente jedoch sehr irritierend wäre.

Das Filmmaterial der Reise bearbeitet Nada Sebestyén nach ihrer Rückkehr, sie macht Coverversionen berühmter Lieder von Marilyn Monroe und singt River of no Return in die Videokamera. Für einen Schaukasten fertigt sie im Rahmen eines Ausstellungsprojektes in Berlin den Wasserbehälter Niagara (2000). In der Bildenden Kunst war das Wasser immer eine Herausforderung und seine Darstellung als tosende Allgewalt (etwa bei Turner) oder als kaum bewegte Oberfläche (in den Seerosenbildern von Monet) sind seltene Glücksfälle einer gelungenen Schilderung. Auch für die bildgebenden Verfahren im Zeitalter der elektronischen Medien stellt das Wasser, seine spiegelnde und

lichtbrechende Oberfläche oder sein komplizierter Wellenschlag, noch immer eine Problem dar. Nada Sebestyén verzichtet auf diese ungenügende Imitation. Mit Niagara stellt sie gleichsam einen Wahrnehmungsbehälter zur Verfügung, der mit Vorstellungen davon zu füllen ist. Am Boden liegt nur eine blau bemaltes, von der Farbe gewelltes Papier und man hört Monroes Niagara und River of no Return, dazwischen Meeresrauschen. Der Verzicht auf das Wasser und die Bereitstellung einer derartigen Leerstelle scheint für die Faszination, die vom Wasser ausgeht - Bedrohung und Wohlgefallen - ungeheuer präzise und treffend.
Die darstellerische Arbeit mit bewegtem Bild und Ton ist neu im Werk der Künstlerin.

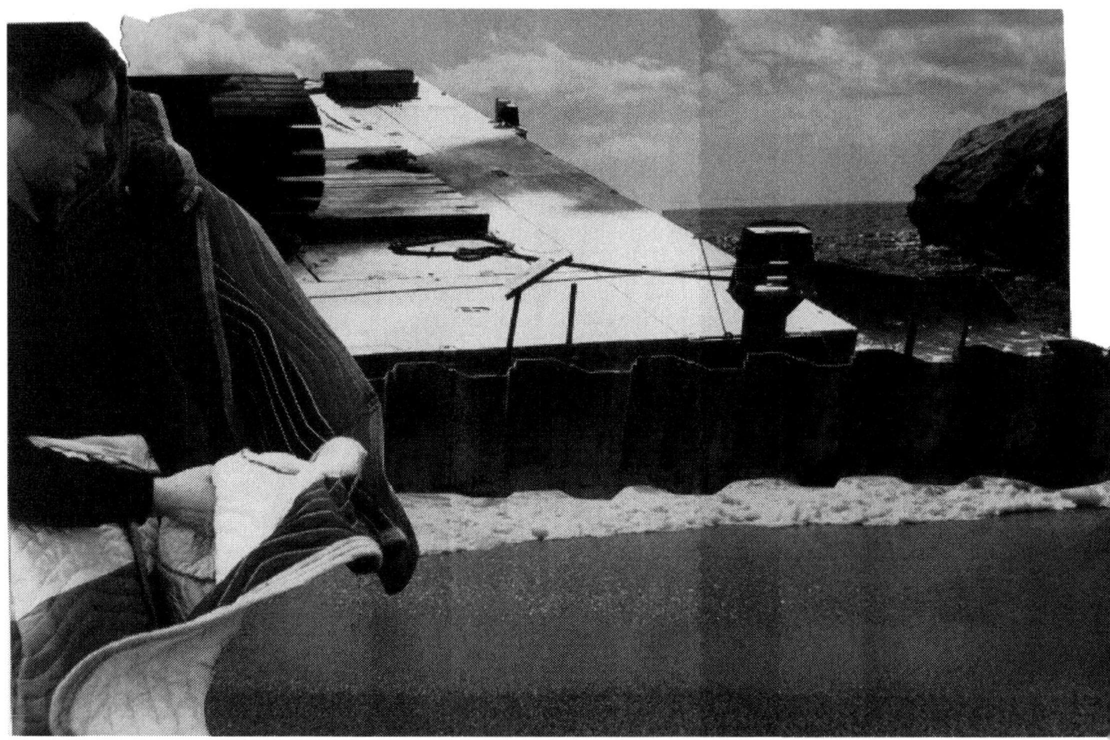

Auch die intensive Beschäftigung mit Collagen, deren Herstellung der Wahrnehmung einer zerrissenen Welt entgegenkommt, birgt Möglichkeiten der Verdichtung sehr unterschiedlicher Eindrücke. Nicht nur Reiseeindrücke, sondern auch montierte Visionen einer Extremlandschaft, in denen sich Wechsel von Meer, Gebirge, Sandboden und üppiger Vegetation ohne Übergänge vollziehen.
Für das Leben und Überleben in diesen Gegenden sind die Moving Clothes von Nada Sebestyén geschaffen. Es gibt eine Wüste mit Felsen und davor einen Menschen in seiner gepolsterten Behausung. Sie schützt ihn vor Sonne und vor Wasser.

Die Zitate in den ersten beiden Abschnitten stammen aus:
    ALBERT CAMUS, Der Fremde, Reinbeck bei Hamburg: Rowohlt, 1961, S. 52-61.
Alle übrigen Zitate stammen aus Gesprächen oder Briefen der Künstlerin.

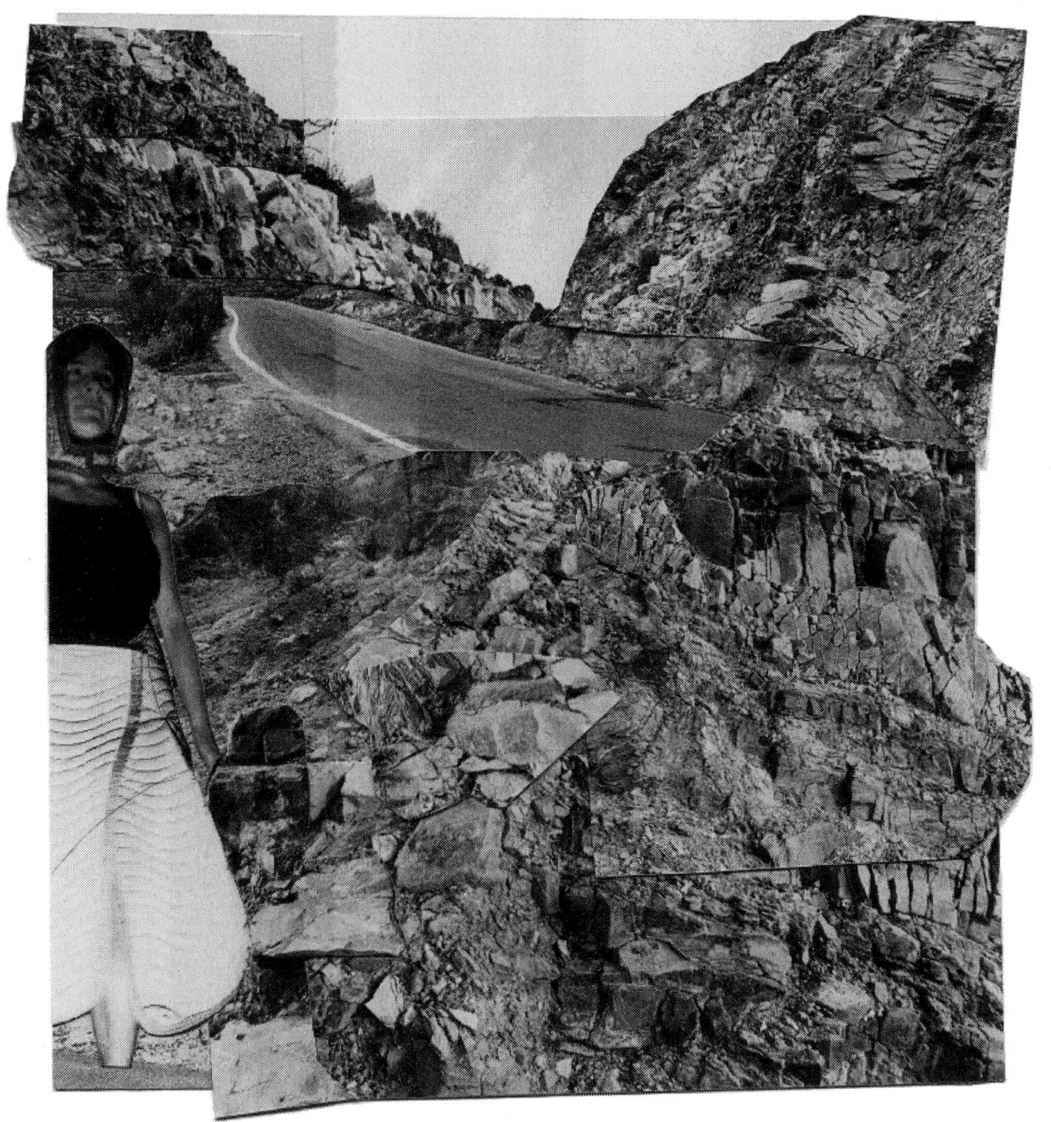

Über die Vernischung des Experiments
Die Löcher von Berlin - Residuum einer territorialen Teilung

Die Zeiten haben sich geändert. Der Geist der Bau-Giganten weht jetzt überall, die
Hackeschen Höfe sind saniert, die Neuen Hackeschen Höfe dazugekommen und
die Erlebnisintensität des Schmuddel-Images bestimmter Innenstadtbereiche im
Osten Berlins zwischen der Brunnenstraße im Norden und der Leipziger Straße im
Süden ist längst offizieller Teil der Innenstadt-Dekoration geworden. Schon ist die
Szene nach Friedrichshain ausgewichen und versucht unter sich zu bleiben in
Wohnzimmer-Bars und bei Elektronik-Konzerten in Zimmerlautstärke.

Kurz nach dem Mauerfall galt die „Auguststraßen-Kunst" und das, was in den kleinen Ladengalerien, in Abbruchhäusern und in ehemaligen Fabriketagen zu sehen
war, als selbstbewußter Gegenentwurf zu allem, was nach Mainstream, Markt-
zwängen und nach den Ritualen der „westlichen" Saubermänner-Gesellschaft roch.

Zehn Jahre später haben auch überzeugte Dilettanten begriffen, daß ihr
Kontrastprogramm sie nicht schützen kann vor dem Karrierehoch - im Gegenteil.
Die Erwartungen der Feuilletons und der Kleinbürger-Kunstwahn haben die Allianz
aus „Volksbühnen"-Rotz und Auguststraßen-Romantik aus ihrer Nische herausgehe-
belt und ihr ihren festen Platz in der kulturellen Kuschelgemeinschaft zugewiesen.
Jeglicher Kampfgeist ist dahin. Oder noch bedenklicher: Nachdem man jahrelang
mit pubertären Jungmänner-Basteleien und unaufgeräumten Kinderzimmern angeö-
det wurde, gewinnt jetzt scheinbar die Fraktion der Nazi-Popisten a la Chapman
Brothers mit unverhohlener Triebsublimierung. Die Gewieften und Klugscheißer
regieren wieder und sogar die Jammer-Ossis, über die ein freundliches Schicksal
längst schon die Gnade des Vergessenseins breitete, haben begriffen, daß ihre
neue Identität aus der Quelle der Deutschen Bank sprudelt. Alle sind nun schrecklich lieb zueinander in der Gewißheit, daß es bald wieder eine x-Millionen-"Berlin-
Biennale" gibt. Schwamm drüber!

Inzwischen spricht alles dafür, daß es sich bei der ehemaligen gegenkulturellen
Potenz um einen zusammengepreßten Hohlkörper handelt, der nun mehr und mehr
mit dem allgemein üblichen postmodernen Ausstattungsvorrat gefüllt wird. Ein
zutiefst normaler Vorgang. Nicht anders als beim Niedergang Techno, wie er sich
seit drei Jahren schleichend (und seit diesem Jahr nun gänzlich parteipolitisch
instrumentalisiert) vollzieht, seit ein knallhartes Berliner Management eine Million
beeperheads elektronisch auf Linie gebracht hat. Albert Speer hätte seine Freude
daran gehabt. Nun also ist klar, was aus dem ehemaligen Berliner Techno-Spontan-
Impuls geworden ist: das Schlimmste, was den ehemaligen Undergroundfreaks passieren konnte - ein gut geschmierter Apparat aus gewieften Schlitzohren und nach
wie vor aufopferungsbereiten Trotteln, die mit dem Experiment und dem Wagnis
längst fertig sind und nur noch im Schulterschluß mit Markenartikler-Sponsoring
Kasse machen. „Bruder Gotthilf" (unser aller Fischerchöre Angelrutenauswerfer)
wird seinen Herrn gepriesen haben, daß er ihm diese tiefere Einsicht erspart hat,
obwohl er, wie die BILD-Zeitung zu berichten wußte, „überall Blitze" sah. (1)

Der SPIEGEL nennt das „Die neue Gelassenheit" (2), auch vom neuen „patheti-
schen" Jahrzehnt war schon die Rede. Aus der Generation „X 94" wurde „Z 2000".
Die ehemals spaßwütige Masse beginnt sich zu atomisieren, aber das hilft mit keinem Wort, keinem Bild, keinem pummeligen Möbelstück der Sorte „Camembert"
durch den undurchdringlichste nund blödesten aller Nebel hindurch. Was fehlt, ist
Zorn. Wieso glaubt jeder, daß er ein Recht auf die Freude des anderen hat, dieses
müde Stellvertretergefühl, das doch nur die Enttäuschung kaschieren soll. Das
Realitätsgefühl, ja diese trockene Art von Wirklichkeitssuche, manchmal sogar

Wirklichkeitssucht, wie sie beispielsweise auf der diesjährigen „MANIFESTA 3" in Ljubljana zu entdecken war (auf der unter fast 60 Künstlern nur drei Deutsche, unter ihnen Manfred Pernice, vertreten waren - zu Recht!), fehlt in Berlin völlig. Das vorsichtige Tasten ist vorbei, die Zeit des Übergangs auch, und der neue, gestaltende Blick hat sich noch nicht entwickelt. Immerhin gibt es einen Moment der Ruhe. Aber ist das eine Chill-out-Phase oder die Ruhe vor dem Sturm?

Man kann diese Entwicklung mit einem lachenden und einem weinenden Auge sehen. So wie sie, einem Lauffeuer gleich, an Boden gewinnt, ist sie der Gradmesser für ein sich änderndes Lebensgefühl.

Auf der Ebene der Galerien heißt das, aus Nostalgie und Stagnationsprozessen werden Visionen. Die jungen Aufsteiger geben sich hart, aber zeigen eine fast kindliche Begeisterung am Rollenspiel. Ein stets freundlicher Hedonismus regiert. Der maßgebliche Erfolg einiger Galeristen im Umfeld der Auguststraße beruht jetzt weniger auf dem Ambiente, in das die Kunst eingebettet ist, als vielmehr auf der Professionalität und dem wie maßgeschneidert wirkenden Image-Kanon.

Gut 50 Ausstellungsorte verzeichnen die einschlägigen Galerieführer für Mitte und Prenzlauer Berg. Doch die Vorhut im Abenteuerland bildet eine Gruppe von eingefleischten Machern.

Das Sechserpack der Gewinnertypen fand in Klaus Biesenbach (Kunst-Werke Berlin) anfänglich seinen charmanten Tonmeister und genialen Einfädler, der sein ost-erdiges Gegengewicht in Judy Lybke (Galerie Eigen+Art) und Friedrich Loock (Galerie Wohnmaschine) zu sehen berufen war. Mit den Galerien neugerriemschneider, Klosterfelde und Kuckei + Kuckei sowie Rüdiger Lange und seinem „Loop"-Raum entstanden später stabile Flankenpositionen. Als Klaus Biesenbach sich aber mehr und mehr seiner Mitstreiter von einst entledigte, Konzeptoren neutralisierte und auf Hochkunstaufgaben setzte, an denen er sich dann verhob, hagelte es Proteste - und sogar die Berliner Senatsverwaltung ging auf Distanz. Vor zehn Jahren tauchten in den Kunstwerken Künstlergruppen auf, die sich bewußt dem Unterwerfungsanspruch des Kunstmarktes zu entziehen versuchten. Aber schnell wurde klar, in welcher Richtung man erwachsen werden wollte. Biesenbach verstand es, den Applaus, den es für Spontaneität und die phantasievollen Minimalereignisse der frühen Jahre gab, über ein Gewirr von Verbindungen zu Dan Graham beispielsweise oder Gerhard Merz, das Headquarter der Biennale von Venedig, das MOMA/PS1 oder den Vorstand des Vereins der Berlin-Biennale rückzubinden auf Machtpositionen des internationalen Betriebssystems. Diese erzeugen nun mittels formalisierter Konventionen einen Druck, unter dem die „Children of Berlin" tatsächlich wie ferngesteuert reagieren. So gründlich sie sich auch kunstwerkintern der Vereinnahmung zu entziehen versuchen, die erwünschte Berücksichtung der Interessen von Kulturpolitik, Stadt- und Tourismusmarketing und Sponsoren zielt in Richtung „schweres Unterhaltungskaliber". Ganz so wie bei „German Open" (Wolfsburg, 2000), einem besonders auffälligen Beispiel kuratorischer Überheblichkeit und männlicher Verspannung. Ohne einen roten Faden, dafür aber mit um so zynischeren Bocksprüngen durfte eine LEGOLAND-Auswahlmannschaft ihren Ruf verteidigen, kompatibel und beliebig aufsteckbar zu sein. Frei nach dem IKEA-Spruch „Irgendwann wollen Ihre Kinder ausziehen. Machen Sie's ihnen so schwer wie möglich" wurde eine Frühverrentung der Jungen (und ein paar Mädchen) im Museum inszeniert, die zuletzt mit den Jungen Wilden vor 20 Jahren geglückt schien. Damals wie heute mischen auch Berliner mit. Freilich ist das heutige Kinderparadies verknüpft mit Bindungs- und weitgehender Verantwortungslosigkeit und nicht mit dem postkoitalen Flower-Pop-Pathos, den man in Wolfsburg entdeckt zu haben glaubt. Daß das Dazugehören folgerichtig auch Formen des

Abstanderzwingens impliziert, das sollte solch eine Ausstellung beleuchtet haben müssen. Gezeigt wurde nur eine, die tapentenbunte Seite der Kreditkarte. So viel verspäteter Brit-Pop war nie - daran konnte auch Jonathan Meeses wagnerianisches Gesamtkunstwerk im klassischen Wehrturmgestus nichts ändern.

Die Normalität der Nische öffnet häufig unerwartet neue Einstiegsluken in die Kunstszene, auch wenn es auf der Erscheinungsebene nur noch selten um eine radikale Kritik bestehender Kulturverhältnisse geht. Auch in Berlin ist das so. Längst gibt es nicht mehr nur einen harten Kern, sondern verschiedene Wirbel-Bildungen, so z.B. um das Büro Friedrich oder den Verein Shift e.V., um die Galerien Gebauer, Mehdi Chouakri, Paula Böttcher, M.+R. Fricke, Barbara Thumm, Kapinos, Zwinger, Arndt + Partner, Contemporary Fine Arts, Mathias Kampl, Koch und Kesslau, Neu und die temporäre INIT-Kunsthalle ... Von Aufsässigkeit oder gar Widerstand im traditionellen Sinn kann natürlich auf dieser Ebene nicht die Rede sein. Viele junge Künstler, gerade auch wenn sie mit Störgeräuschen, Elektronikmüll und Datenschrott arbeiten, haben sich dafür entschieden, Markt und Medien „durch Gebrauch zu kontrollieren" (Geert Lovink).

Ein Galerist wie Judy Lybke kann sich glücklich schätzen, mit Vertretern dieser Spezies des Dagegen/Dabei zusammenarbeiten zu dürfen. Mit Christine Hill etwa, die sich publikumswirksam zwischen den Altkleidern ihrer „Volksboutique" und der grimmigen Hip-Hop-Band „Bindemittel" sonnt, darauf angewiesen, daß die Galerie nicht mit zuviel Regularien in dieses Kunst-als-Dienstleistungs-Business eingreift. Oder Carsten Nicolai, dessen computergestütztes Tonsignalwerk erst auf der „documenta X" und kürzlich im New Yorker Guggenheim Museum dem Niveau musealer Hörwürdigkeit zugeordnet wurde, obwohl es sich, für den traditionellen Mueumsbesucher eher schwerverdaulich, um eine Kette minutiös reduzierter Lebensabrisse als Knackgeräusche handelt. Lybke hält den Part des immer heiteren „Wirb langsam"-Kaufmanns und umsorgt seinen Künstlerstamm wie zu DDR-Zeiten die „Volkssolidarität" die ihr Anvertrauten. Mit dem Leipziger Maler Neo Rauch löste er ein Qualitätsversprechen ein, das andere bisher nur formulieren konnten.

Friedrich Loock, vor 1989 der jüngste Galerist auf weiter volkseigener Flur, ist auch nicht mehr der Benjamin, sondern gehört, Dank einflußreicher Freunde, zum Establishment wie seine strategisch aufgepeppten Programmeinfälle zum Schaltkreis des Kunstmarkts. Einen wirklichen Schatz hat Loock in Florian Merkel, dessen melancholische fotografische Inszenierungen, hintersinnig gebrochen, vom einzigartigen, romantischen Territorialverhalten des Ostlers zeugen.

Kapinos, der gebürtige Dresdner, hielt sich jahrelang als freier Kurator über Wasser. Nach einer Interimsbespielung der Dogenhaus-Projekte residiert er seit September 1998 in eigenen Räumen in der Gipsstraße 3. Ein sich langsam bildender junger Sammlerstamm sichert ihm wie auch den anderen Newcomern das Überleben. Es geht langsam aufwärts. Mit Sam Durant, Chris Wilder und Andrea Bowers hat er sich auf Beelzebubs Botschafter von der Westcoast orientiert, die mit teuflisch guten Absonderlichkeiten zu irritieren verstehen.

Die Brüder Ben und Hannes Kuckei profilierten sich zuerst fünf Jahre mit ihrer „Galerie Vierte Etage" in der verkehrsumbrandeten Einsamkeit von Berlin-Wilmersdorf bis sie im August 1998 in die Linienstraße 158 zogen. Nun nehmen sie mit ihren Nachbarn neugerriemschneider und Klosterfelde die Augustraßeneroberer von hinten in die Zange. Aber es ist ein sanfter und von vielzelligen lobbyistischen Aktivitäten abgepolsterter Konkurrenzkampf, der sich da abspielt. Man weiß, wer alles noch im Boot sitzt und vermeidet unkalkulierte Schaukelbewegungen.

Rüdiger Lange kannte man seit Oktober 1997 als mastermind eines unabhängigen Wabengeflechts mit der Umschreibung „Loop - raum für aktuelle kunst" in einem Fabrikgebäude in der Schlegelstraße. Jetzt geht Lange in die kommerzielle Offensive. Der Künstlerfreund als Kollektivbrötler hat sich erledigt. Junge Künstler wollen, wenn man sich um sie reißt, wie um den Maler Thomas Scheibitz, der quasi aus dem Stand im Londoner ICA gelandet ist, nicht mit leeren Händen dastehen.

In Berlin sind es immer wieder die kleinen, von wagemutigen Galeristen organisierten Konzepte, die der städtischen Kunstlandschaft eine Kette von Mikro-Ereignissen bescheren. Dabei ist es, schon aufgrund des überbordenden Angebots schwer, dem Trend zur Oberflächen-Show von Berlin-Mitte zu entziehen und den Kurs der zeichensetzenden Post-Avantgarde zu steuern.

Markus Richter hat, seit Februar dieses Jahres der Steppe der brandenburgischen Landeshauptstadt entkommen, neue Räume in der Schröderstraße 13 bezogen. Zum Auftakt präsentierte er eine raumbrechende Idee des Portugiesen Pedro Cabrita Reis. Der Künstler hatte im frisch renovierten Ambiente drei rohe Mauern aus rotbraunen POROTON-Hohlblockziegeln in leichtem Abstand vor die Galeriewände blenden lassen und anschließend den Ziegelwall wild malträtiert. Unter dem Titel „Ein geteiltes Haus" deklinierte, lokalisierte und rekonstruierte er den Ort und sein Maß der Stille, daß man das Gefühl hatte, der Geist von BÜRO BERLIN wäre zurückgekehrt, verhielte sich wachsam, aus Neugier, und befreite den mittig aufgeschichteten Kunstkarst. Klarheit auf ungesichertem Terrain zog ein. Dafür hatte sich früher Monica Bonvicini zuständig gefühlt. Jetzt war es P.C. Reis, für Deutschland (bis auf eine Ausstellung im Kunstraum München, 1992) fast ein Newcomer, der randabwärts Position zeigte. Ein Glücksfall für Berlin-Mitte.

Aber das Berliner Kunstleben spielt sich nicht nur im Bezirk Mitte ab. Viele Künstler suchen sich mittlerweile Ateliers in den östlichen Bezirken, weil dort die Mieten noch erschwinglich sind. Insbesondere kommunale Galerien haben im Osten eine nicht zu unterschätzende integrierende und Traditionen bewahrende Funktion. Junge Ausstellungsmacher nutzen diese Podien zunehmend, um z.B. in den Stadtbezirken Prenzlauer Berg, Pankow, Weißensee, Treptow oder Hohenschönhausen eigenwillige Konzepte in die Tat umzusetzen. Gabi Ivan, Kathleen Krenzlin, Jule Reuter, Annette Tietz, Longest F. Stein und Ute Tischler haben die Fäden in der Hand.

Verblüffend ist auch die Tatsache, daß Nicht-Orte, wie die Gegend um den Ostbahnhof, plötzlich ins Blickfeld rücken. Unmittelbar an der Grenze zwischen Friedrichshain und Kreuzberg gibt es seit gut einem Jahr die „Maria am Ostbahnhof" (einen Club für Tech-Punks, Futuristen, und emotionale Staubsauger) und gleich daneben befindet sich der Interims-Standort des Multikulti-Zelts „Tempodrom". Eine Mischung, die aus dem neuen Geist linken Pop-Erlebens gespeist scheint. In Berlin passieren zur Zeit komische Sachen. Und endlich, endlich wacht auch Kreuzberg wieder auf aus zehnjähriger Nischenexistenz.

Aber auch die subkulturellen Basisarbeiter der DDR der 80er Jahre (Wolfgang Krause von „O Zwei" oder Maximilian Barck, jetzt beim „Kunstverein Herzattacke"), die nach wie vor im Prenzlauer Berg und anderswo ihre Schaltstellen besetzt halten, tragen kräftig dazu bei, daß die etablierten Formen der Kultur nicht zu dominant werden. Zwar hat die Zeitschrift „SKLAVEN", ein Standbein linker Kulturkritik, mit der 51. Nummer ihr Erscheinen eingestellt, auch das Nachfolgeblatt „Sklaven Aufstand" ging ein aufgrund ideologischer Zellteilungen, doch die Blattmacher um den Dichter Bert Papenfuß traten im Geist des undogmatischen Sozialisten Franz Jung rechtzeitig mit einem neuen Pamphlet an: der „Gegner" soll erneut zum Sammelbecken werden in dem „ganz normale Kulturinteressierte auf Trotzkisten, Hardcore-Anarchisten und Linksradikale auf Bürgerbewegte treffen", sagt Papenfuß.

(3) Seit der STASI-Spitzel Sascha Anderson in Heft 3 (Februar 2000) die Kritik an seiner Informanten-Karriere mit staatslinkem Wortschwall verteidigen durfte, ist die Front gespalten. Anderson-Freund Papenfuß meint: „Der Haß, der in den letzten Jahren auf ihn (Anderson) abgeladen wurde, war der Selbsthaß der Involvierten für ihren eigenen Opportunismus" (4). Zehn Jahre nach der Wende geht der Siegerkrampf in eine neue Runde. In der vermeintlichen Verteidigung von politischem Ost-Territorium wähnen sich die Bremser auf der sicheren Seite. Hauptsache der Bierhahn im Café Burger bleibt offen.

Im Abtasten von Politikbegriffen, In-Verhalten, Dissidenz in Pop und Kultur legt auch der ID Verlag (inkl. der Zeitschrift „DIE BEUTE") Meilenschritte zurück. Berlin liegt zwar nach wie vor wie eine Insel in der Mitte der Provinz. Aber dort, wo karger Boden ist, bleibt auch viel Himmel... . Abschußrampen wie „Gegner" und „DIE BEUTE" sorgen dafür, daß es in den politischen Turbulenzen nicht dazu kommt daß Druckabfall-Zonen entstehen.

Das Aufregendste an Berlin sind allerdings die wie Pilze aus dem Boden sprießenden seltsamen Produktionsformen, rastlosen Abseitsbewegungen und ein allseits ironisches Spezialtraining in Sachen Kunst. Ein wieder (oder noch immer?) verbreiteter Kollektivismus mit beeindruckenden formalen Produkt-Konstanten (und einer Flut von Künstlerbüchern, Fanzines, CDs, Multiples, Flyern, Postkarten) macht von sich reden. Sollten ästhetische Winkelzüge dieser Art einmal Kunstgeschichte werden, könnten sich sicherlich ganze Hundertschaften fleißiger Historiker von der Aufarbeitung dieser Phänomene ernähren. Ost- wie West-Berlin hat seine Traditionen in Sachen Gruppenaktivität mit intellektueller Synchronisierung. Doch heute fällt es zunehmend schwerer, die alten Grenzen nachempfinden zu wollen. Denn es gibt sie nicht mehr. Auf die schönfärberischen und ausgrenzenden Sandkastenspiele des Berliner Stadtmarketing reagieren alle Gruppen und Initiativen gleichermaßen mit Abneigung.

So gut wie in jedem dieser freien Projekt geht es um konzeptuelle Alternativen, um Kampfpausen im Kunstring, um die Verweigerung von Ehrenplätzen - folgerichtig weniger um den Aufbau institutioneller Denkmäler der Macht, vielmehr um das den Gehirnkasten freimachende „Löcher-Denken", dem die Künstlerin Chantal Labinski (c/o Walden Kunstausstellung) bereits 30 Gedenktafeln in der Berliner Stadtmitte geweiht hat.

(1) Die BILD-Zeitung (Autor: Mark Pittelkau) berichtete auf dem Titel ihrer Berlin-Brandenburg-Ausgabe vom 21.7.2000 ausführlich über „Gotthilf Fischer, 8 Tage im Drogenrausch" und fragte fassungslos: „Wer kippte ihm auf der Love Parade Ecstasy ins Bier?"

(2) Ulrike Knöfel: Die neue Gelassenheit, in: DER SPIEGEL 31/2000, S. 175

(3) Bert Papenfuß in: Bodo Mrozek: Mit dem Kopf gegen die Wand, DER TAGESSPIEGEL, Berlin, 26.07.1999

(4) Zit. nach: Andreas Krause: Tagebuch. Gegner werden, in: Berliner Zeitung, Berlin, 26./27.02.00

Susanne Stövhase

susanne stövhase

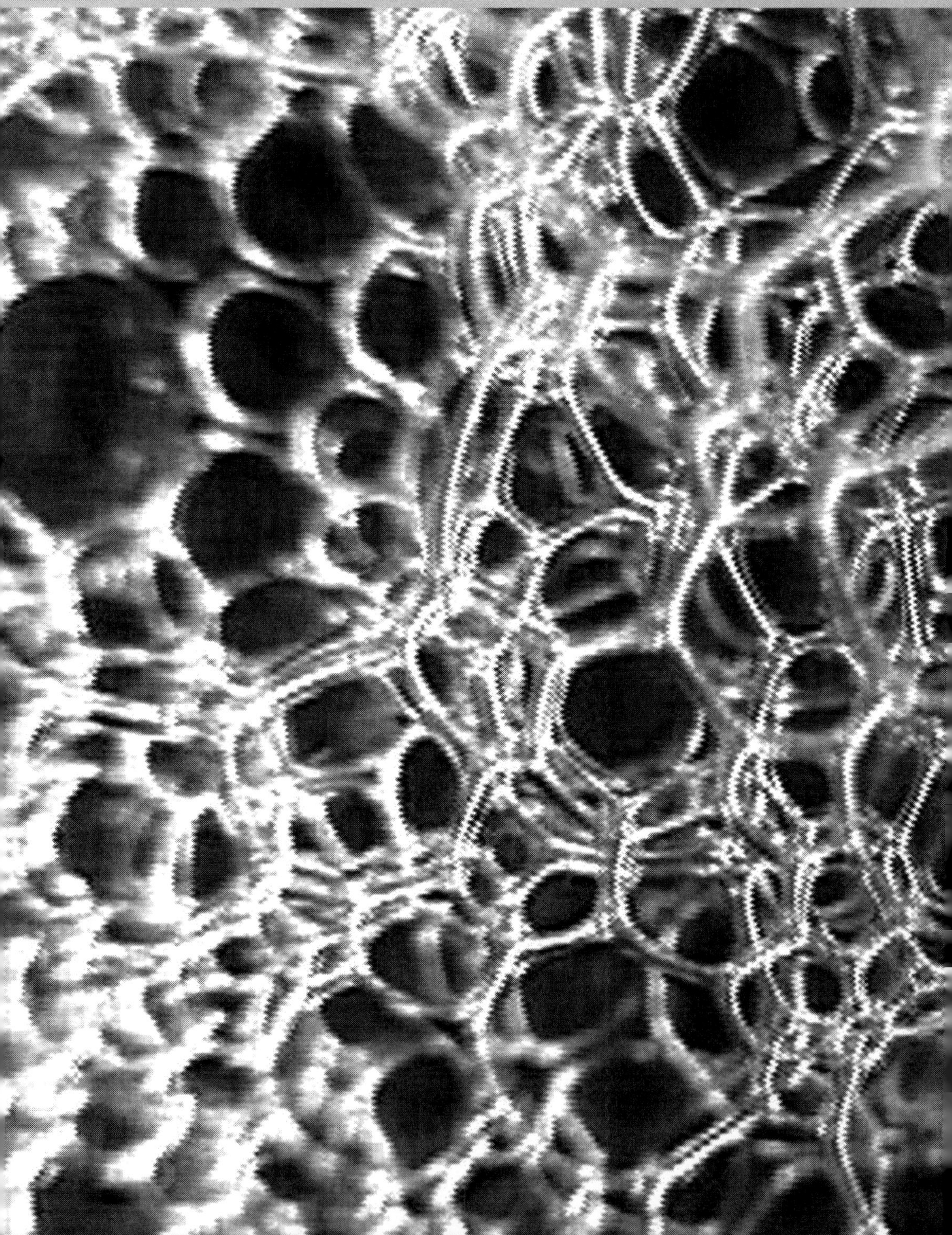

videostills aus: mapping the memory

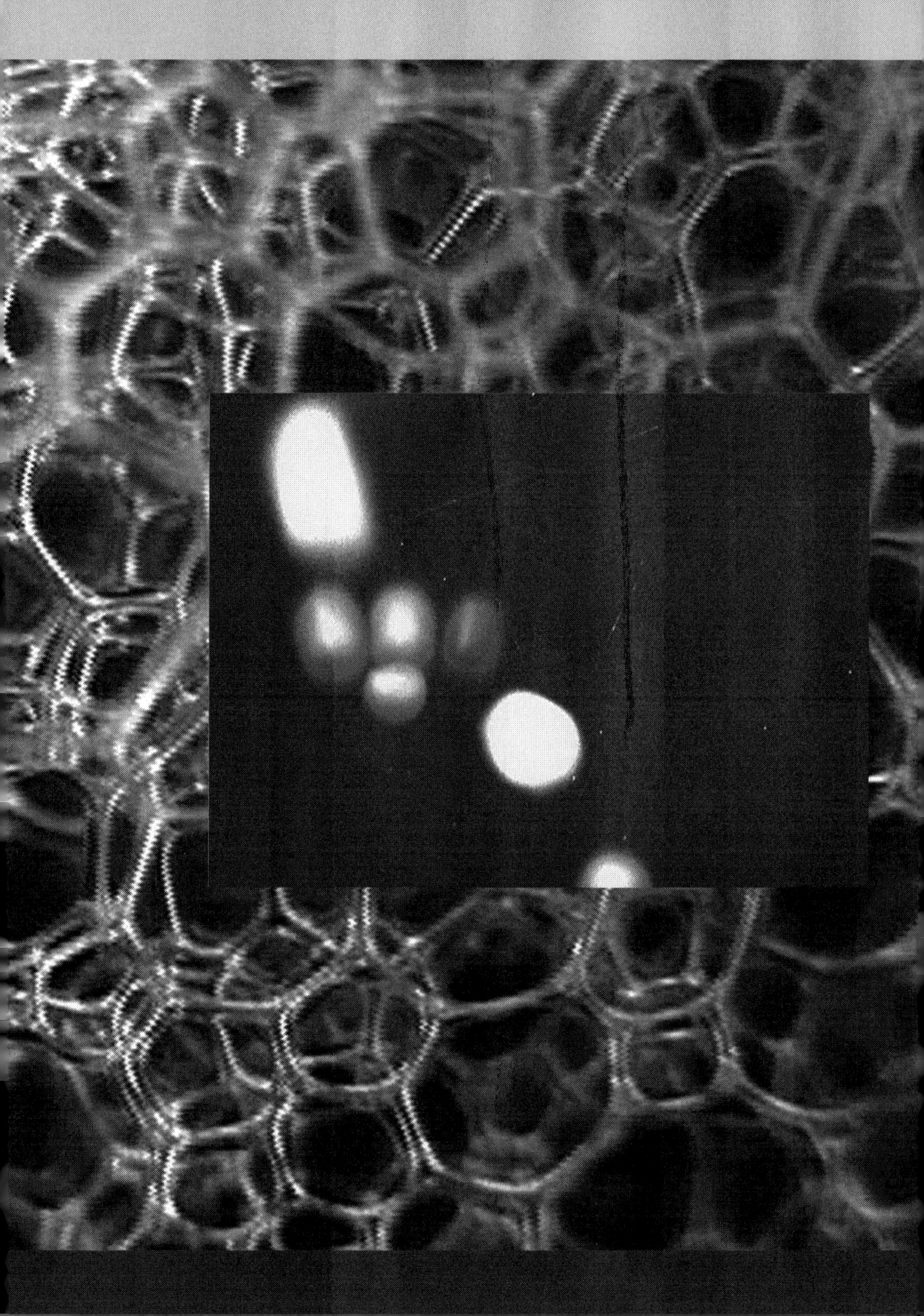

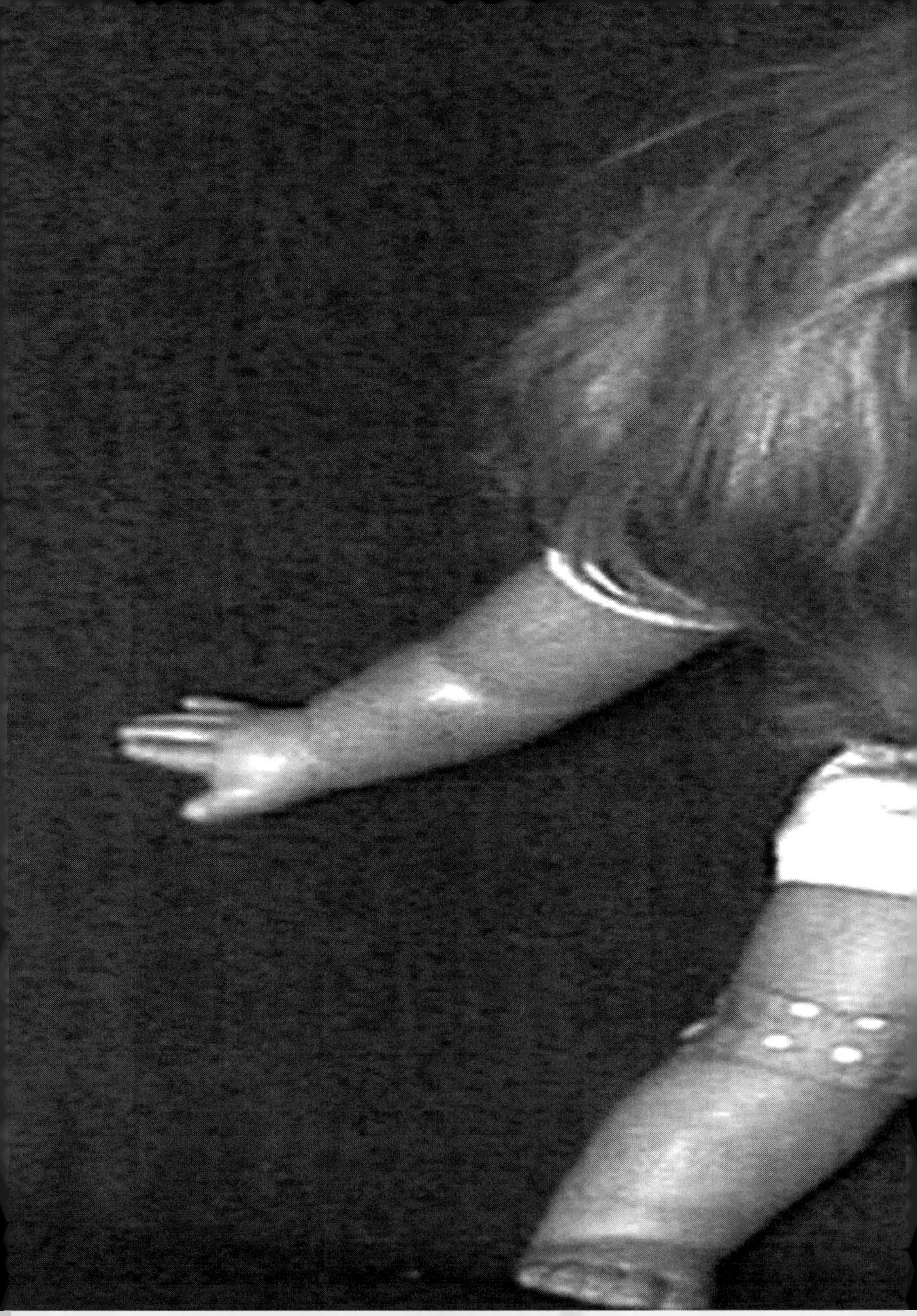

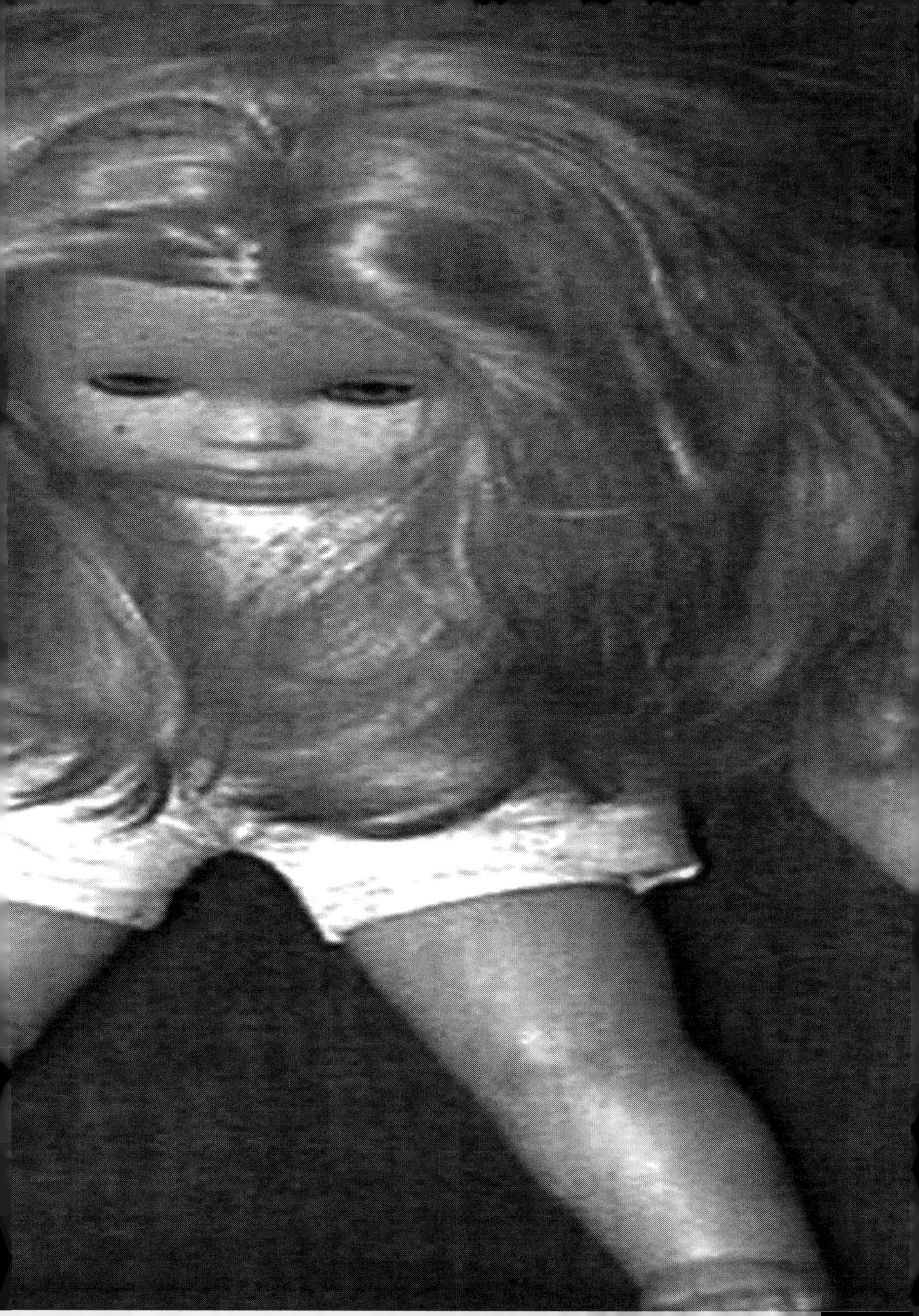

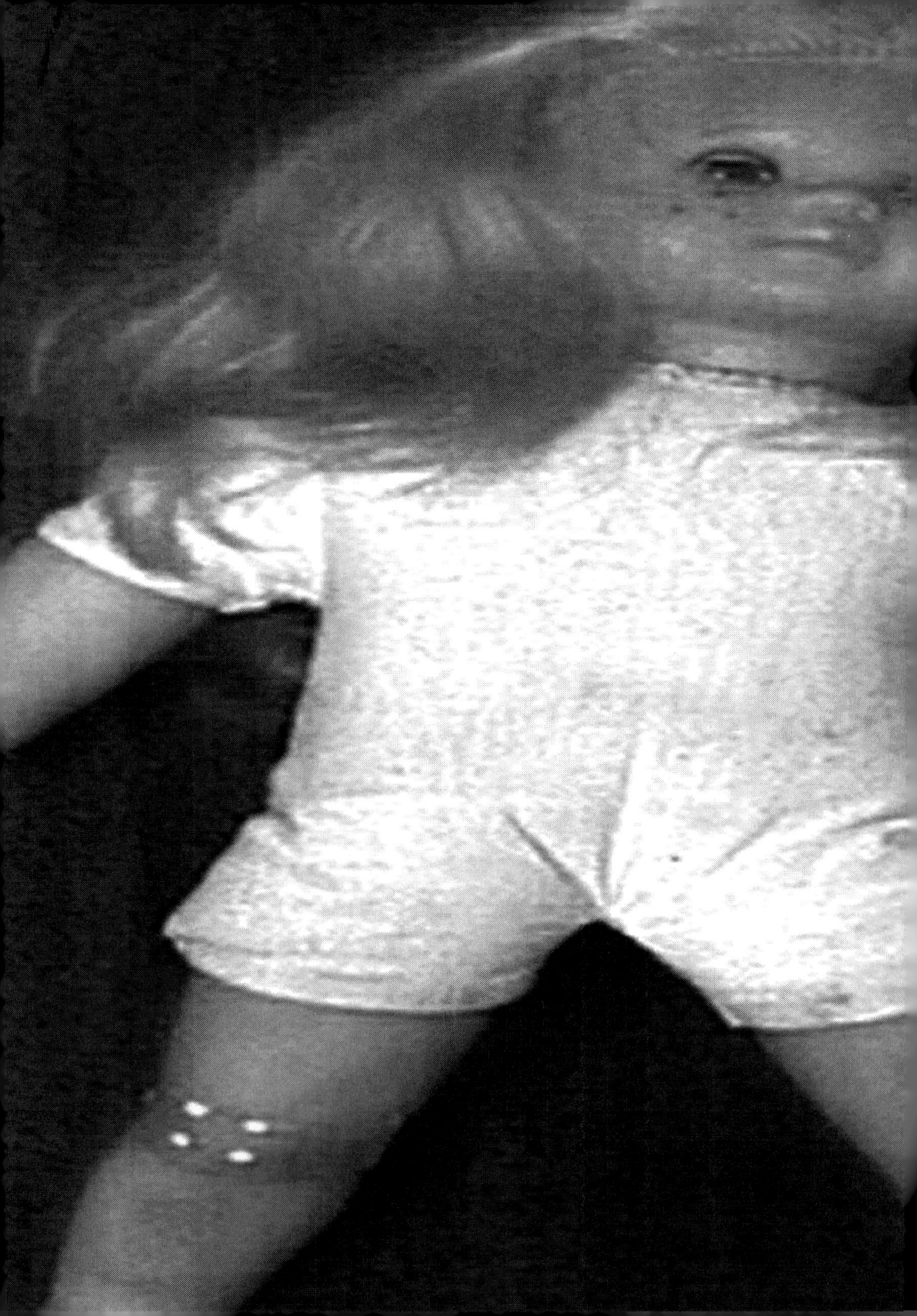

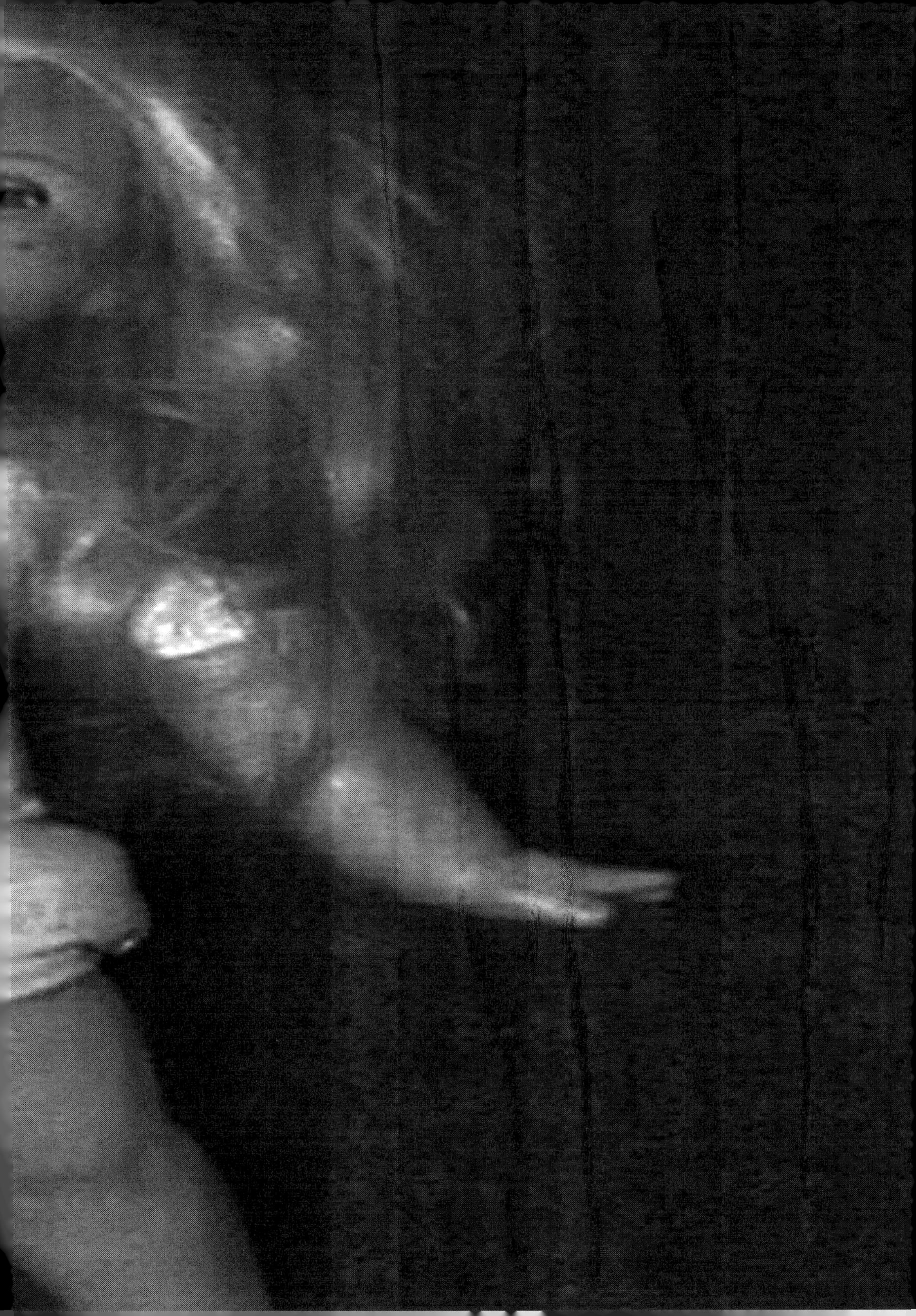

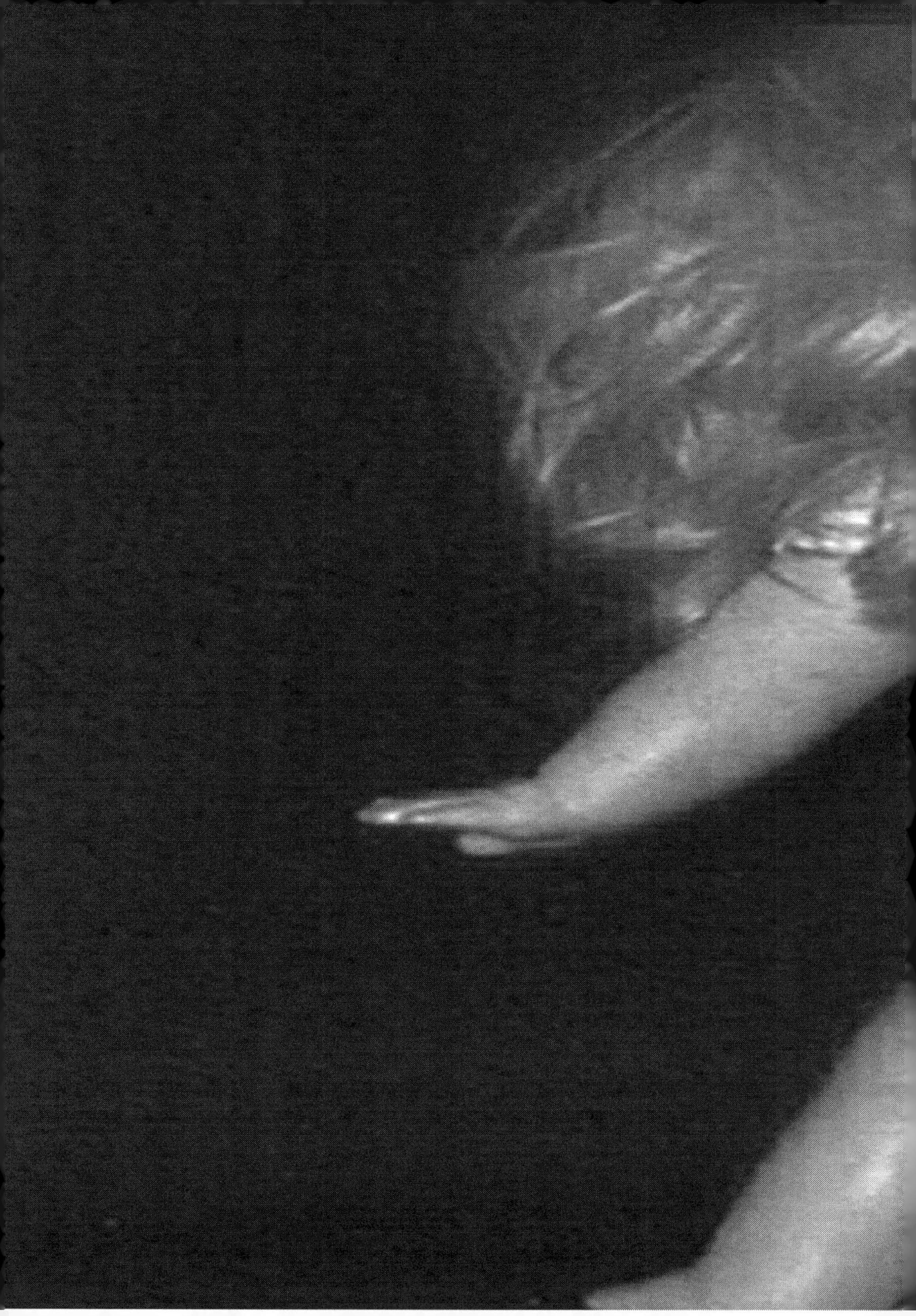

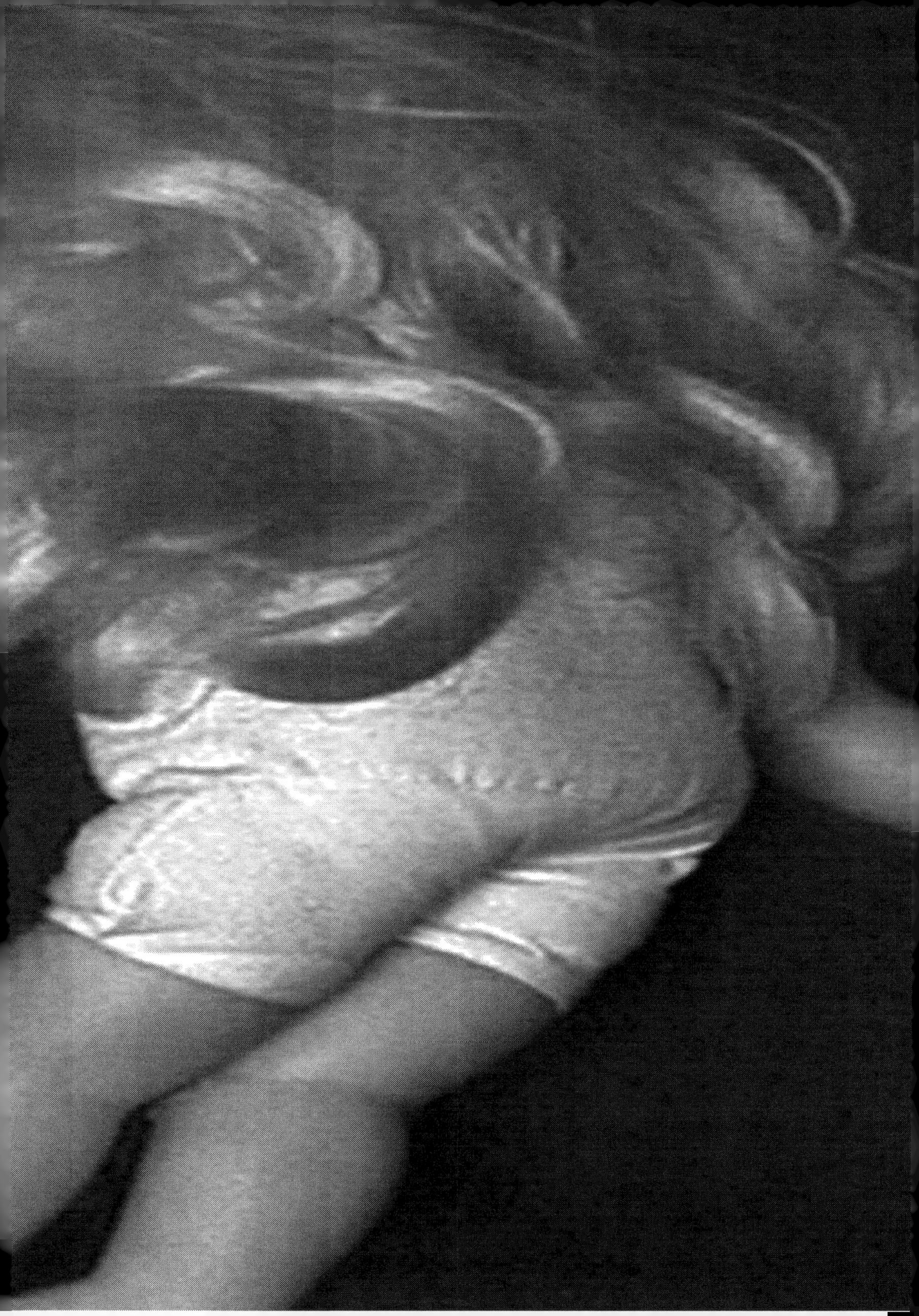

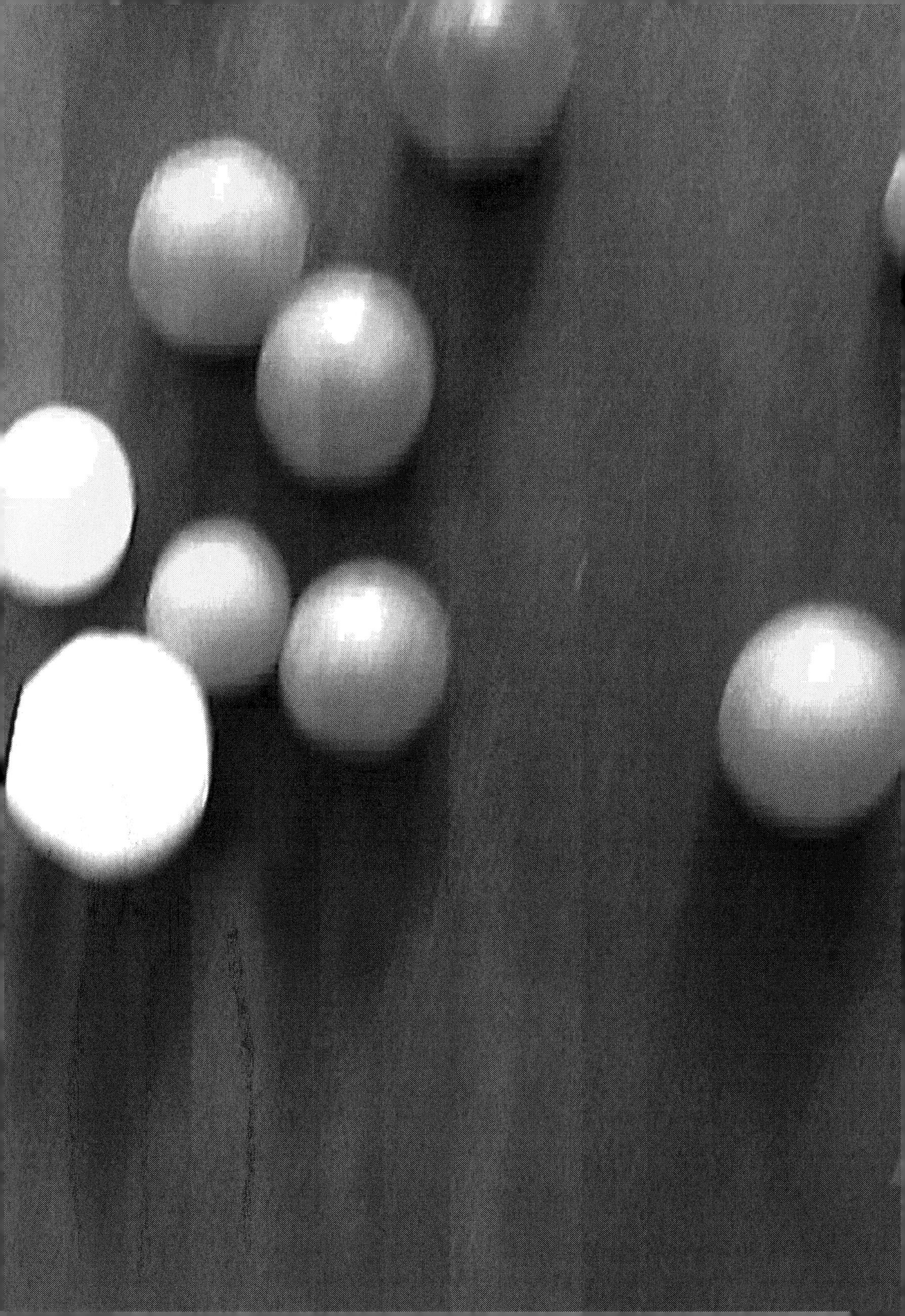

Subject: text
Date: Wed, 07 Jun 2000 01:58:58
+0200
From: Stefanie Seibold
To: Susanne Stövhase

Wahrscheinlich gibt es da einfach
ein ausgeklügeltes Navigations-
system, das dich (the blind leading
the blind) durch die Daten bugsiert
und an der richtigen Stelle zuschla-
gen läßt. Eine Begabung. Wie diese
Drüse, oder eher dieses unbekannte
Modul, das im Körper nur für den
Empfang elektronischer Klänge
bereitgehalten wird, um dann bei
Aktivierung alle Sinne zu beschleuni-
gen. Eine Art Dornröschen-Sound-
Modul das alles auf 250 km/h bringt.
Schlüssel. Reize. Musik. Sounds und
Rhytmen, sagt Kodwo, als Interface
von Technologie und Körper. Zum
Übersetzen, als Sprache von dem was
draußen passiert an das, was Innen
was wissen will. Relativitätstheorie
für Kinder. Und die Chemie, die uns
steuert: CibaGeigy statt Charisma,
Fatima oder Kismet. Der Entdecker
des Vitamin C, dessen Unterbewuß-
tes nachts alleine weiter forscht. Ist
Oberbayern, dasselbe wie Nieder-
bayern und wenn nein, warum nicht ?
Warum Aschaffenburg nicht
Schaffenburg heißt. Ich habe früher
immer Frankfurt und Hannover ver-
wechselt.

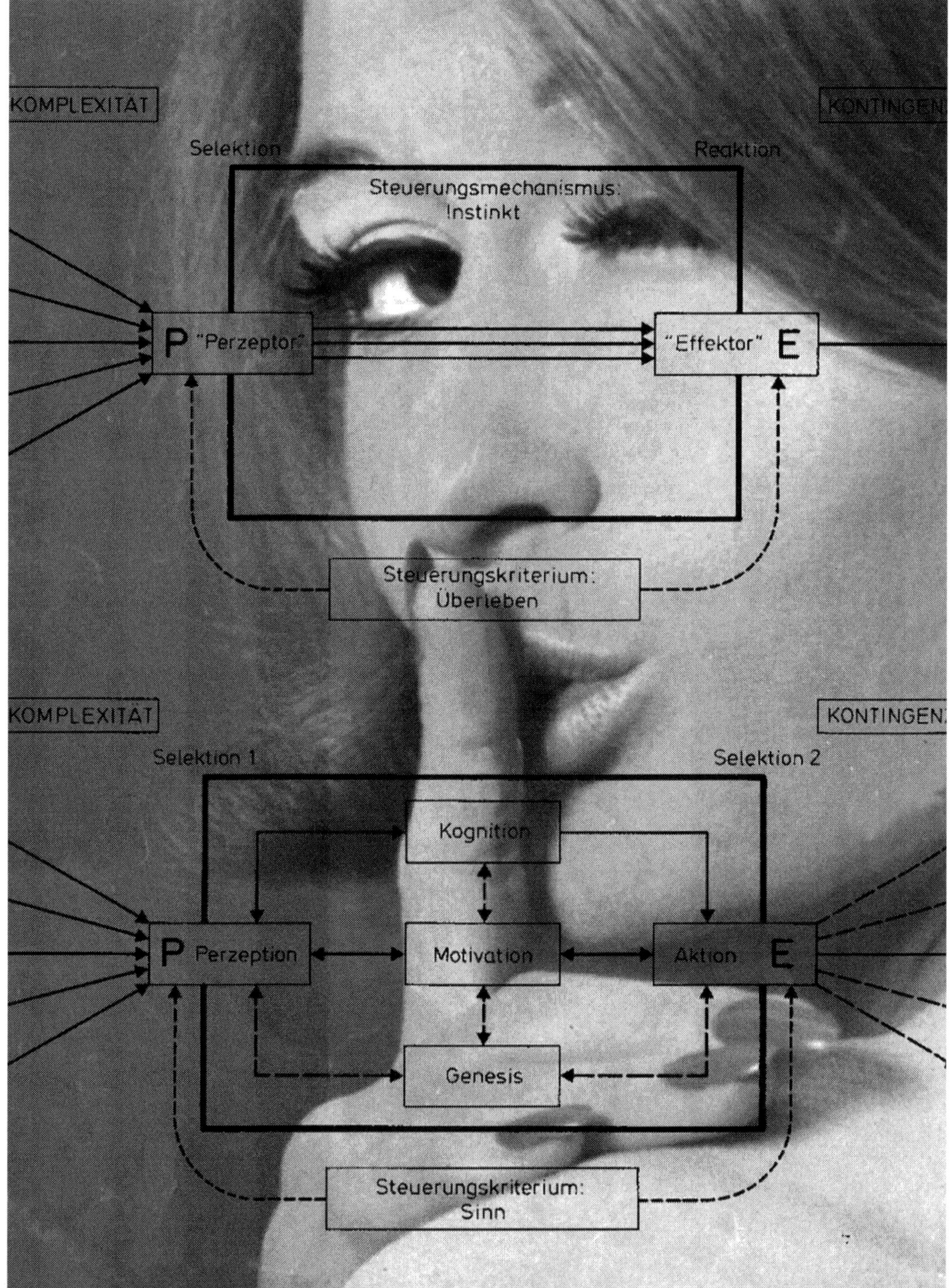
KOMPLEXITÄT
KONTINGEN
Selektion
Reaktion
Steuerungsmechanismus:
!nstinkt
P "Perzeptor"
"Effektor" E
Steuerungskriterium:
Überleben
KOMPLEXITÄT
KONTINGENZ
Selektion 1
Selektion 2
Kognition
P Perzeption
Motivation
Aktion
E
Genesis
Steuerungskriterium:
Sinn
Selektion
Reaktion

Ulf Wetzka/
Jürgen Kisch

Wie man von „Aula" direkt auf „Athlet" kommt

Am besten erstmal einen alten Schlager abschreiben

Gespräch zwischen dem Künstler Jürgen Kisch und Kurator Ulf Wetzka

Ist wirklich überall das Disney-System mit implementiert, sogar bei ErnstWilhelm Nay? Hier folgt komplexes Künstlerdenken live. Kann man das Paris der 50er nicht bestens mit dem hippen Berliner Schröderflair von Neupreussen vergleichen ? Um den restaurativen Kulturdiskurs effektiv entlarven zu können, muß man da nicht direkt in den Kochtopf dieser Stilkomponenten springen und diesen fleddern ? Damit soll nicht gesagt sein, daß die Gesprächsteilnehmer an Enthüllungskunst interessiert wären. Das etwas diffuse Gesprächsklima ermöglicht kleine funkelnde Direktassoziationen, die bei stringenten Verlautbarungsinterviews sonst immer unter den Tisch fallen.

Jürgen Kisch: Zurück zu Paris; da auch diese 50ger- Jahre Geschichte (Valente) und eine bestimmte Geschichte an Malerei und das ist alles vorbei und alles ist noch da und langweilig; das ist so was wie die Melodie oder das Radio. ...wenn ich vom Schlager ausgehe, kann ich die Melodie nehmen und den Text dazu setzen und dann hat man genau diese Mischung, zwischen Harmlosigkeit und einer Struktur, die ganz und gar nicht harmlos ist, hin und herspringen und das ist viel reizvoller, als von einer Struktur auszugehen, die durchweg technisch modern zu sein scheint, aber abgeleiteter ist ...z. b. habe ich auch ein Problem damit, wenn die Malerei sich abhängig macht von Formen, die sie selber entwickelt hat und anfängt diese Formen zu imitieren; für die Fotografie und den Computer ist es ganz egal, ob sie die Malerei überholt haben oder nicht. Als Technik muss die Malerei nicht erarbeitet werden, sie ist entwickelt, und damit ist auch die Möglichkeit, präzise und frei zu arbeiten, unmittelbar gegeben, man muss sich nicht selber überholen.

Ulf Wetzka: Aber du hebst so auf die 50ger Jahre ab, aber wenn ich das für mich so sehe, zu Berlin, da hatten wir die bedeutende Zeit eher früher, 20ger 30ger Jahre, Paris noch früher, Speerspitze noch früher und nach dem Krieg ja abgelöst durch die amerikanischen Einflüsse, die in Form vom abstrakten Expressionismus oder was auch immer kamen, wurden ja hier relativ schnell aufgenommen, in Paris eher nicht, da ging man vormodern zurück auf eine Zeit fast frühestens Impressionismus, was man sich noch gewagt hat, hier ging es so weiter in der Adaption amerikanischer Einflüsse. Die 50ger haben für unsere Eltern eine Rolle gespielt, aber in der Kunst gibt es da was, hier in Berlin oder in Paris ?

Jürgen Kisch: Das ist nur biographisch begründet, da ich aus einem Klima komme, das durch und durch 50ger Jahre ist... wenn ich in andere Bereiche komme, ist das immer aus der Brille der 50ger Jahre heraus gesehen, ich habe mir abgewöhnt, das schrecklich zu finden. Es gibt schon einiges für mich Interessantes, zum Beispiel, dass ich diese deutsche abstrakte Nachkriegsmalerei (Nay) in Hinblick auf Disney sehe und so diese Ornamentik von Disney in den abstrakten Augenformen in die Nachkriegszeit hineinkommt und das mehr Popart ist als das, was als orthodoxe deutsche Popart gemacht wurde. Man will etwas ganz Idealistisches machen, eine kybernetische Bildwelt und dann mischen sich Elemente aus Disney wie ein Virus hinein. Es gibt fast nichts, was unbeeinflusst ist von Disney oder nicht darin integriert worden ist.

Ulf Wetzka: Gibt es schon, wenn ich an eine Kuratorin denke(in meinem Elternhaus habe ich nur Jazz oder klassische Musik gehört)die hatte mit Sicherheit keine Comics und hat sich nicht den Disney-Welten ausgesetzt. Ich komme eher aus dieser Schiene und bei dir ist es doch auch ein persönliches Motiv, dass du die Comics in deine Welt integriert hast.

Jürgen Kisch: Ich hatte eben von bildender Kunst geredet. Disney ist was totalitäres im Bereich der Bildenden Kunst. Man könnte weiter zurück gehen, sich Wilhelm Busch angucken, also die Art der Arabesken.

Ulf Wetzka: Struwwelpeter.

Jürgen Kisch: Struwwelpeter. Beim Struwwelpeter ist interessant, dass Heinrich Hoffmann kein Künstler war, sondern das Buch aus pädagogischem und psychologischem Interesse privat gezeichnet hat und man das spürt, das er kein geübter Zeichner war; dabei sind interessante zeichnerische Formen herausgekommen, die man genauer mit Busch usw. vergleichen müsste.
Mir geht es um den Stilcharakter, wie bei Busch in einer Zipfelmütze Linienabläufe da sind, die genau so später bei Disney wieder kommen, da interessiert mich eine Psychoebene von Zeichnung, die unmittelbar und nach wie vor wirkt, die unverändert brutal sein kann.
Zeichnung überhaupt, hat gar kein Problem, sich selbst zu erneuern.
...am liebsten würde ich mich in einem Bereich aufhalten, der „vormodern" ist, ein Jugendstil, der aufbricht in eine freiere Form. ...das hängt auch sehr vom Ort ab, in Paris hatte ich die 50ger Jahre, in Berlin komme ich leichter an eine Vormoderne heran. Vielleicht bereitet sich ein Anfangszustand vor, jetzt, wo die Grafik und Multimedia die Kunst überholt haben, und sich die Chance zu einer angenommenen modellhaften Form neu bietet. Ein freier Raum zwischen Parodie und Abstraktheit, der ein wenig herausgenommen ist aus der Pflicht.

Ulf Wetzka: Du formulierst widersprüchliche Sachen, man hört das Stichwort „Freiheit „, was nach französischer Revolution und Protestantismus klingt, das Wort „Abstraktion" und dann hör ich gleichzeitig Jugendstil und Art Nouveau, die ich komischerweise so gar nicht modern empfinde, wobei ich weiß, das jemand wie Klimt libertär gelebt hat und den großen Malerburschen gespielt hat, aber im Nachhinein wirkt das Ganze eher klein und bescheiden.

Jürgen Kisch: Wenn du das Anfangswerk von Klee, Kirchner und Kandinsky ansiehst, dann ist das genau dieses Endstadium von Jugendstil, das dann in die Abstraktion kippt und dieses Endmodell von Jugendstil bleibt weiter da und wird als künstliche Ebene reproduziert und wird zunehmend zu der beherrschenden pubertären Form. In der klassischen Moderne war das ein Trittbrett von einem naturalistischen Akademismus weg.
Wenn ich eine Karikatur nehme, ist die auf eine bestimmte inhaltliche Situation pointiert, aber in der Form durch und durch künstlich und überzüchtet und diese Form kann ich nehmen und daraus etwas machen, wo der Witz und die Parodie plötzlich wegfällt und diese Künstlichkeit und Form ganz direkt hervortritt...
z. b. Hundertwasser ist auch deswegen modern in der Entwicklung der Form, egal ob das Werk ziemlich grauenhaft und die Auswüchse in die Architektur schlimm sind, so ist trotzdem diese Struktur, diese pubertären abstrakten Strukturen, jeder hat das mal gemacht oder gemocht, die haben ziemliche Brisanz und die meisten in der Kunst hergestellten Ornamente fallen dahinter zurück.
 Mich interessiert genau dieser Punkt, wo es richtig eklig ist und kein Versuch, das zu verbergen, mehr möglich ist.

Ulf Wetzka: Gibt es denn noch Ekel oder Schönheit?

Jürgen Kisch: Weiß ich nicht. Bestimmt außerhalb der Kunst, bestimmt.

Ulf Wetzka: Auf jeden Fall ist Hundertwasser viel populärer geworden als Gaudi, trotzdem beide so eine komische organische Ornamentik haben.

Jürgen Kisch: Du wolltest gestern unbedingt zu Fumsgid sprechen. Vielleicht erklärst du das.

Ulf Wetzka: Was Fumsgid ist, man weiß ja auch nicht ,was Citizen Kane ist oder Rosebud, wenn ich Fumsgid lese, denke ich natürlich an Rosebud, ja, jetzt wäre interessant zu sehen, wie hier diese Flachware an die Wände kommt und warum die gerahmt ist, diese merkwürdigen Blumentöpfe mit gestricheltem Hintergrund, wie es dazu kam, und welche Bedeutung die für dich haben, diese Zeichnungen mit Filzstift von M. Fumsgid, wobei das D eigenwilligerweise noch so ausgefüllt ist mit Farbe...

Jürgen Kisch: Das D ist der einzige Buchstabe in dem Namen, der geschlossen ist, deswegen hat sie das D ausgefüllt.
Die Zeichnungen habe ich während meiner Studienzeit in Frankfurt gekauft, jetzt bin ich hier neu eingezogen und habe sie wieder hervorgeholt und aufgehängt. Es sind zwei Varianten von dem selben Motiv, zwei mal Blumentöpfe mit zwei Blumen und links drei Blättern und der Blumentopf ist noch mal unterteilt in zwei große Formen, geteilt von einem schmalen Streifen. Die ganze Figur vor einem gleichmäßigem Hintergrund; sie hängen jetzt gegenüber, so daß man sie nicht gleichzeitig sehen kann. Als Bild hat es so, wenn man damit lebt, stabilisierende Wirkung wie ein Spiegelbild.

Ulf Wetzka: Für mich ist es tatsächlich Motiv, so ein merkwürdiger Name, wo man sich überlegt, ist der künstlich oder gibt's den Namen tatsächlich, ich will jetzt nicht auf Rosebud herumreiten, für mich ist es interessant zu sehen, dass da eine Art naive Malerei auftaucht, obwohl es nicht das typische all-over ist, was man von Prinzhorn Sammlung oder ähnlichem kennt, auch wenn es davon etwas hat, man meint zu sehen, daß da eine schräge, vielleicht psychisch gestörte Person diese Arbeiten verfasst hat, auch da du letzthin die ganze Serie gezeigt hast, und einige andere Blätter sind noch schriller als diese Arbeiten. Ich fand aber eher so bezeichnend zu sehen, diesen Zusammenhang in Frankfurt, wie sie in der Kneipe ihre Bilder verkauft, zu einer oder zwei Mark und genau diese Zusammenhänge interessieren mich, was sind die wert, materiell der Frau wohl diese zwei Mark, was sind sie dir wert, eher mehr natürlich...

Jürgen Kisch: Mit den Zwei Mark ist es interessant, weil zwei Mark haben einem Apfelwein entsprochen, sie hat auch von sich aus die Sachen nicht angeboten, hatte aber immer einen Packen bei sich und man musste sie danach fragen und es war ihr etwas peinlich. Der Name ist wirklich der normale Name und ein schönes Wort, wahrscheinlich ein jugoslawischer Name. Ich wäre vorsichtig mit psychisch gestört, es ist bestimmt eine naive Zeichnung mit zwanghaften Strukturen, bestimmte Motive werden stereotyp wiederholt, auch wie sie das Blatt ausfüllt, das hat was manisches, aber es ist ein seltsames Verhältnis zwischen dem Manischen und dem farbigen Ausdruck, der sehr lebendig und ganz freundlich ist, wie sie die Farben benutzt, und so hat das beides.
Mich interessiert im Augenblick eher, das Manische zu reduzieren und diese Zeichnungen haben das Manische als Hintergrund, aber nicht wirklich als Thema.

Ulf Wetzka: Mit gingen verschiedene Sachen durch den Kopf. ... Mittelmaß ist der Feind alles Guten... es gibt eine Verbindung ...ist es Faulheit ist es Arroganz ...vielleicht fällt dir mehr dazu ein ...ich bin kein großer Anhänger von konzeptueller Kunst, vieles aus dem Bereich, was ich sehe, ist so still und mager und dazu gibt es dann eloquente Theorien und Beiblätter, die für mich die Sache nicht viel anschaulicher und sinnlicher machen, die Arbeit bleibt so, wie sie ist, im besten Falle streng und puritanisch ...banale These Künstler gehen wieder zurück in die 80ger... alle 20 Jahre wird neu aufgekocht... als ich in der Arsenal Eröffnung war, moderne Architektur, die einem wie die schlimmsten 80ger vorkommt Stahl Glas graue Metallwände aus Leichtmetall wie im Flugzeugbau, es hallt und scheppert, daß es nur so kracht, Mischung zwischen Hangar und Disko, das passt hinten und vorne nicht, nach dem plüschigen Altbau in Schöneberg, das nur nebenbei.

Jürgen Kisch: Ich kenne beide Kinos nicht.
...zum Konzeptuellen würde ich sagen, daß mich zyklische Modelle interessieren, die jederzeit erreichbar sind und gegen Zeitablauf stehen und das Zeichnen selber als Handlung, als miniprivates Ritual, immer wieder die gleichen Wege, die man macht und das ich auch versuche zu sehen, was permanent da ist. Wie kommt man ein Stück aus dem eigenen Klischee hinaus und wie kann man damit umgehen.
Die Frage nach dem Mittelmaß klingt so nach Wertigkeit für andere Menschen, bzw. Bekanntheit und Wirksamkeit der Arbeit und würde sich viel eher stellen, wenn die Arbeit im öffentlichen Raum stattfinden würde.

170

Ulf Wetzka: Es ließe sich sowieso fragen, ob deine Arbeit etwas mit affirmativer Ästhetik zu tun hat, generell, und in Bezug auf Berlin sind diese Kühe viel mehr akzeptiert und ruck zuck als Berliner Ausdruck akzeptiert als dieser Borofsky, da wird viel mehr herumgemäkelt als an diesen bunten Kühen, die da an der Hauswand weiden, hier Stadtcharakter...

Jürgen Kisch: Ja, die sind sehr akzeptiert, ich würde sie sofort beseitigen.

Ulf Wetzka: Was würdest du noch in der Stadt beseitigen? Ich habe einen Film gesehen über Adolf Hitler, der wollte Paris plattmachen und wieder neu aufbauen. Der hatte ja auch einiges vorgehabt mit großen Hallen und großen Anlagen, ein zwei auch realisiert, wo man so eine Ahnung kriegt, was das bedeutet hätte, das Olympiastadion z. b., was das hätte werden sollen, wenn die Sache länger gedauert hätte als 12 Jahre. Da gibt es einen englischen Roman aus den 60gern ...dieser Zusammenhang aufbauen-zerstören. Was würdest du machen, wenn du zurückdenkst an Paris, würdest du den Eiffelturm einreißen.

Jürgen Kisch: Vielleicht versuchen die Berliner die Borofsky- Figuren als Karikaturen zu verstehen und finden den Witz nicht; die Kühe sind gekippt an der Oberfläche, schön bunt, das ist als optischer Witz sofort klar, Tendenz wenn schon was Großes, dann soll es auch lustig sein.

Ulf Wetzka: Nicht unbedingt; vorhin habe ich vom Olympiastadium geredet, da ist Größe, die heute noch schlagend ist und überhaupt nicht humorvoll ist.

Jürgen Kisch: Berlin ist roher und viel brutaler zusammengehauen als Paris, da ist alles so fein, viel zeichnerischer und schlanker und sehr viel atmosphärischer, Berlin ist roher, diese Parks, die Brachflächen, die Hunde, alles normale Beobachtungen, das ist offensichtlich. Vor kurzem habe ich mir eine Broschüre gekauft über die Befreiungshalle in Kehlheim bei Würzburg, die ich von Schulausflügen noch kenne, und jetzt hat mich dieser Spielzeugcharakter und das falsche Pathos der Architektur interessiert, und nachdem ich ein paar Zeichnungen dazu gemacht habe, habe ich festgestellt, dass der Wasserturm hier in der Rykestrasse sehr ähnlich ist; und dann überlegt, ob ich über diesen Umweg der Befreiungshalle eigentlich Zeichnungen vom Wasserturm gemacht habe. Er hat so etwas Entrücktes, man hat die Strasse und er ist dahinter wie ein dahinprojeziertes Bild und unerreichbar. Es gibt hier mehrere solcher Situationen, der Berg im Friedrichshain z.B. und auch manche der Plätze hier haben diesen Charakter, der mehr vorgestellt als real ist, vielleicht das Gegenteil der italienischen Piazza, wo man die Situation vom Platz aus erklären kann, hier sind das eher hereingesprengte kleine Urwälder und das gefällt mir.

Ulf Wetzka: Wir saßen so rum am Potsdamer Platz, guckten zum Daimler Gelände, da flanierten Leute aus allen Ländern rum, ist das noch Berlin, oder ist es das, was du Entrückung nennst, ich dachte, es ist eine Art Entertainment-Architektur, die da entstanden ist, die so aussieht als ob, aber zu klein, zu groß, komisch wirkt. Es waren gute Architekten am Werk, und trotzdem, in Berlin bekommt es so einen komischen Klang, es wird dann eben nicht so großzügig, wie ein Jahn woanders gebaut hat oder Renzo Piano, es kriegt hier einen anderen Charakter. Verlassen wir das Feld Architektur: ...von Bild und Text, die sich aufeinander beziehen, zu illustrativen Arbeiten, die vielleicht erfolgreicher sind als dein Arbeitsansatz, ich empfinde ihn stärker hermetisch, solipsistisch, aufs Ich bezogen, während eine Arbeit wie bei Kabakow eher universalistisch ist, oder expansiv gedacht, denn überall gibt es Museen mit Räumen, die schwer bespielbar sind und schwuppdiwupp sind das Kabakowräume, die eine scheinbare private oder öffentliche Situation darstellen, so wie Nam June Paik in jeder Museumscafeteria steht mit seinen komischen Fernsehrobotern und es längst keinen mehr interessiert, weil es wie ein Möbelstück da steht. Aber er ist damit zum erfolgreichsten koreanischen Künstler der Nachkriegszeit geworden.

Jürgen Kisch: Ich möchte jetzt drei Schritte zurückgehen. Zur Erzählung und Illustration muss das Interesse da sein, das auszubauen. Mein Interesse liegt auf einer wahrnehmungspsychologischen Ebene, die erst einmal notgedrungen selbstbezogen sein muss, aber nicht

wirklich hermetisch ist; ich gehe oft eher von einer gefundenen illustrativen Form aus und übersetzte sie dann in kleine Mechaniken, bei denen eine Beobachtung zu einem bestimmten Material in Beziehung gesetzt wird; wo fängt Bedeutung an, wo fängt Ausdruck an, wo fängt Improvisation an, wo ist etwas ordentlich, wann ist etwas klar, wie könnte man gerade mit dem Lineal gezogene Linien unscharf machen, diese Spielräume interessieren mich, um daraus eine winzige Erzählung zu machen.
Es ist wenig Anspruch da, eine Autobiographie zu machen, etwas zu tun, was für eine Generation steht, oder für einen Ort steht, für eine allgemeine Erfahrung steht.

Ulf Wetzka: das ist natürlich eine äußerste Selbstzurücknahme, die du da formulierst, wenn ich die Zeitgenossen oder die Moderne richtig verstehe, wird ja das Gegenteil formuliert, es kommt oft dieser Anspruch, dass wie bei einem Theaterstück Raum Zeit und Ort formuliert werden, dass eine klare Zeitgemäßheit herrscht, eine klare Rückbezüglichkeit auf den Produzenten und auf den Konsumenten und der Ort definiert ist, und das Zeitgemäße und das auf-den-Punkt-gebrachte gilt als Zeichen für Qualität.

Jürgen Kisch: Damit das gelingt, muss man bestimmte Anteile in der Arbeit willkürlich festlegen und als gegeben ansehen und geht von vornherein aus der Erfindung ein ganzes Stück heraus, ohne diese Willkür zu bearbeiten. Weil es diskursiv und kommunizierbar sein muss, macht man die Dinge sehr abhängig von dieser Aufgabe. Gleichzeitig bildet sich eine Rezeptionsgeschichte, die Bedeutungen komplettieren sich und werden weiter übermittelt. Ich gehe von vornherein von einem willkürlichem Punkt aus und halte es sowieso für nicht herstellbar, einen Ausgleich herzustellen zwischen einem Bedürfnis, das irgendjemand als vorgestelltes haben könnte, einem vorgestellten eigenem Bedürfnis. Als Auftraggeber würde ich eher die Herstellung einer spezifischen Arbeitssituation ansehen, und aus der Beobachtung dieser Situation versuchen etwas zu gewinnen; das Problem dabei ist, dass ich so kaum Interesse haben kann am Austausch, und der Herstellung von Austauschbarem. Wenn man aber in den Prozess hineingeht, d.h. die Arbeitssituation so anlegt, dass sie davon befreit wird, repräsentativ zu sein, dann ist das sehr viel unhermetischer, weil alles mehr in der Luft hängt und sehr viel offener ist, mehr Möglichkeiten hat und deswegen empfinde ich dann diesen Hinweis auf „hermetische Kunst" als gar nicht so ganz treffend.

Markus Wirthmann

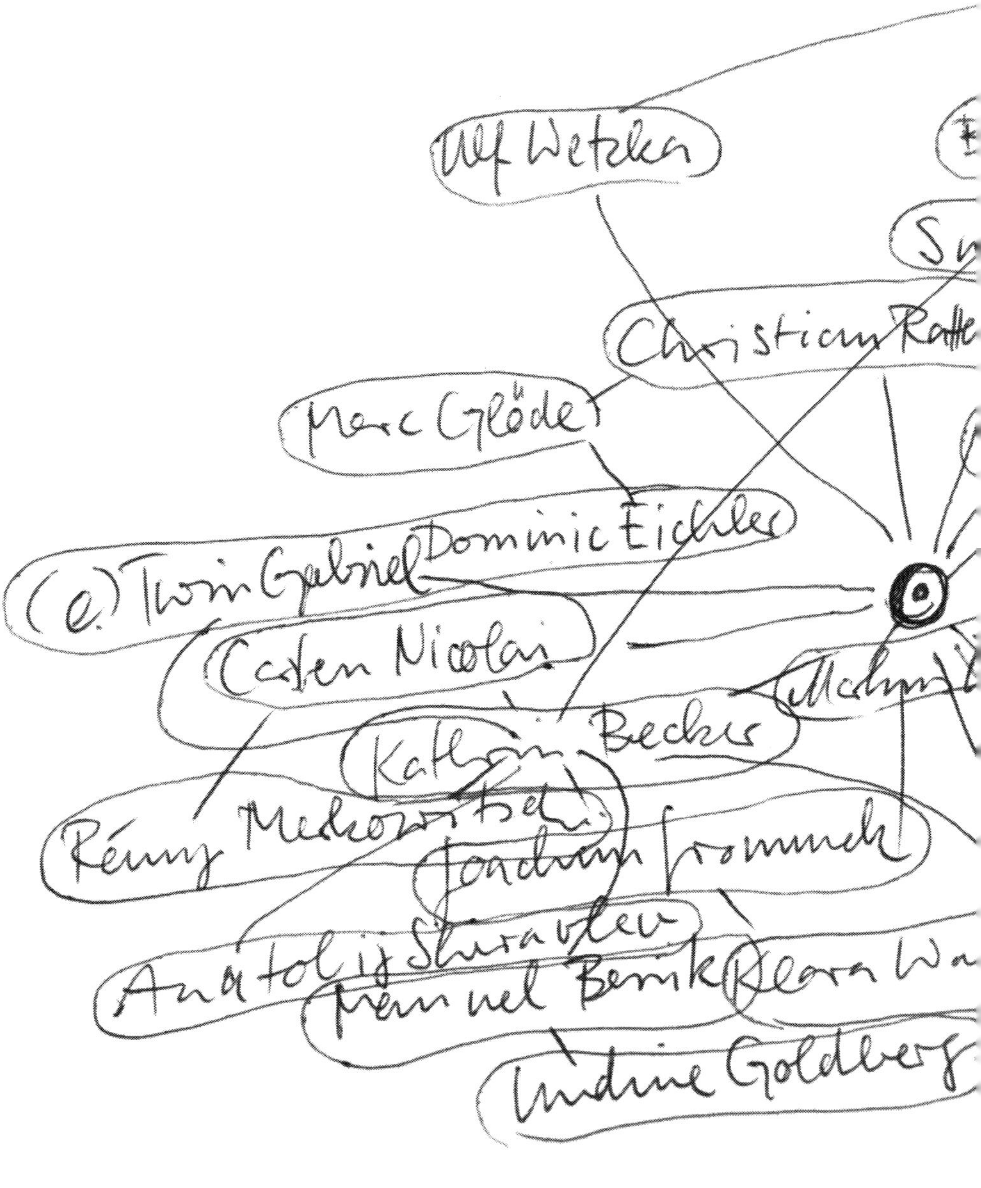

Ulf Wetzka

Christian Ratt[...]

Marc Glöde

Dominic Eichler

(e.) Twin Gabriel

Carsten Nicolai

Kathrin Becker

Rémy Markowitsch

Jochen Frommuth

Anatol Knotek

Manuel Bonik

Undine Goldberg

...ina Allermoder

...mme Stöhase

...günter Reski

Michael Aulbach

Ralf Ritter

Christoph Tannert

Peter Lang

Heinz Wohlrab

...der Sebestyén   Albrecht Schäfer

...nes   Holger Friese   Mehus Lepper

usw.

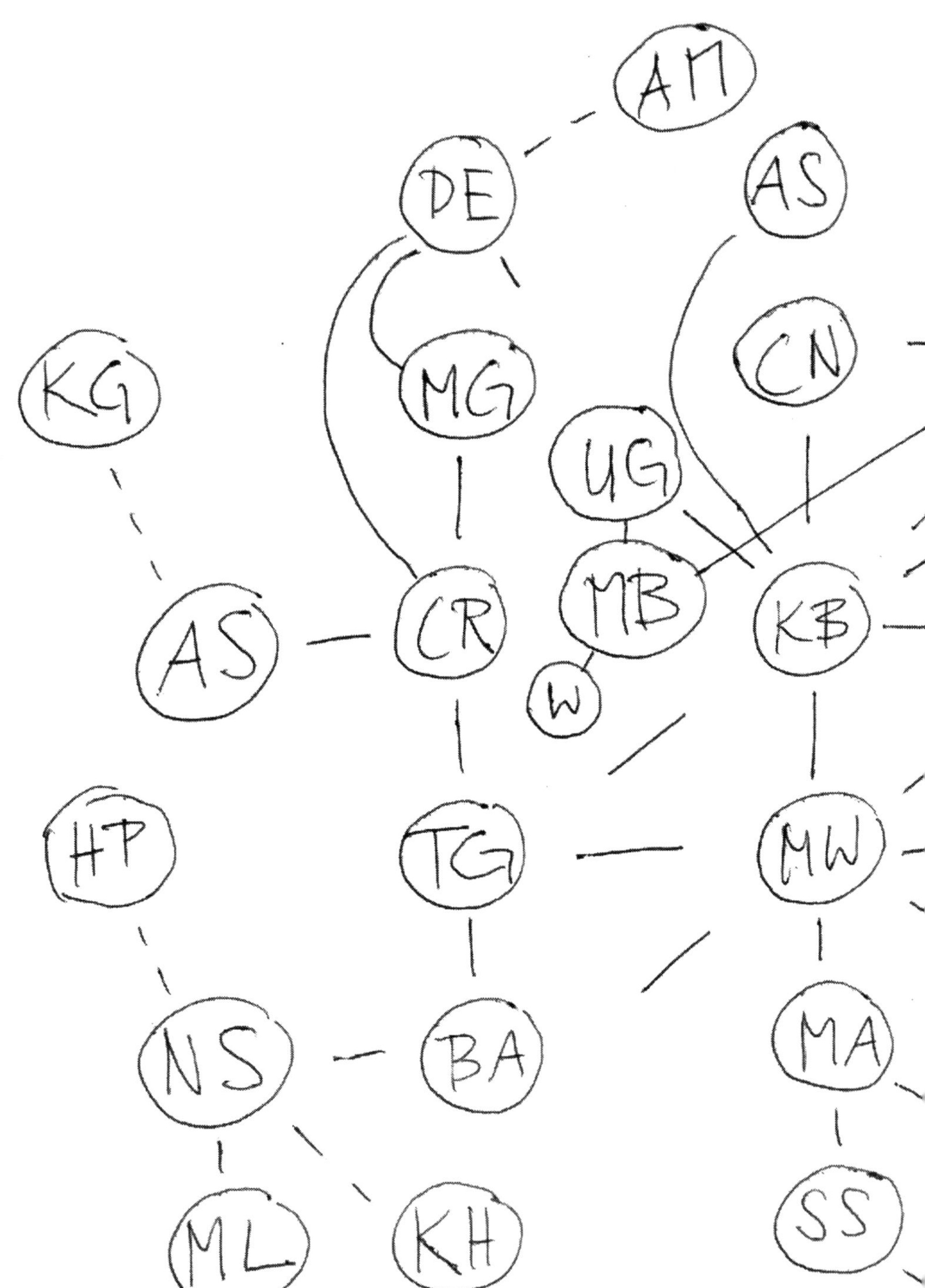

178

Beziehungskiste II
MR
RM
KW
HF
UD
JG
KS
AW
HW
HD
PL
CT
RR
GR
GR
UW
MW
BA

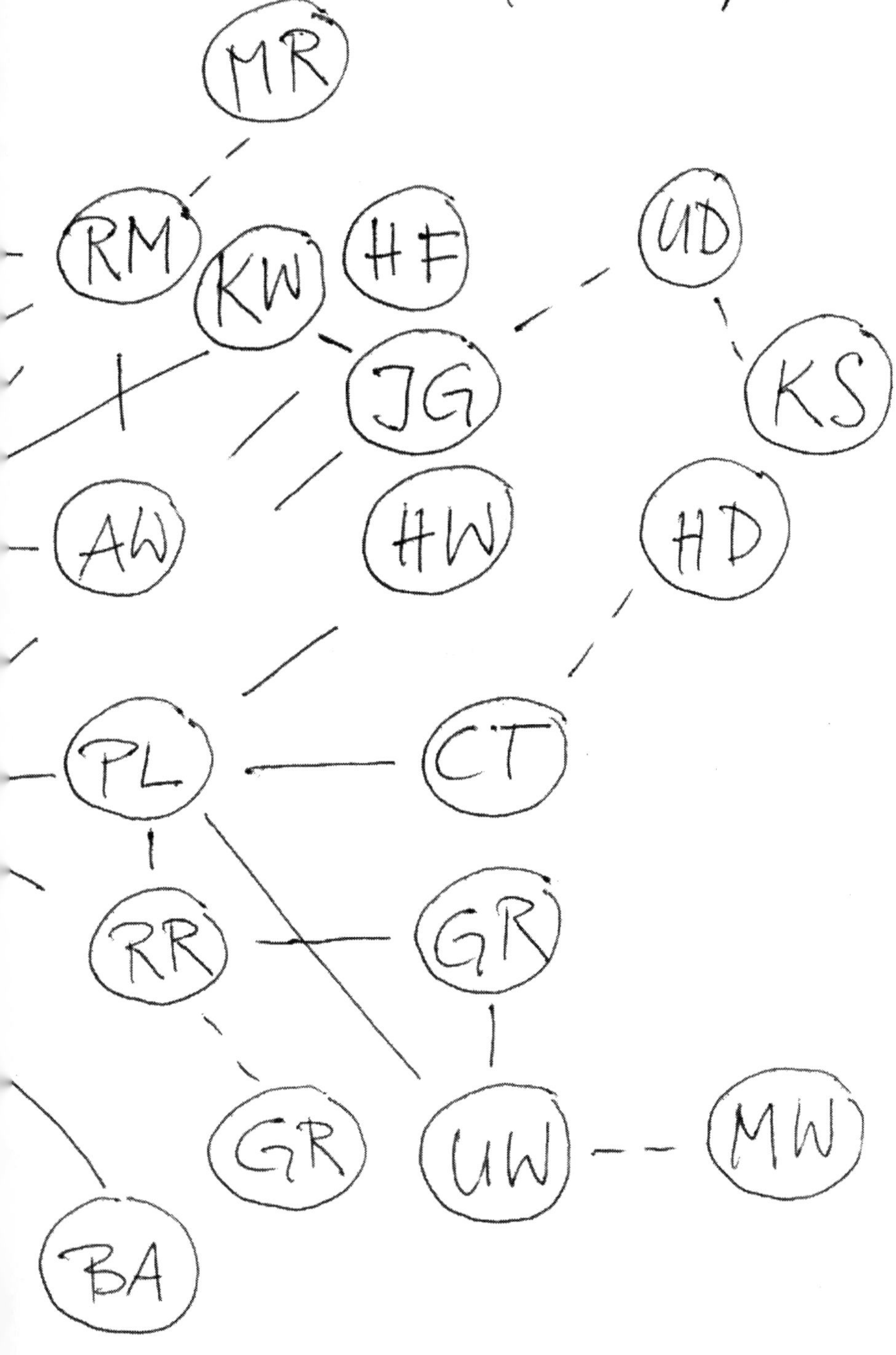

Martin

Kandy

Fiona/Andy

Helen

New York

Kendall Ginsberg

Washington

Düsseldorf

Paris

Rick

Platze

Holm/Stevens

Alex/Bettina

Ballern

France

Los Angeles Bettina

Ralf/Steffi

Michael/Uchiko

Tschopenhim

Malia

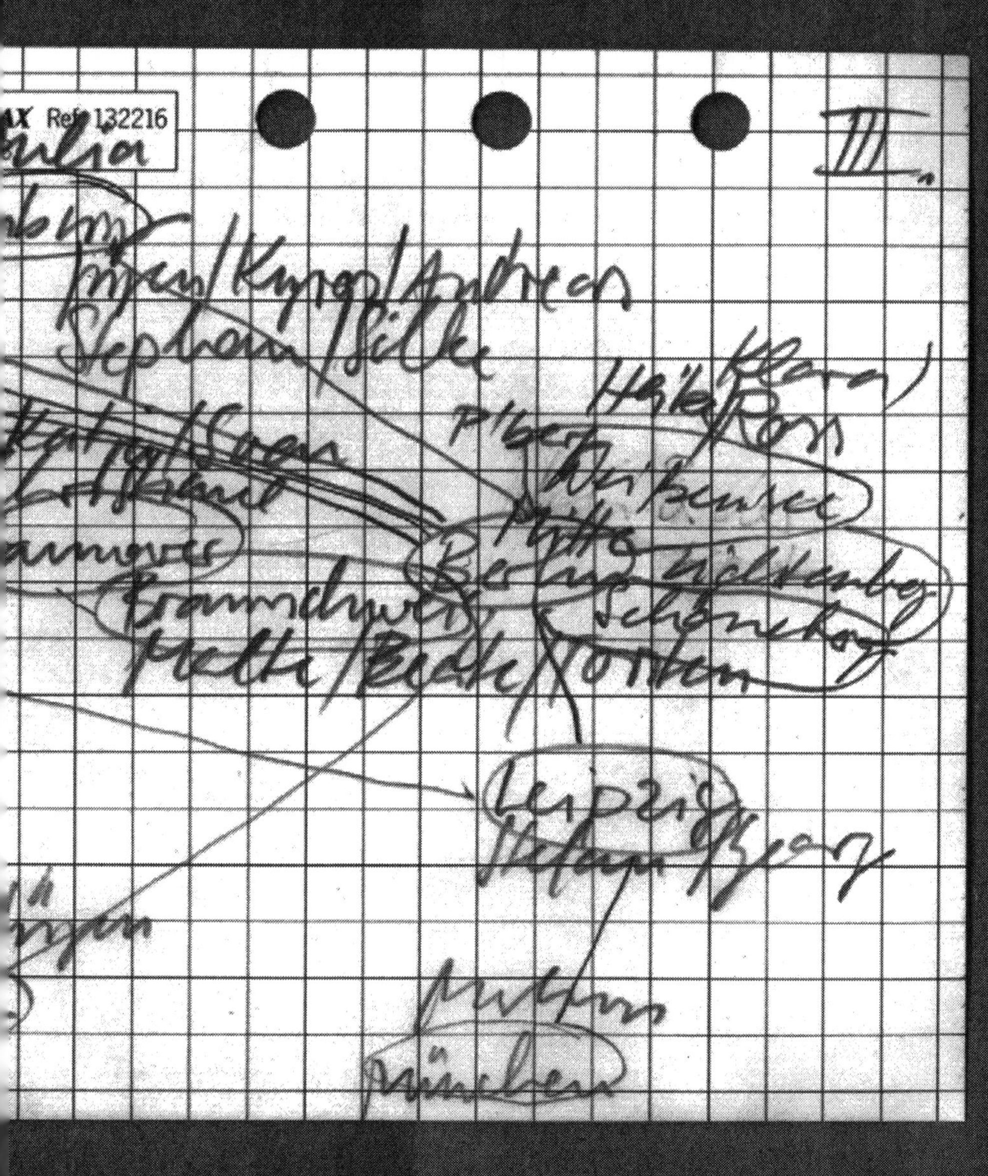

Heinz Wohlrab

Wie macht man Ausstellungsarchitektur, wenn die Mittel erschöpft sind?

oder

Gedanken zu einer Ausstellung

Lieber Markus,

jetzt ist es also soweit.

Der Termin rückt unaufhaltsam näher. Aus Wochen werden Tage, aus Tagen werden Stunden. Weiter wollten wir nicht ins Detail gehen. Parallel mit der Reduktion der zeit läuft die Einschränkungen der mittel aus der Gedankenwelt eine Realität entstehen zu lassen.

Bedarf die Option, Eingriffe in die Struktur bestehender Räume zur Unterstützung - nicht des Selbstzweckes wegen - einer Ausstellung die Realität ?

Die Architektur einer Ausstellung hat immer eine temporäre Dimension, wie die Ausstellung selbst.

- Weshalb dann in eine bestehende Struktur neu ordnen? Als Reaktion auf die Anwesenheit von materialisiertem Gedankengut der teilnehmenden Künstler?

- Gliedert die Zuordnung und räumliche Positionierung der Arbeiten nicht schon selbst die Räume und/oder schaffen neue Räume?

- Bedarf es überhaupt des Einbaues von Wänden, Schaffung neuer Projek tionsflächen mittels Farbe oder all den Tricks, die aus dem Füllhorn der Ar chitektursprache über Räume ausschüttet werden können?

Ausstellungsräume sind immer auch Plätze der Kommunikation.

Kommunikation reduziert auf das Wahrnehmen, akustisch und optisch, die Sprache der Nutzer und Benutzer, reichen aus, Gedanken, Ideen, Konzepte und Erfahrungen zu transportieren und in den unmittelbaren Kommunikationsprozess einzubinden.

Die Definition neuer räumlicher Situationen kann als Hilfsmittel zur Kommunikation genutzt werden. Wie das Internet der Oberfläche eines Monitors bedarf um als Kommunikationsplattform zu funktionieren, benötigen Ausstellungsräume Wände, Decken und Böden. Die Oberflächentextur ist in beiden Fällen zweitrangig. Irritation erzeugt Kommunikation ebenso wie sie diese unterbinden kann.

Die Ausstellungsräume des KunstLANDing sind reduziert auf die vorhandenen Oberflächen eine Irritation als solches. Architektur für die Ausstellung kann hier nur auf die Situation reagieren. Diese Reaktion ist das Modell. Nur das Modell bietet das Idealbild einer Option. Eingriffe auf die Oberflächenstruktur, Schaffung neuer Räumlichkeit und die Zuordnung von Raum und Inhalt bedürfen einer weitestgehenden Auseinandersetzung mit den Inhalten zukünftiger Projekte.

Modelle, mit ihrer Reduktion auf das Wesentliche, haben in der Architektur immer die Aufgabe gehabt das Idealbild eines Raumes ohne störende Nebenfunktionen darzustellen. Dabei haben Modelle auch immer die Funktion übernommen die Möglichenkeiten des Machbaren zu vermitteln.

So ist das Modell der Ausstellung die Fiktion einer nicht realisierten Ausstellungsarchitektur. Das Modell als Dokumentation einer Auseinandersetzung und Reaktion auf die Realität.

Heinz Wohlrab, 16.Juli 2000

Bettina Allamoda

1964	in Chicago geboren
1983-90	Studium an der Hochschule der Künste Berlin und der Central/St.Martin's School of Art, London
1991	Goldrausch e.V. Programm Berlin
1992	Atelierprogramm des Künstlerhaus Bethanien Berlin
1993	Stipendium der AG Kulturelle Aktivitäten von Frauen, Senatsverwaltung für Kulturelle Angelegenheiten Berlin
1994	Progetto Civitella D'Agliano, Italien/ Arbeitsstipendium, Senatsverwaltung für Wissenschaft und Kultur Berlin
1995	Karl-Hofer Atelierprogramm Architektur/ Künstlerin der Ausstellung Family, Nation, Tribe, Community Shift, Haus der Kulturen der Welt, Berlin
1996	Arbeitsstipendium der Stiftung Kulturfonds Berlin
1997	Seminar Akademie der Bildenden Künste München
1998-99	Europäisches Atelier-Programm, ACC-Galerie e.V. Weimar Lehraufträge an der Hochschule der Künste Berlin
1999	Airbox unlimited, Skulptur im öffentlichen Raum, Weimar

Einzelausstellungen und Performances (Auswahl):

1999	les artistes décorateurs, Zwinger Galerie Berlin ambi.in/out (experimental city space/ambience Projekt mit N. Sadr-Haghigian, T. Friedrich u.a.), Haus des Lehrers Berlin
1997	Trigon, Zwinger Galerie Berlin 20 Jahre Deutscher Herbst (Performance), shift.e.v., Berlin
1996	Jurassic, Künstlerhaus Bethanien, Berlin les artistes décorateurs, Kunstraum München e.V. Yesteryear/Humanleague, Multivisionsperformance, Kunstraum München, Feministische Fachtagung Duderstadt
1995	Cinderella Cases, allgirls gallery, Berlin Yesteryear/Humanleague, 3-D Multivisionsperformance, Kunstwerke e.V. Berlin
1994	Alien Cases, Galerie von Witzleben, Karlsruhe Yesteryear/Humanleague, 3-D Multivisionsperformance, Oberrheinisches Dichtermuseum, Karlsruhe
1993	Memorabilia, Science & Fiction 93, Zeiss-Großplanetarium Berlin Performances (mit Käthe Kruse), Galerie Zwinger Berlin Return to Forever, Friseur der Botschaft, Berlin
1992	5 years- zur Ausstellung erscheint ein Katalog, Künstlerhaus Bethanien Berlin Modern Classics, Künstlerhaus Bethanien Berlin 20 Jahre Kultur, 20th Anniversary of Art & Culture, Audio-Dia-Performance Vortrag, Kunstwerke e.V. Berlin
1990	- eine Archäologie der Gegenwart, Informations- und Kulturzentrum der Russischen/GUS Föderation, Berlin-Mitte
1990	Industrial Archeology Room, Steelopolis, Röchlinger Stahlwerke, Völklingen /Saar Bettina Allamoda & Stephan Deckert Stellen Aus, exhibit Galerie, Berlin
1989	Aliensteel, ONS Galerie, Berlin
1988	Collection Rustikal, Galerie Contraforma, Berlin Grabung, Galerie am Taubengarten, Grünstadt

Gruppenausstellungen (Auswahl):

1999	Gemeinschaft - Gesellschaft, ACC-Galerie Weimar
1998	Conversation Pieces (mit Eran Schaerf, Silvie Fleury u.a.), Zwinger Galerie Berlin Listen to my House, Forum Stadtpark Graz U2 - Alexanderplatz Wettbewerbsentwürfe, NGBK Berlin art club berlin, Mies-van-der-Rohe-Pavillon Barcelona
1997	art club berlin, Artforum Berlin In Media Res, Dolmabahce Kulturzentrum, Istanbul KHG Stipendiaten 95-97, Kunstamt Kreuzberg Berlin
1996	The Thing Between, Technische Sammlungen Dresden (mit Atelier v.Lieshout, Zbigniew Libera u.a.) Family Nation Tribe Community, SHIFT, NGBK, Haus der Kulturen der Welt, Berlin (mit Martha Rosler, Christian-Phillip Müller, Ed Kienholz, Alfredo Jaar u.a.) Works, Galerie im Parkhaus Treptow, Berlin Escape Attempts (Compartments), Christiania, Kopenhagen
1995	Filmcuts, Galerie Neugerriemenschneider, Berlin Show & Teil, WAPO-Projekt, ars electronica, Linz Gummi, Hygienemuseum Dresden allgirls on tour, I A S, London/ Spacegallery, Chicago cu, cu, cube, Galerie Zwinger, Berlin When tekkno turns to sound of poetry, Kunstwerke e.V. Berlin
1994	Communita, Progetto Civitella D'Agliano, Italien Dokumentstationen, Kunstverein Kassel, allgirls, Berlin When tekkno turns to sound of poetry, Shedhalle, Zürich
1993	A Space Without Art Fernsehturm, Berlin-Mitte allgirls on tour, Galerie Eigen & Art, Leipzig
1992	Museum für Geschichte, Botschaft e.V. Berlin

Makroville, Ehrenhof, Düsseldorf
Kunstpreis Ökonomie, Sammlung Brinkmann (Alice Kreischer, Andreas Siekmann), Spielbank Bad Oeyenhause
1991   heute, Frauennetzwerk Goldrausch e.V., Künstlerhaus Bethanien Berlin
1990/89   Kunststudenten Stellen Aus, Wanderausstellung,
          Moderne Galerie im Saarlandmuseum, Kunstverein Karlsruhe, Köln, Freiburg
          Fußball in der Kunst, Pfalzgalerie Kaiserslautern, Leopold-Hoesch-Museum, Düren
1988   Play-off, Hochschule der Künste Berlin (mit Maria Eichhorn, Andreas Ginkel, u.a.)

Dr. Michael Aulbach

1964   geboren in Aschaffenburg
          Studium der Germanistik und der Philosophie in Würzburg und Freiburg i. Br.
1989   Magisterexamen
1997   Promotion am Fachbereich Kulturwissenschaften der Humboldt Universität, Berlin
          Lehrtätigkeit in Berlin und Paris
seit 97   DAAD-Lektor an der Université Cheik Anta Diop, Dakar, Senegal
          Département de Langues et de Civilisations Germaniques

          Publikationen zum Thema deutsche Literatur (Thomas Mann, Goethe, Brecht), zur deutsch-französischen
          Imagologie und zu Problemen der Curriculumsplanung an ausländischen Deutschabteilungen

Kathrin Becker

1965   geboren in Hagen, Westfalen
          Konzeption und Realisation von Ausstellungsprojekten sowie Publikationen zur Gegenwartskuns

Christoph Blase

1956   geboren
          Kunstkritiker, Herausgeber der Kunstkritik-Site www.blitzreview.de, lebt in Berlin

Manuel Bonik

1964   geboren in Wertheim/Main. Studium Musikwissenschaft, Italienisch, Philosophie.
          In den 80er Jahren Deutsche Journalistenschule und Mitherausgeber des
          Kulturmagazins 59to1 in München.
1989   erste Begegnung mit Oswald Wiener und Gründung der Künstlerzeitschrift
          „schrift- für künstliche und künstlerische intelligenz" mit dem Münchner Künstler
          und Autor Fred Jaeger.
1994   Umzug nach Berlin.
1995/96   Zusammenarbeit mit Dieter Roth. Nach Jaegers Selbstmord
1996   erscheint
1997   „schrift 4 / epilog". Kunstkritiker für u.a. VOGUE, Flash Art, Spiegel Online,
          Süddeutsche Zeitung. Ausstellungen mit Konzeptkunst und Malerei in New York,
          Berlin, Graz, Boston, Luzern, Barcelona, Kopenhagen.
1998   Lehrbuch mit Robert Hödicke und Oswald Wiener: „Eine elementare Einführung
          in die Theorie der Turing-Maschinen" (Springer-Verlag, Wien/New York) und
          Gründung der Künstlerzeitschrift „01" (bislang vier Ausgaben).
2000   erschien die Gesamtausgabe von „schrift".

Ausstellungen, Präsentationen, Vorträge (Auswahl):

1999   On Paper. Stalke Galleri, Kopenhagen.
          Unter der Benutzeroberfläche - Computer und Kreativität aus
          automatentheoretischer Perspektive. Kunsthalle Schirn, Frankfurt.
          from 0 - 1 / and back again. Kunsthalle Schirn, Frankfurt.
          01 meets Schaschlik. Im Rahmen der Ausstellung „Home is where the heart is"
          von Rémy Markowitsch. EIGEN+ART, Berlin.
          Kreativität und Berechenbarkeit. Vortrag zum Symposium „Kreativität und
          Reduktion. Zwischen Zufall und Systematik". Akademie der Künste, Berlin.
          Die Fundstelle / The Dutch Way. Club Maria, Berlin.
1998   Maschinenästhetik. Vortrag zur Ausstellung „Ceterum Censeo", Berlin.
          Kasimir Malewitsch - Das Schwarze Quadrat. Vortrag / Performance mit Joulia
          Straussowa. Galerie Hohenthal und Bergen, Berlin.
          primeros auxilios / pintura tautológica y afirmativa. Barcelona Rouge, Barcelona.
          01, #3 (mit Stefan Banz), 01 #4 (mit Rémy Markowitsch). Art Club Berlin, Art Forum Berli
          Aggregatzustand, Ex-Umspannwerk, Berlin (K).
          Art Club Berlin, Mies-van-der-Rohe-Pavillon, Barcelona.
          01, #2 (mit Klaus Winichner). Millefleurs again, Berlin.
          01, #1. Büro 01, Berlin.
          Eine elementare Einführung in die Theorie der Turing-Maschinen, Lesung mit
          Oswald Wiener und Robert Hödicke, shift e.V., Berlin.
          30 Jahre Martin Luther King. Ausstellung / Präsentation durch Herbert Fuchs in
          Umhausen / Tirol (Stadl 121), St. Gallen (Galerie Agathe Nisple), Innsbruck (Café Corso).
          Eine elementare Einführung in die Theorie der Turing-Maschinen als Teil einer
          Ausstellung von Angela Bulloch. Schipper & Krome, Berlin.

Millefleurs again, Atelier Undine Goldberg, Berlin.
1997   Art Club Berlin, Art Forum Berlin.

Bibliographie:

1999   Konstanze Crüwell: Kunst im Gefängnis. Frankfurter Allgemeine Zeitung. 26.7.99.
           Christoph Doswald: Worte Gefangener für Gefangene. Hochparterre 4.
           Peter Funken: Goldene Assistentinnen. Ein Interview mit dem Autor und Künstler
           Manuel Bonik. www.art-on.de.
1998   Martin Conrads: Lauter Nullen und Einsen. Anti-Computer: Die Künstlerzeitschrift 01. Zitty, 26/98, Berlin
           Thomas Raab: Eine elementare Einführung in die Theorie der Turing-Maschinen. SpringerIn IV, 3. 9-11.98
           Bernhard Dotzler: Ein primitiver Typ Gehirn. die tageszeitung, Berlin, 17.8.
           Janos A. Makowsky: Der Wert der Biester. Zen oder die Kunst, eine Turin-Maschine zu warten
           Der Standard, Wien, 14.8.
           Interview cargo cult tv, Basel. Juni.
           Hot Spot, CD-ROM des shift e.V., Berlin. Februar.
1997   Martin Zips: Auf Sinnsuche im Copy-Shop, Süddeutsche Zeitung, 9.12.

Dominic Eichler

1966   geboren in Ballarat, Australien
1984-89   Studium an der Monash University, Melbourne, Australia
1993   Verdaccio Studios, Siena, Italy
1995   Übersiedlung nach Berlin

Einzelausstellungen:

2000   Pullies, 1st Floor, Melbourne
           Showing their work or the work of others, mit Dave Allen, Starship, Berlin
1998   Birds of a Feather, IDEEN SHOP/Wollanik Decoration, Berlin
1996   Rupert Goldsworthy Gallery, Berlin
1995   Coloured Objects, with Jennifer Higgie, 205 Russell Street, Melbourne

Gruppenausstellungen, Videopräsentationen, Kuratorische- und andere Projekte:

2000   Rocialle-Ornamente und andere Verbrechen, Shedhalle, Zürich
           Dominique-speak to me, LP -oscar bravo, Berlin
           48 Hour Theatre-Friends of Italian Opera, Berlin (Bühnenbild)
           Shoot-moving pictures by artists, Spiegel Cinema und Kunsthalle Malmö, Sweden (Katalog)
           Green Door, Open Space, Berlin (stage set)
1999   Sexual Politics in Winter time-Tendencies in Love, Shedhalle, Zurich (Katalog)
           Tendencies in Love -trends, joys and dilemmas in contemporary relationships, mit Frederikke
           Hansen, Hilton Hotel, Berlin
           Hall of Fame, Schroederstrasse, Berlin
           Pink for Boys/ Blue for Girls, NGBK and Kunstamt Kreuzberg, Berlin (Katalog)
1998   Video macht froh, Fr(, Berlin
           Ceterum Censeo, TV Dinner, Die Box-Galerie im Marstall, Berlin
           Media Menue I, Die Box, Berlin
           Art Club Berlin, Art Forum Berlin
           Lesung, Filme, mit Julian Goethe, Laden/Schillerstrasse, Berlin
           Postal Presents, STRIPP Gallery, Melbourne (Katalog)
1997   A Home Show: Sitting up erect or reclining, Mary Goldman, Berlin
           Big Blue, Fix, Berlin
           Splendid Isolation, OSMOS Gallery, Berlin
           Eurovision, with Esther Pierini, 205 Russell St., Melbourne
1996   Sex and Space-'Der Weisse Imperativ' mit Lukas Duwenhoegger und Julian Goethe, Shedhalle, Zürich (Katalog)
           Gramercy Int. Art Fair, Rupert Goldsworthy Gallery, Berlin
           Stadtluft, Charlottenstrasse, Berlin
1994   One Night Only, 205 Russell Street, Melbourne

Bibliographie:

1999   'Moderne Homo Beziehungen im Hilton', Siegessäule, November
           Marc Glöde, 'Birds of a Feather', exhibition essay, IDEEN SHOP/Wollanik Dekoration, Berlin
           (www.cybertecture.de/wollanik)
           Robert Rooney 'Shock of the New heightened by delve into past', The Australian, 22. Mai
1998   Jennifer Higgie, 'Autumn Leaves' Broadsheet, Vol. 26 No. 4 Summer 97/98 (Photographien für den Artikel)
1997   Mary Goldman, 'Summer Fun', www.artnet.com, September
           Corinna Weidner, 'Blau', Prinz, Kulturtest, Oktober
1996   Corinna Weidner, 'Dominic Eichler-Fotos und Fahrbare Skulpturen', Prinz, Kulturtest, Juli
           Harald Fricke, 'Wand und Boden-Stützende Gerüste', die tageszeitung, 6/7 Juli

Texte (Auswahl):

2000   Stephen Prina, Frankfurt a. M. Kunstverein/Lucas and Sternberg Publishers NY
           The Work shown in this space is a response to the existing conditions and/or work previous
           ly shown within the space III, Frieze-Contemporary Art and Culture, Ausgabe 54, September
2000   Hiroshi Sugimoto, Frieze-Contemporary Art and Culture, Ausgabe 54, September 2000
           Cosima von Bonin, Frieze-Contemporary Art and Culture, Ausgabe 54, September 2000

Ulrike Kuschel, Frieze-Contemporary Art and Culture, Ausgabe 53, Juni 2000
Sarah Lucas, Frieze-Contemporary Art and Culture, Ausgabe 51, März 2000
Tobias Rehberger, Frieze-Contemporary Art and Culture, Ausgabe 51, März 2000
Fancy-Louise Paramor, catalogue, Künstlerhaus Bethanien, Berlin, January 2000
1999   Matthew Barney, Frieze-Contemporary Art and Culture, Ausgabe 49, November 1999
Soft Résistance, Frieze-Contemporary Art and Culture, Ausgabe 48, September 1999
Ellen Gallagher, Frieze-Contemporary Art and Culture, Ausgabe 47, Juli 1999
Richard Hamilton, Texte zur Kunst, No. 34, June 1999
Albrecht Schäfer, Frieze-Contemporary Art and Culture, Ausgabe 45, März 1999
Diplomatica-Lukas Duwenhögger, Daniel Buchholz Galerie, Cologne
1998   Berlin Biennale, Artnet Magazine, www.artnet.com
Berlin Biennale, Umelec-Czech Art Magazine
Out of the North - Annika Ström, Contemporary Art from Denmark and Sweden, Stuttgarter
Kunstverein, Cantz
Letter from Berlin, Artnet magazine, www,artnet.com
Diagnostic Tools for the New Millennium-Leon Cmielevski and Josephine Starrs, Künstlerhaus Bethanien
Diagnostic Tools for the New Millennium-Leon Cmielevski and Josephine Starrs, Broadsheet
Art Galleries Berlin, Time Out Berlin, Third Edition, Penguin 1998
1997   International Departures, Like-Art Magazine, No. 4 RMIT Melbourne, Früjahr 1997
How it Feels - The Tracey Emin Museum, Like-Art Magazine, No. 3 RMIT Melbourne, Winter 199
Recasting, Julie Davies, Künstlerhaus Bethanien, Berlin 1996

Holger Friese

Einzelausstellungen:

1995   Nachlaß, Raststätte, Aachen
in Zusammenarbeit mit Marco Lietz, http://www.heimat.de/raststaette/rdoku/rnachl.html
1998   wysiwyg version#2, Neuer Aachener Kunstverein, http://www.antworten.de

Gruppenausstellungen:

1997   documenta X, Kassel, http://www.documenta.de/documenta/dx/website.htm
1998   Typische Handbewegung, Kunstraum - Lothringer Straße, München, http://www.antworten.de
Entropie zu Hause - Sammlung Schürmann, Suermondt-Ludwig-Museum, Aachen,http://www.502.org/entropy.
sub-fiction, 3. Werkleitz Biennale, Werkleitz,
http://www.werkleitz.de/sub-fiction/text/indexE.html
Anticipation - Version 4, Centre Saint Gervais, Genf,
http://www.centreimage.ch/02progF/version/version4/index.html#bottom
1999   Reload, shift e.V., Berlin, http://www.re-load.org
net_condition, ZKM, Karlsruhe, http://www.zkm.de/net_condition/
Kunstbank, Berlin, http://www.inmeinernaehe.de

(e.) Twin Gabriel

        'Else' Gabriel
1962   geb. in Halberstadt
1982-90 AUTO-PERFORATIONS-ARTISTIK
seit 88 Zusammenarbeit mit:

        Ullf Wrede
1968   geb. in Potsdam
1984-89 Hochschule für Musik „Hanns Eisler", Berlin
        (e.) Twin Gabriel
seit 91 Bezeichnung für die Zusammenarbeit von
        E(Ise) und U(llf) auch
        PLASTISCHE PLANUNG
        leben und arbeiten in Berlin und Hamburg

Einzelausstellungen (Auswahl):

1990   DU UND DIE GEFAHR, Feuersozietät, Berlin
1991   Ziffer und Zukunft/die ZWECKLOK, Ludwigforum für Internationale Gegenwartskunst, Aachen
1992   FLATTEN, Galerie Vier, Berlin
1993   FLU, Galerie Vier, Berlin
1996   Limonade. Von Afrika, Neuer Berliner Kunstverein
        Zuspiel (mit Georg Herold), Haus am Waldsee, Berlin
1997   Muff in spe, Galerie Gebauer, Berlin
1997/98 floating - floccinaucinihilipilification, South London Gallery, London
1998   belle indifférence, Galerie Barbara Thumm, Berlin
1999   belle indifférence, Galerie bona fide, Chicago

Gruppenausstellungen (Auswahl):

1992   Art meets Ads, Kunsthalle Düsseldorf
        Qui, Quoi, Où, Musee d'Art Moderne de la Ville de Paris
1993   Berlin After The Wall, Carnegie Museum of Art, Pittsburgh/U.S.A.
        About Place, Barnsdall Art Park, Los Angeles

1994   Memento, Galerie der Hauptstadt Prag, Tschechien
          Europa 94 Junge europäische Kunst in München, Messegelände München
          Der Riss im Raum, Martin-Gropius-Bau, Berlin
1995   Urbane Legenden - Berlin, Staatliche Kunsthalle Baden-Baden
          Karaoke (4 for 4 and 2 to 2 too), South London Gallery, London
          Mund auf, Augen zu, Kunstmuseum der Capital Normal University, Beijing,
          Memento, Haus am Waldsee, Berlin und Stadtgalerie Kiel
1996   nach Weimar, Landesmuseum Weimar
1997   In medias res, Magka Sanat Galerisis, Istanbul
1998   vollkommen gewöhnlich, Kunstverein Freiburg, Germanisches Nationalmuseum Nürnberg,
          Kunstverein Braunschweig, Kunsthalle Kiel, Kunstsammlung Gera
1999   Unschärferelationen, Kunstverein Freiburg

Marc Glöde

1969   geborenin Aachen
          Studium der Theaterwissenschaft, der Allgemeinen und Vergleichenden Literaturwissenschaft
          und der Niederländischen Philologie
          Kurator und Co-Organisator des Filmfestivals Film und Architektur, Berlin
          Kritiker für das Online-Magazin Blitzreview
          Lehrauftrag für Kunstgeschichte an der Hochschule für Bildende Künste, Dresden
          lebt und arbeitet in Berlin

Undine Goldberg

1962   geboren in Brannenburg
1990-95   Studium freie Kunst an der Akademie der Bildenden Künste. in München:
          Abschluß mit Diplom
1996   Umzug nach Berlin

Ausstellungen:

2000   ne travaillez pas + Gäste, München
1999   DazzIe, Ausstellungsraum Balanstraße, München
          Band wi(d)th 2000, Atomic Café, München
          millefleur, Künstlerarchiv Spiegel, München
          Museum der Dinge, Werkbundarchiv, Martin-Gropius-Bau, Berlin
          Die Fundstelle, Maria am Ostbahnhof, Berlin
1998   Millefleurs again bei Ceterum Censeo, Marstall, Berlin
          Art Club Berlin, Art Forum Berlin
          Millefleurs again, Berlin
          Buchhändlerin, 1 Holländerin, 1 Exilant.... mit Cornelia Wittmann, Fotogalerie, München
1997   Art Club Berlin, Art Forum Berlin
          Diamond Hawaii, Galerie Koch & Kesslau, Berlin
          Irgendetwas folgt immer auf etwas anderes, mit Cornelia Wittmann, Galerie Szuper, München,
          The Artist Formerly Known Ausstellungsraum Balanstraße, mit Cornelia Wittmann, München
1996/97   Art Is Not Enough, mit Cornelia Wittmann, Shedhalle Zürich
1996   SOWOHL, Galerie Caduta Sassi, mit Cornelia Wittmann, München
1995   Jahresgaben, mit Cornelia Wittmann, Kunstverein München
          Video Vision 95, Galerie im Rathaus, München
1994   Oh boy, it's a girl, mit Cornelia Wittmann, Kunstverein Wien
          Oh boy, it's a girl, mit Cornelia Wittmann, Kunstverein München
          Die Utopie des Designs, Kunstverein München
          O, O Raum München

Joachim Grommek

1957   geboren in Wolfsburg
1976-83   Studium Freie Kunst/Film, HBK Braunschweig

Einzelausstellungen (Auswahl):

1987   Zwinger Galerie, Berlin
1988   Zwinger Galerie, Berlin
          B. Brunnet, Köln
1989   My Name's Lolita Art Galerie, Valencia
1990   Zwinger Galerie, Berlin
1992   Galerie Ludwig, Krefeld
1994   Flecken, Galerie Michael Haas, Berlin
1996   Big Techno Vomit, Galerie Ludwig Krefeld
1997   error, mit Michael Tighe, museumsakademie berlin, Berlin

Gruppenausstellungen (Auswahl):

1984   Experimentalfilme, Arsenal, Berlin
1989   Taller Intemacional de Joves Artistes, Valencia
1990   Holzwege, ID Galerie, Düsseldorf

Ceterum Censeo, Künstlerhaus Bethanien, Berlin
1991   Galerie Dörrie und Pries, Hamburg
          Interferenzen, Riga, St. Petersburg
          Malerei Pur, Kiel
1993   Malerei 2000, Wien, Hamburg, Malmö
1995   Galerie Rabus, Bremen
          Der Fleck, Galerie im Körnerpark, Berlin
          Apollo, museumsakademie berlin, Berlin
          art club berlin, art forum berlin (Lichtinstallation)
1998   last house on the left, im Rahmen von ARKIPELAG - New Rooms,
          Stockholm - Kulturhauptstadt Europas 1998
          art club berlin; Mies-van-der-Rohe-Pavillon, Barcelona
          (Leuchtwand, Videos)
          art club berlin, art forum berlin (Videos)
1999   come in and find out, vol. 1, Podewil, Berlin
2000   come in and find out, vol. 4, Podewil, Berlin

Jürgen Kisch

          Künstler, lebt und arbeitet in Berlin

Peter Lang

1963   geboren in Leipzig
          arbeitet als Ausstellungsmacher, Kunstkritiker und Grafikdesigner in Berlin
          Studium der Theoretischen Physik an der Karl-Marx Universität Leipzig
          Studium der Kulturwissenschaft, Ästhetik, Theater- und Medienwissenschaft an der
          Humboldt Universität zu Berlin

Markus Lepper

1971   geboren
          Studium der Kunstgeschichte, Kunstpädagogik und Philosophie in Gießen und Berlin
seit '99 Lehrbeauftragter am Fachbereich Sozial- und Kulturwissenschaften der Justus-Liebig-Universität
Gießen
          derzeit Promotionsstipendium „Malerei über Malerei unter den Bedingungen der Abstraktion"

Rémy Markowitsch

1957   geboren in Zürich, lebt und arbeitet in Berlin.

Einzelausstellungen (Auswahl):

2000   Natural grown Killers, Galerie AIDAN, Moskau
          Für die Katz, Galerie AIDAN, Moskau
          Fatto a mano, Galleria Periferia, Poschiavo
          Galerie EIGEN+ART, Berlin
          Galerie Meile, Luzern
1999   Home is where the heart is, Galerie EIGEN+ART, Berlin
1998   Schaschlik meets Feng Shui, Galerie EIGEN+ART, Leipzig
          Schaschlik meets Bonsai, Galerie Urs Meile, Luzern
1997   Finger im Buch, Städtisches Museum Zwickau
1996   Finger im Buch, Kunstmuseum Luzern
          Rémy Markowitsch, Studio II, Künstlerhaus Bethanien, Berlin
          ÄsopScans, Galerie Urs Meile, Luzern
          Galerie EIGEN+ART, Berlin
1993   Nach der Natur, Galerie Meile, Luzern

Gruppenausstellungen (Auswahl):

2000   Werk Raum I, Sophie Calle, Teresa Hubbard/Alexander Birchler, Rémy Markowitsch,
          Nationalgalerie im Hamburger Bahnhof, Museum für Gegenwart, Berlin
          The Anagrammatical Body, Zentrum für Kunst und Medientechnologie (ZKM), Karlsruhe
          III International Month of Photography, Moskau
          Close Up, Kunsthaus Baselland/Kunstverein Freiburg im Marienbad
          Fleurs, Museum zu Allerheiligen, Kunstverein Schaffhausen
          Gift, Galerie MILCH, London
          Berlin, Fotomuseum Winterthur
1999   Fragments of Document and Memory, The Third Tokyo International Photo-Biennale, Tokyo
          Die Gärten der Flora, Kunstmuseum Kloster Unser Lieben Frauen, Magdeburg
          Missing Link, Kunstmuseum Bern
1998   Freie Sicht aufs Mittelmeer, Kunsthaus Zürich/Schirn Kunsthalle, Frankfurt am Main
1996   Bilderzauber. Ein seriöses Spiel, Fotomuseum Winterthur
          Fotofiktion, Kasseler Kunstverein Fridericianum
          Pop Mix / Volume Two, Shift e.V., Berlin
1995   (Landschaft) mit dem Blick der neunziger Jahre, Mittelrhein-Museum, Koblenz
1994   Die Preisträgerinnen und Preisträger des Eidgenössischen Wettberwerbs für freie Kunst,

Musée d'art et d'histoire, Neuchâtel
1993   InnerSchweizer Kunst 90/70 aus der Sammlung des Kunstmuseums Luzern, Kunstmuseum, Luzern
          European Photography Award 1993, Kulturzentrum, Bad Homburg

Bibliographie:

2000   Markowitsch, Handmade, Edizioni Periferia, Luzern/Poschiavo
          Doswald, Christoph, „Par hasard", in: Flurina und Gianni Paravicini - Tönz (Hrsg.),
          Rémy Markowitsch, Handmade, Edizioni Periferia, Luzern/Poschiavo
          Doswald, Christoph, „Sabotage-Fotos", in: Close Up, Katalog Kunsthaus Baselland/Kunstverein
Freiburg im Marienbad, Muttenz/Freiburg
1999   Schenk-Sorge, Jutta, „Rémy Markowitsch, Home is where the heart is",
          in: Kunstforum International Vol. 146, S. 350 - 351
          Stahel, Urs, „Rémy Markowitsch", in: Christoph Doswald (Hrsg), Missing Link: Menschen-Bild
          in der Fotografie, Katalog Kunstmuseum Bern/Edition Stemmle, Thalwil/New York
          Stahel, Urs, „The Earnest Game of Photography in Switzerland",
          in:The 3rd Tokyo International Photo-Biennale, Fragments of Document and Memory,
          Katalog Tokyo Metropolitan Museum of Photography, Tokio
1998   Stahel, Urs, „Aspects of Contemporary Swiss Art Photography",
          in: Martin Gasser (Guest Editor), History of Photography, Taylor+Francis, London/Washington D.C.
1998   Bonik, Manuel/Markowitsch, Rémy (Hrsg.), 01 meets Schaschlik, Berlin
          Bonik, Manuel, „Schaschlik meets Feng Shui", in: Spiegel online, Nr. 18/1998
          (www.spiegel.de, Kultur extra, Archiv: Kunst)
1997   Stegmann, Markus, „Animaux et animaux", Katalog Kunstverein Schaffhausen
          Lewey, Petra, „Muß ich weiterlesen? Ja. Die Zeit vergeht. Sie weiß es nicht besser", in:
          Rémy Markowitsch, Katalog Städtisches Museum Zwickau
1996   Vogel, Maria, „ÄsopScans", in: Finger im Buch, Katalog Kunstmuseum Luzern/Cantz, Ostfilder
          Steiner, Juri, „Nach dem Rosenbett - Rémy Markowitsch im Kunstmuseum Luzern",
          Neue Zürcher Zeitung, 11.4.96
          Stahel, Urs (Hrsg.), Bilderzauber - Ein seriöses Spiel, Katalog Fotomuseum Winterthur/Lars
          Müller Verlag, Baden
          Schwander, Martin, „Finger im Buch", in: Rémy Markowitsch, Finger im Buch,
          Katalog Kunstmuseum Luzern/Cantz, Ostfildern.
          Mack, Gerhard; „Von Liebe und Tod", in: Kunst-Bulletin, April 1996, S. 24 - 29
          Hoffmann, Justin, „Erleuchten und Erblassen", in: Finger im Buch, Katalog Kunstmuseum
          Luzern/Cantz,Ostfildern
1993   Stahel, Urs, „Nach der Natur", in: Rémy Markowitsch, Nach der Natur, Katalog
          Galerie Urs Meile, Luzern

Carsten Nicolai

1965   geboren in karl-marx-stadt
1985-90   Studium Landschaftsarchitektur
1994   Gründung des noton.archiv für ton und nichtton
1999   label unit raster-noton.de

Einzelusstellungen (Auswahl):

1986   galerie eigen+art, leipzig
1991   kunstwerke berlin
1992   galerie springer, berlin
1993   galerie eigen+art, berlin
          städtische kunstsammlungen chemnitz
1994   neue nationalgalerie, berlin
1996   the new york kunsthalle, new york
1997   galerie eigen+art, berlin
1998   galerie fuer zeitgenoessische kunst, leipzig
1999   1% space, kopenhagen
2000   galerie eigen+art, berlin

Gruppenausstellungen (Auswahl):

1993   drawing center, new york
1994   kunsthalle basel, basel
1995   drawing center, new york
1996   [mikro makro], collaboration mika vainio,
1997   documanta X , kassel
          p.s.1 reopening , new york
1998   archipelago, stockholm
1999   [cycle], collaboration ryoji ikeda
          watari-um museum, tokyo
          whitechapel art gallery, london,
          museum of contemporary art, chicago
          liverpool bienale
2000   [audible light] museum of modern art oxford

Discographie:

1996	noto.spin,	noton-raster
1996	Ø+noto.mikro makro,	noton-raster
1997	noto.ƒ,	noton-raster
1998	noto.kerne,	plate lanch
	noto.polyfoto,	noton-raster
1999	noto. time..dot	20(tm) to 2000, noton-raster
	noto.empty garden	watari-um museum,on sundays, tokyo

Produktionen, Teilnahmen:

1997	noto. tesla's zahn	documenta X. hr rundfunk
	noto. ƒ,	documenta X hr rundfunk
	noto. polyfoto	decay, ash.international
1998	noto. pole	just about now,v2_archief
1999	noto.crystal s 2	microscopic sound, capirinija
	noto.polyfoto a1.1	modulation & transformation IV, mille plateaux
	noto. ƒ,radio edit	n.2 , becose tomorrow comes
	noto.empty garden	watari-um museum,on sundays, tokyo
	noto.prototype	clicks&cuts, mille plateaux

Performances (Auswahl):

1997	dokumenta IX, kassel
	sonar festival, bacelona
	ars electronica, linz
1998	steim festival, amsterdam
	v2_archiv, rotterdam
	spiral - experimental express, tokyo
1999	phonotaktik, vienna
	beta festival, berlin
	gfzk - new forms, leipzig
	rote fabrik - electrip, zuerich
	volksbuehne - 20' to 2000, berlin

raster-noton.archiv für ton und nichtton infotext : http//www.raster-noton.de

Christian Rattemeyer

1971   geboren in Osnabrück,lebt und arbeitet in New York und Berlin
Studium der Kunstgeschichte an der Freien Universität Berlin
zur Zeit Doktorand an der Columbia University, New York, im Fachbereich Kunstgeschichte
zahlreiche Publikationen zur zeitgenössischen Kunst
schreibt regelmäßig für Texte zur Kunst, Art Papers und Blitzreview

Gunter Reski

1963	geboren in Bochum
1986-92	Studium Freie Kunst, Hochschule für bildende Künste Hamburg (Graubner)
1992	Hochschulabschluß
1998	Arbeitsstipendium des Senats f. kulturelle Angelegenheiten, Berlin
1997	Stipendium Barkenhoff-Stiftung / Worpswede
1996	Arbeitsstipendium der Freien und Hansestadt Hamburg
ab 1998	Mitherausgeber „starship" (Zeitschrift für Kunst aus Text + Bild - bisher 3 Ausgaben) gemeinsam mit Hans-Christian Dany, Martin Ebner & Ariane Müller)
1994-91	Mitherausgeber „DANK" (Artzine - 9 Ausgaben), mit C. Bannat, Hans-Christian Dany, Thaddäus Hüppi & A.Siekmann

Ausstellungen (Auswahl):

1999	Malerei, INIT Kunsthalle, Berlin
	Judith Hopf, Michaela Eichwald, Gunter Reski, Stefan Thater
	Gesellschaft der Freunde junger Kunst e.V., Baden-Baden
1998	Hans-Christian Dany - Gunter Reski, Schnittraum, Köln
	El Nino, Museum Abteiberg Mönchengladbach
	Brushholder Value, Kunstverein Münster - Siemens Kulturprogramm
	Andernorts, Große Kunstschau Worpswede
1997	To show you what's NEU, Stalke Galleri, Kopenhagen
	Stipendiaten, Kunstverein Hamburg
	Galerie NEU, Berlin
1996	Christoph Bannat, Gunter Reski - Galerie NEU, Berlin
	Tapete ohne Wand - Künstlerhaus Bethanien, Berlin
1995	Internationales Atelierprogramm - Künstlerhaus Bethanien,
	Buchprojekt: TeamCompendium, Selfmade Matches - Selbstorganisation
	im Bereich Kunst; Kellner-Verlag, Hamburg (Redaktion + Organisation)
1994	The Ohrt-Collection, Forum Stadtpark Graz
	Ackermann, Hüppi, Reski, Ritter, Wiensowsky & Harbord, Berlin
	Der Anfang vor dem Start - (zus. mit Josef Sappler + Dierk Schmidt), Galerie Anwander, Köl

1995   Die Färbung meines T-Shirts, Künstlerhaus Hamburg
         DANK/Friesenwall 120 - E.A.Osthausmuseum, Hagen
         Malerei 2000, Hamburg (Veranstalter: Dank und ArtFan)
         Hamburger-Pommes-Ketchup, Neue Kunst in Hamburg, KunstvereinHamburg

Bibliographie:

         The Ohrt-Collection
         Forum Stadtpark Graz # Hamburger - Pommes - Ketchup
         Neue Kunst in Hamburg # Hose am Morgen
         Katalog Hamburg-Stipendium (CD-ROM) # To show you what's NEU
         Stalke Galleri & NEU # Brushholder Value / Oktagon Verlag

Veröffentlichungen als Autor in den Publikationen:

         Szene Hamburg, Texte zur Kunst, ArtFan, A.N.Y.P., de:bug, starship sowie in verschiedenen
         Katalogen (Vier Hüppi, Museum f. neue Kunst; Freiburg, Zuspiel: Balkenhol / Hüppi,
         Kunstverein Aachen - Siemens Kulturprogramm)

Ralf Ritter

1963   geboren in Hofgeismar
1985-87 Studium an der HfbK Braunschweig
1987-92 Studium an der HfbK Hamburg (bei B. J. Blume)
1992   Diplom
1994   Arbeitsstipendium der Freien und Hansestadt Hamburg
1995   Barkenhoff-Stipendium

Ausstellungen (Auswahl):

1989   D&S, Hamburger Kunstverein
1991   Acht der HfbK , Deutsche BP AG, Hamburg
1993   The joke show, four walls, Brooklyn, New York
1994   Galerie Wiensowski & Harbord, Berlin
1995   Gruppenausstellung , Hotel Nürnberger Eck, Berlin
         Ausstellung der Hamburg Stipendiaten, Kampnagel K3, Hamburg
         Filmcuts, Galerie neugerriemschneider, Berlin
1997   Galerie Gruppe Grün, Bremen
         Art Cologne, Galerie Sabine Schmidt, Köln
1998   Laden, Schillerstraße, Berlin

Albrecht Schäfer

1967   geboren in Biberach/Riss
1988-91 Hochschule für Bildende Künste Braunschweig
1990   Stipendium der Studienstiftung des Deutschen Volkes
1991-92 Auslandsstipendium der Studienstiftung
         Studium am Chelsea College of Art London
1992-95 Akademie der Bildenden Künste München
1994   Meisterschüler
1995   Umzug nach Berlin
1996   Bayerisches Nachwuchsförderstipendium
2000   Senatsstipendium Berlin

Einzelausstellungen

1997   86°, Hochschule für Bildende Künste Braunschweig
1998   DEKO, Ideenshop Berlin
         hallojed, Kunstverein Wolfenbüttel
         florina, Galerie Koch und Kesslau Berlin
         CENTRUM, kunstraummitte Berlin
2000   modulor, horten Düsseldorf (mit Ben Carter)
         doppel1, S.S.K, Berlin (mit Annette Kisling)
         Plan/Spiel, Museum Biberach

Gruppenausstellungen (Ausw.)

1995   Nahverkehr, Großweidenmühlstraße 21 Nürnberg
         Galerie Köstring/Maier München
1996   Zubrowka, Bramie Floranskiej Krakau
         Out of Egypt, Staat. Sammlung Ägypt, Kunst München
         set, Neue Galerie Dachau
1997   10. Ausstellung der Jürgen-Ponto-Sfiftung, Frankfurter Kunstverein
         Jubilat, Nagsael Rotterdam
         wysiwyg, Internationales Kunstzentrum Posznan Polen
1998   wysiwyg, Beaconsfiled Studios Brighton

lido, Sanwich Society London
flicker, Rampe 002 Berlin
1999   set, The Freek Brothers Paris
minillab, aroma Berlin
work is personal, Galerie Elgen+Art Berlin
picnics, Camden Art Center London (mit Stefan Samffer und Kathrin Böhm)
16 Räume, loop raum für aktuelle Kunst Berlin
nice to meet you, Kunstbunker Nürnberg
Kunstmesse Wen
Lokalisation, S.S.K. Berlin
2000   modulor, horten Düsseldorf
M 40 London

Nada Sebestyén

1968   in Gießen geboren
1989   ein Semester Architekturstudium an der TH Aachen
1990   Studium an der HBK Braunschweig bei S. Neuenhausen und B. Willikens
1992   Studium an der HdK Berlin bei C. Möbus
Stipendium der Studienstiftung des Deutschen Volkes bis 1996
1994   Projektunterstützung durch die Frauenförderung der HdK
1996   Meisterschülerin bei C. Möbus
1997   NaFög-Stipendium bis 1999
1998   einjähriges Arbeitsstipendium von NaFög und DAAD für New York
1999   2. Preis beim Bosch Kunst- und
Designwettbewerb »Let's talk global«

Ausstellungen (Auswahl):

1995   Jubiläumsausstellung der Pension Nürnberger Eck, Berlin
Zimmer möbliert, Springer König Architekten, Berlin
Schön wohnen - gut leben, Dirty Windows Gallery
1996   Seaming, Here gallery, New York
Sonntag, Galerie Weißer Elefant, Berlin
1997   Besuch, Koch und Kesslau, Berlin
Horst, Naturwissenschaftliche Sammlungen, Berlin
Looking Overseas. Corcoran Gallery, Washington DC.
1998   Galerie Lubelski, New York
1999   Haus Ungarn, Berlin
Modenschau, Koch und Kesslau, Berlin
Park, Kunsthalle Gießen (Katalog)

Stefanie Seibold

1967   geboren, lebt und arbeitet in Wien
1994   Mitarbeit an zahlreichen Theaterprojekten
1998   Gründung der Performancegruppe „Clever Gretel"

Anatolij Shuravlev

1963   geboren in Moskau
lebt und arbeitet in Moskau und Berlin
1991/92   Künstlerhaus Bethanien, Berlin
1992/93   Christoph Merian Foundation, Basel
1994   Fotostipendium der Senatsverwaltung für Kulturelle Angelegenheiten, Berlin
1995   Langsdorff Revisitado, internationaler Künstler-Workshop u. Expedition, Brasilien (Goethe-
Institut Sao Paulo)
1997   Arbeitsstipendium der Senatsverwaltung für Wissenschaft, Forschung und Kultur, Berlin

Einzelausstellungen (Auswahl):

1990   Maria Serebryakova & Anatolij Shuravlev, Inter-Art, Berlin
1992   Anatolij Shuravlev in den Arbeitsräumen des Senators für Kulturelle Angelegenheiten, Berlin,
(Katalog)
Anatolij Shuravlev, Künstlerhaus Bethanien, Berlin, (Katalog)
Anatolij Shuravlev, Galleria Giorgio Persano, Turin, Italien
1993   Ignotiom per Ignotius, Gallery 1.0, Moskau
Attempt to see (in der Reihe Alltagsgeschichten - objektiv gesehen), Galerie im
Literaturforum, Brecht-Haus, Berlin
1994   Anatolij Shuravlev, Mayhaus, Sammlung René Steiner, Erlach, Schweiz
Ad Realibus ad Realiora, Kunst-Werke Berlin, (Katalog)
Ad Realibus ad Realiora, Staatliches Russisches Museum, St.Petersburg, (Katalog)
Anatolij Shuravlev, Neue Akademie der Schönen Künste, St.Petersburg
1995   Anatolij Shuravlev, La Base, Centre d´Art Contemporain, Levallois/Paris (Publikation)
Anatolij Shuravlev, Galerie Otto Schweins, Köln
1996   Anatolij Shuravlev, Aidan Gallery, Moskau

1997   Schnittbogen, Galerie Urs Meile, Luzern, Schweiz
        Blumen für Moskau, Aidan Gallery, Moskau
1998   Handarbeit, Galerie Otto Schweins, Köln
        Geschichte, Labor Pixel Grain, Berlin
1999   Anatolij Shuravlev, Aidan Gallery, Moskau

Gruppenausstellungen (Auswahl):

1985   An Autumn Exhibition, Malaya Gruzinskaya, Moskau
1987   Retrospective Exhibition of Moscow Artists 1957-1987, Zentrales Künstlerhaus, Moskau
1988   18th All-Union Exhibition of Young Artists, Zentraler Ausstellungssaal Manege, Moskau
1989   10 + 10, Wanderausstellung 1989-1990, Forth Worth, San Francisco, Buffalo, Milwaukee,
        Washington D.C., Moskau, Leningrad (Katalog)
        Moskau-Wien-New York, Wiener Festwochen, Wien (Katalog)
1990   Mosca, Moscow, Mockba ´90, Sala Umberto Boccioni, Mailand, P.M.M.K., Ostende/Belgien
        In the USSR and beyond, Stedelijk Museum, Amsterdam (Katalog)
1991   Perspectives of Conceptualism, P.S. 1, The Clocktower, New York
        Contemporary Soviet Art, Setagaya Museum, Tokio (Katalog)
1992   37 Räume, Kunst-Werke Berlin (Auguststr. 71) (Katalog)
1992/93 A Mosca..., A Mosca..., Villa Campolieto, Ercolano, Galleria Communale d´Arte Moderna
        Bologna, Milano, Italien (Katalog)
1993   Sammlung Rinako/Collection Rinako, Zentrales Künstlerhaus , Moskau, Caisse de depots et
        consignation, Paris, (Katalog).
        Privat, Kunst-Werke Berlin
1994   Resistance und Rennaissance, Staatliches Russisches Museum, St.Petersburg, (Katalog).
        2. Biennale Zeitgenössischer Kunst, Cetinje, Montenegro
        XXII. Biennale di Sao Paulo, Brasilien, (Katalog).
        Project For Europe, Kopenhagen, (Katalog)
1995   Kunst im Verborgenen, Wilhelm-Haak-Museum Ludwigshafen; Documenta Archiv Kassel;
        Museum Altenburg (Katalog)
        International Festival of Photography, Arles (Katalog)
        Zeitgenössische Fotokunst aus Moskau, ifa-Galerie Berlin und Neuer Berliner Kunstverein, (Katalog
        O Brasil de Hoje no Espelho do Seculo XIX, Museum of Art Sao Paulo (MASP) (Katalog)
1995/96 (Landschaft) mit dem Blick der 90er Jahre, Mittelrhein-Museum Koblenz; Museum Schloß
        Burgk/Saale; Haus am Waldsee Berlin (Katalog).
1996   Fotobiennale ´96. The First International Month of Photography in Moscow, Exhibition
        Hall Kuzneckij most, 20 (Katalog).
        almost invisible/fast nichts, Ehemaliges Umspannwerk Singen
1997   Kabinet. A contemporary Artists´ Magazine. Stedelijk Museum, Amsterdam (Katalog)
        Istorija v licach, Museum Nizhnyj Novgorod; Museum Samara; Museum Perm´; Museum
        Novosibirsk; Museum Ekaterinburg/Rußland (Katalog)
        Mystical Correct, Galerie Hohenthal und Bergen, Berlin (Katalog)
1998   Internationale Foto-Biennale, Zentraler Ausstellungssaal Manege, Moskau (Katalog)
        Die römische Spur, Haus am Waldsee, Berlin (Katalog)
        berlin/berlin, Berlin Biennale, Akademie der Künste am Pariser Platz, Berlin (Katalog)
1999   Zwischenformen aktueller Kunst, Freunde aktueller Kunst e.V., Zwickau
        SPACE PLACE 30049 -180799, Kunsthalle Tirol, Österreich (Publikation)
        After the Wall, Moderna Museet, Stockholm (Katalog)
        2. Ars Baltica Triennale der Photokunst. Can you hear me?, Stadtgalerie im Sophienhof, Kiel (Katalog
        children of berlin, PS 1 Museum for Contemporary Art, New York (Katalog)
2000   2. Ars Baltica Triennale der Photokunst. Can you hear me?, Kunsthalle Rostock, Rostock (Katalog

Susanne Stövhase

1957   geboren
1981/87 Staatliche Akademie der Bildenden Künste, Stuttgart
1989   Arbeitsstipendium des Kunstfonds e.V., Bonn
1990/91 Stipendium der Akademie Schloss Solitude, Stuttgart
1991   Europäisches Austauschprogramm ART 3, Valence, F
1996   Arbeitsstipendium der Senatsverwaltung für kulturelle Angelegenheiten, Berlin

Einzelausstellungen und Projekte :

1991   Bleibende Werte, Galerie Müller-Roth, Stuttgart
        Eternel Attachement, Le Musée de Valence, Valence, Frankreich
1993   Galerie Martina Detterer, Frankfurt
1995   Silikon Labor, Galerie Martina Detterer, Frankfurt
        Maison du Livre, de l'Image et du Son, Villeurbanne, Frankreich
1999   Exit Loop, U2 Berlin Alexanderplatz, Neue Gesellschaft für bildende Kunst, Berlin

Gruppenausstellungen und Projekte :

1990   Akademie Schloss Solitude, Stuttgart
1991   Rund um die Kuppel, Württembergischer Kunstverein, Stuttgart

1993   Pas d´Original, L´Observatoire No 3, Marseille
        Panorama, Galerie Martina Detterer, Frankfurt
        Galerie Jousse - Seguin, Paris
        Produktion der CD- „Kunst am Bau", für das
        Württembergische Landesmuseum, Stuttgart, mit Wieland Bauder
1994   Grooving Museum,Vortrag und Präsentation der CD „ Kunst am Bau",
        Künstlerhaus Stuttgart, mit Wieland Bauder
        Jet Leg, Galerie Martina Detterer, Frankfurt
        Résidence Sécondaire, Carré St. Nicolas, Paris
        Laure Genillard Gallery, London
        Multiples, Neuer Berliner Kunstverein, Berlin
1995   Walking Tour, mit Sylvie Ungauer,
        Pittura Immedia, Neue Galerie und Künstlerhaus, Graz, Kunsthalle Budapest
        Club Berlin, Kunstwerke im Teatro Malibran, Biennale di Venezia
        Country Cöde, Bravin Post Lee Gallery, New York
        ...wie gemalt, Neuer Aachener Kunstverein, Aachen
1996   Der Fleck in Geschichte und Gegenwart, Galerie im Körnerpark, Berlin
        Stilleben - Lebensstil - Interieur, Galerie Menotti, Baden bei Wien
        Linien und Zeichen, Künstlerhaus Bethanien, Berlin
1997   Bandits Mages, Festival Internationales des Arts Audiovisuels et Multimédia, Bourges, Frankreich
        Art Club Berlin, European Art Forum, Berlin
        Sanssouci, Videobar, Handlung und Kunstverein, Hamburg
1998   L'Espace: Duo en/in Art, Galerie Clark, Montreal
        Art Club Berlin, European Art Forum
1999   DPICT:Natural/Virtual NO 3
2000   Images Passages, Videofestival Casablanca, Marokko
        Galerie und Projekte M.Kampl, Berlin

Bibliographie (Auswahl):

1987   7 Künstler, 7Galerien, Galerie Müller -Roth, Stuttgart
1991   BLS, Akademie Schloß Solitude, Stuttgart 1991
        Rund um die Kuppel, Württembergischer Kunstverein, Stuttgart 1991
        Susanne Stövhase, Le Musée de Valence, Art 3
        Let me help in your recreation plans, Susanne Stövhase/Hermann de Vries, The Eschenau Summer Press
1993   Pas d´Original, l´Observatoire, Marseille
        TAZ 15.12.93, Ullrich Clewing: Heimanlage statt Piazza (CD-Kunst am Bau)
1994   Jet lag, Galerie Martina Detterer, Frankfurt
        Zyma 5/94, Ute Ziegler: Susanne Stövhase
        Résidence Sécondaire, Galerie Meteo, Galerie Rizzo, Paris
1995   Walking Tour, M.L.I.S., Villeurbanne, 1995
        Spex 10/95, Martin Pesch: Silikon Labor
        Artis 47/95, Renate Puvogel: ...wie gemalt
        Austellungskatalog: Pittura Immedia, Hrsg. Peter Weibel,Neue Galerie am Landesmuseum Joanneum Graz
1996   Blocnotes 11/96, Stövhase/Ungauer, M.L.I.S., Villeurbanne
        Linien und Zeichen, Künstlerhaus Bethanien
1998   Duo en/in Art, Espace 45, Automne/Fall (Montreal/Canada)
        Susanne Stövhase, Galerie Martina Detterer, Frankfurt

Christoph Tannert

        Ausstellungsmacher und Kunstkritiker in Berlin
seit 91 Projektleiter am Künstlerhaus Bethanien, Berlin
seit 99 Direktor ebenda

Klara Wallner

        lebt und arbeitet als freie Kuratorin und Autorin in Berlin

Antje Weitzel

1969   geboren in Marburg a.d. Lahn
        freie Beraterin, Kuratorin und Kritikerin mit Schwerpunkt Medien und Gegenwartskunst.
        lebt und arbeitet in Berlin.

Ulf Wetzka

1959   geboren in Landau, Pfalz
        Kurator in der 2YK-Galerie, Kunstfabrik am Flutgraben, Berlin
        Betreibt die Zimmergalerie in Kreuzberg, Berlin

Markus Wirthmann

1963   in Aschaffenburg am Main geboren
1986-93 Studium an der Hochschule für bildende Kunst Braunschweig

und der Hochschule der Künste Berlin
Meisterschüler, HdK Berlin
1989   Mitgründer der KOMAT Galerie, Braunschweig
1991   Stipendium des Cusanuswerks
1993   NaföG-Stipendium des Berliner Senats
1995   Tutorial am Goldsmith College, University of London
        Gastlehrer an der Kunsthochschule Valand, Göteborg, Schweden
1996   Arbeitsstipendium des Berliner Senats
        Lehrauftrag an der HdK Berlin
1998   Künstlerischer Mitarbeiter an der HdK Berlin
1999   Landesstipendium Atelierhaus Worpswede

Einzelausstellungen:

1992   Für Celsius und Farenheit, Galerie Dröscher-Meyer, Düsseldorf
1993   Jet d´eau (Herrenhausen), Rote Villa, Berlin
1996   Aschaffenburg. Ein Stadtmodell, Neuer Kunstverein Aschaffenburg
1997   Aquaristik, empty rooms, Berlin
1998   Jet d´eau (Lichtenwalde), Voxxx, Chemnitz
        Lichtbildschau, ideenshop, Berlin
1999   Aquaristik V 2.0, Kunstverein Braunschweig
        fest und flüssig, Walter Storms Galerie, München
2000   Das XX. Jahrhundert. Kapitel 5: Die Sonnenfinsternis, Goethe-Institut, Dakar, Senegal

Gruppenausstellungen:

1989/90 germinations 5, Lyon, Breda, Bonn
1990   R. Splitt und M. Wirthmann im Braunschweigischen Landesmuseum
        KLASSE, Kunstverein Celle
1993   Eckpunkte, Städtische Galerie Kornwestheim
        Subjekt, Prädikat, Objekt, Haus am Waldsee, Berlin
1994   D. Kuwert, C. Bilger und M. Wirthmann in der Kampnagelfabrik, Hamburg
        Das Zauberschwesternpaar Galerie Dröscher-Meyer, Düsseldorf
1995   NEST/pneumatische Wellenmaschine, 10 Martello Street, London
1996   357 km/h 98,6°F 1.Kor 3,11 Staudenhof-Galerie, Potsdam
1997   splendid isolation, OSMOS Berlin zu Gast in Summt
        art club berlin, European Art Forum, Berlin
        Looking Abroad, Corcoran Gallery of Art, Washington D.C.
1998   Last House on the Left, Arkipelag, Stockholm
        art club berlin, Mies-van-der-Rohe-Pavillon, Barcelona
        Transmutar, L´Angelot, Barcelona
        Skulptur Berlin. Positionen der 90er, Kunst Haus Dresden
1999   Import, Goethe-Institut, Washington D.C.
        Mailand oder Madrid - Hauptsache Italien, Expressguthalle, Aschaffenburg
2000   Anja Teske, Fotografie / Markus Wirthmann, Objekte, Galerie Sandmann & Haak, Hannover
        the box project touring show,Turnpike Gallery, Manchester, Angel Row Gallery, Nottingham
        BMA 2000 - Positionen neuer Kunst aus Berlin, Kunstverein Aschaffenburg

Heinz Wohlrab

1954   geboren in Eichstätt/Oberpfalz, lebt und arbeitet in Berlin
1974-82   Architekturstudium in Aachen
1983   USA-Aufenthalt
1984-90   Mitarbeit in verschiedenen Architekturbüros in München
1989   Konzeption eines Messestandes für 4 Münchner Galerien auf der ARCO, Madrid
1989-93   Konzeption für den Messestand der Galerie Gögger, München für die Art Cologne
1991-98   Eigenes Architekturbüro in München und Freising
1992   Ausstellungsarchitektur und Neuordung der Künstlerwerkstatt Lothringerstraße in München,
          gemeinsam mit Thies Marwede, Köln
1998   Übersiedelung nach Berlin

Danke